ケースで学ぶ
イノベーション経営
II

[編著者]

矢本成恒　　　山本直樹

[著者]

林慶一郎	福山雄介	深井隆司
加藤篤史	堀山正雄	松村幸一
石井忠夫	大石隆文	上田敬三
余田和明	河合正人	

三恵社

はじめに

本書の目的と特徴

　本書は、実際の経営事例によってマネジメントを学習するための書籍です。企業の事例を読んでその経営課題を検討することにより、経営理論や考え方（フレームワーク）を活用した課題解決や経営判断の能力を高めていただくことを目的としています。

　本書の想定読者は、経営幹部の方、若手社会人、マネジメントに興味がある大学院生や大学生の方々です。特に、アントレプレナー（起業家）、イントラプレナー（企業内起業家）の方々には特に参考になる新規事業に関連する事例が多く収録されています。また、企業研修や講義の利用でも活用できるように、質問と解説を詳細に記述しています。

　この書籍の特徴は、実際のビジネス事例（ケース）をもとに、様々な課題解決を検討し、活用できる理論やフレームワークを学ぶという形式にあります。経営の理論やフレームワークだけを学習しても、具体的にどんな場面で役立つのかがわからなくては、単なる知識に留まってしまいます。そもそも、現実と結びつかない知識は、学習する意欲も高まりません。我々は実際に何かを解決しようとしている時に、参考になる理論やフレームワークがあることがわかれば、それを使うために積極的に学習するのです。

　このように、自らが当事者となって事例を検討する講義のスタイルを、ケースメソッドと言います。これは、ハーバード・ビジネススクールをはじめ、世界の多くのビジネススクール（経営大学院）が採用している教育方法です。経営者や経営幹部の養成のための実践的な方法であり、経営知識の活用力や経営判断力を伸ばすことが出来ると考えています。著者らが所属する名古屋商科大学ビジネススクールの社会人大学院生も、このような事例（ケース）に基づいたディスカッションを在学中に200近く経験します。

　読者のみなさんには、ケースを読んでその課題を自ら考えてから、解説を読んでいた

だきたいと思っています。そして、実際に使える知識や考え方に気づいてもらいたいと考えています。みなさん、ぜひ楽しみながら読み進め、マネジメントの理論やフレームワークに触れてみてください。

　また、本書のタイトルを「イノベーション経営」とした理由は、現代求められているイノベーションに関係するテーマを扱っているためです。既存事業の変革、多角化や開発体制の変革、イノベーションが生まれるリーダーシップなど、急進的・漸進的なイノベーションに関わるさまざまなテーマを取り上げています。

　なお、この書籍は 2018 年 3 月発行「ケースで学ぶイノベーション経営」の内容の第 2 弾にあたりますが、前回の書籍の続編ではなく、前回とは異なる 8 ケースとその解説を収録しています。そのため、この書籍単独でも学習を進めていただくことができます。

本書の使い方

　読者のみなさんには、各章のケースをまず読んでいただきます。ケースの主人公は、経営者や社内の変革をリードする幹部などです。その主人公になったつもりで読み進めてください。次に各章の経営課題のクエスチョンを検討してもらいます。クエスチョンの多くは、課題の確認や分析、解決策や経営戦略の提示などです。そして最後に、クエスチョンの解説を読んでいただきます。

　もし皆さんの知らなかった考え方が見つかったなら、それらを今後の参考にしてください。解説には経営理論やフレームワークなども含まれています（フレームワークだけをまとめた補足理論解説も収録しています）。また、皆さんが検討した解決策の方が、解説よりもふさわしいと感じられる場合もあると思います。その場合は解説を批判的に読んでください。経営課題の解決策は一つに限らず、解説はあくまで著者らが考えた課題の分析や提案の一例すぎないからです。

　使い方をまとめると、まず①ケース本文を読み、②クエスチョンを考え、③その解説を読んで貰うという流れです。また、基本的なフレームワークは「理論解説編」にまとめていますので、解説を読んでよくわからなかった理論やフレームワークは、この部分を読んでみてください。なお、各章ごとにケースが異なりますので、興味ある章から読

んでいただいて構いません。各章のテーマは異なりますが、冒頭の「ケースのねらい」
の項目にテーマが説明されていますので、それを参考にしてください。

本書のケースについて

　本書は、各章ごとに個別のテーマを設けています。各章のテーマである、多角化戦略、
組織変革、研究開発体制・・・リーダーシップなどのテーマは、各章の「ケースのねら
い」に書かれています。なお、この書籍に収録されているケースは、著者らが調査した
実例をもとに書かれております。組織名を表示しているケースもあれば、匿名のケース
もあります。特定の企業が想定されるのを避けるために、表現や情報の一部を差し替え
ているケースもあります。しかし、いずれも実例に基づいて経営課題を検討するケース
ですので、気にせずに読み進めていただきたいと思います。

＊

　名古屋商科大学は、文部科学省より平成 29 年度から「私立大学研究ブランディング事
業」の支援対象校に選定され、「地域経済の持続発展を担うアントレプレナーに関する研
究拠点整備事業」を実施しています。本書の調査および出版等の活動はこの事業と連携
していることを、ここに記載させていただきます。
　なお、本書籍のケースの執筆や出版にあたっては、長年にわたりケースメソッド教育
を推進されている、学校法人栗本学園理事長・名古屋商科大学ビジネススクール教授で
ある栗本博行先生より、多大なるご支援やアドバイスを頂戴しました。執筆陣一同、心
からの御礼を申し上げます。
　また、本書の編集については、名古屋商科大学ビジネススクール修了生の青木幸太郎
さんと藤本延江さんにサポートをしていただきました。ありがとうございました。

2020 月 2 月

編著者および著者一同

目次

1. どうやってイノベーション技術開発をすすめるべきか

1. ケースのねらい

　ケースの対象となるダイヤ商事株式会社（以下　ダイヤ商事）は、社歴70年以上を誇る専門商社である。海外メーカーの原材料や産業機材の輸入販売を通じて、長年に渡り堅実な無借金経営を続けてきた。しかし足元では、顧客の海外生産シフトが進み原材料の需要は低迷、自動車用部品を扱うスター事業部は業績好調だが、年々競合メーカーとの受注競争が厳しくなっている。

　会社として、既存商材の強化や新規商材の開拓が喫緊の課題と認識され始めた中、スター事業部の黒木課長は、既存ビジネスの枠にとらわれず積極的に目新しい技術に狙いをつけて、新規ビジネス開拓に取り組んでいる。イノベーション技術を開発する場合に有効な戦略やプロセスを検討し考察することを本ケースの目的としている。

2. ケース・クエスチョン

（1）ダイヤ商事の成功要因、現在の課題を分析して、進むべき戦略的方向性を検討してください。

（2）ウルトラ・ファインバブル発生機の顧客利用希望が増えた成功事例を再現するために、ユーザーとイノベーション技術開発をどのように進めていくべきでしょうか。

（3）ダイヤ商事がイノベーション技術開発を成功させるためには、今後どのような役割、戦略や組織体制が必要となるでしょうか。

黒木課長の苦悩

　スター事業部　新規事業グループの黒木は、深夜に静まり返った会社で新規商材のリストを眺めながら考え込んでいた。会社上層部へ新規事業活動計画を報告する会議が明後日に迫っていた。

　部長の佐藤からは、「数年以内に将来有力な事業になりそうな新規商材を見つけてくれ」と発破をかけられていた。事業の主力である自動車用シート部品販売は好調であったが、コモディティ化による価格競争の激化や、技術進化で他製品に代替されるなどのリスクを抱えていた。会社の経営幹部層は、ダイヤ商事の良き社風である顧客との長期信頼、ニッチ商材への特化に拘りながらも、AI や IoT といった新しい技術への関わりに興味を示していた。

　新規商材としては、現業の自動車用シート部品を漸進的に新しい顧客や製品に拡大していく形が、自然な流れであった。ただ比較的リスクを取らない競合メーカー各社も、同じく既存技術を応用した新製品投入や、まだ参入できていない顧客への営業活動を強化してくるであろう。

　「結局は、同じ競合メーカーと新しい製品や顧客でも消耗戦を繰り返すだけではないだろうか」そんな思いで、黒木は新規事業グループ発足後、これまでの製品や顧客に縛られずに、新しい付加価値を提供できそうなイノベーション技術に意識的に取り組もうと考えていた。ただ会社は、当たるか外れるかも分からない商材を手掛けることを認めないかもしれない。

　黒木はそんな自問自答を繰り返しながら、新しい需要を掘り起こして、ビジネスを創造する前向きなメッセージを経営陣にどう伝えるべきか、思案を続けていた。

ダイヤ商事の概要

　ダイヤ商事は、戦後間もなく創業した。「国際的な視野に立ち、高い情報力と技術力で新たな価値を創造し、社会に貢献する企業を目指す」という企業理念のもと、ゴム、化学品、産業資材、科学機器、機械・環境関連商品の分野において、国内外にグローバルに事業を展開している。専門商社の中でも、特にメーカー並みの技術サポート力に定評があった。

　会社は 2017 年度に売上 700 億円、経常利益 50 億円の規模となり、堅調に成長を続けていた。セグメント別の売上高構成比率は、化成品（ゴム、化学品）40%、機械資材（産業資材、科学機器、機械・環境）30%、海外現地法人 20%、国内子会社 10% で、営業利益構成比率は化成品 35%、機械資材 40%、法人 10%、国内子会社 15% だった。業界別売上構成で見ると、自動車が過半を占め、家電、化学、塗料などが続いている。自動車関連は各種合成ゴム・添加剤、タイヤ用特殊クレー、燃料用ホース原料・防振ゴム、自動車用シート部品といった高付加価値製品が中心である。

会社の変遷

　1950 年代にゴム事業部が日本で最初に合成ゴムの輸入を開始。世界トップシェアの合成ゴム総合メーカーの代理店として、ゴム産業に関わる幅広い製品群を取り扱うに至っている。その後、化成品の扱いに加えて、日本の高度経済成長にあわせて機械・産業資材系の取扱いが増えた。機械・環境事業部がペレット製造機の輸入販売を開始し、現在の飼料用ペレットミルのシェアは 8 割以上となっている。また科学機器事業部が、測定機器の輸入販売を開始。産業資材事業部は、80 年代に米国スカイ社の自動車用本革シート表皮の取扱いを始め、その後世界市場 7 割のシェアを保有するラッキー社のランバーサポート[1]や、欧州リバー社製着座センサー[2]、乗員検知用センサー[3]といったシート周辺機能部品へ取り扱い製品を増やしていった。

---

[1] シートを運転手の体型に合わせて形状変更させる製品
[2] 助手席、後部座席の乗員を検知する製品
[3] チャイルドシート装着時にはエアバックを起動しない制御をする安全製品

創業以来、会社が順調に成長してきた理由について、新事業統括担当の坂本副社長は次のように述べている。「当社は創業以来、70年余りの歴史の中で培った客先、仕入先からの厚い信用を大切に、息の長い商品を扱えという先代からの教えを忠実に伝承してきた」「この精神こそ、各事業部のコアビジネスの継承に通じている」

ダイヤ商事は更なる成長を求めて数年前に上場した。堅実な安定を重視した経営から、今後は株主も意識した事業拡大が求められていた。

将来への危機感

足元の業績は好調であったが、経営陣は将来の事業環境変化に対応できる十分な打ち手が講じられていないと感じていた。国内景気の低迷が長期化し、また顧客が海外へ生産をシフトする中、化成品事業は伸び悩んでいた。近年は機械資材部門が好調な自動車用部品や環境関連商品の販売で会社の業績を牽引していた。

社長の香西は次のように述べている。
「経常利益は13年の30億円から17年の50億円まで4年で20億円も伸長した。だが内訳をみると、ほぼ機械資材と子会社が占め、特定部門の急成長が牽引して、その他の事業部は低成長から微減が実態である。各事業部でバランス良く安定的に成長していくことが大切だ。」

坂本副社長も事業部によって業績にバラつきが出始めたが、会社内には依然として、安定志向な雰囲気が蔓延していることに危機感を持っていた。ダイヤ商事は昔から社内で派閥や政治色が少なく、風通しが良い自由闊達な社風を持ち味としていた。ただ近年会社が大きくなるにつれ、各事業別に縦割りと組織の硬直化が進み、危機意識に対する事業部間の温度差が目立ち始めていると感じていた。

そんな危機感から、会社全体で将来目指す姿を共有するために、2020年を見据えた5年間の中期ビジョン「ダイヤ中期ビジョン」を設定した。20年までに、連結経常利益60

億円、ROE15%以上、自己資本比率50%以上の達成を目標とし、下記3つの戦略を強化することとした。

　戦略A：既存ビジネスの深化
　戦略B：新規ビジネスのプロジェクト立ち上げ
　戦略C：グローバル展開の加速

　坂本はこの中でも、特に戦略Bの新規ビジネスのプロジェクト立ち上げを重視していた。これまでダイヤ商事では、商品の選択と集中について、「関連商品を考える」「何時までやってもたいした商売にならぬものはやるな」という形を継承してきた。
　「会社全体として、既存商材の周りにチャンスがあるはずの新規商材を捕捉していく活動が必要になる」と考えた坂本は、全事業部を横断した新規事業推進活動を開始した。定期的に本社で全事業部や子会社を集めて、成功事例の発表会や懇親会を開催するなど、会社が積極的に新規プロジェクトを支援して全事業部で活動していく風土を醸成しようとしていた。

スター事業部の強みと躍進

　スター事業部は海外サプライヤーの自動車用本革シート表皮、ランバーサポートやシートヒーターといった機能部品を販売している。自動車用シートについては、運転時の姿勢保持や乗員の安全性確保が最低限の要求性能となる。この基本性能に加えて、スター事業部が取り扱う機能部品は、「高級感」「快適性」といったシートの商品価値向上に寄与している。
　本革シートは、中級車の上級モデルから高級車に多く装着されており、特に海外ユーザーは布製のファブリックより、高級感のある本革シートを好む傾向にあった。また北米、欧州は日本に比べて冬の寒さが厳しく、ユーザーはエンジン始動後すぐに車内が温まらないと寒さに耐えられない。暖房の風が直接体に当たるのを嫌う傾向もあり、電気式にシートを短時間に温めるシートヒーターの需要は高かった。

　海外サプライヤーの代理店として成功した理由について、佐藤部長は以下のように振

り返っている。

　海外サプライヤーにとっては、日系自動車メーカーに参入したいが、言葉の壁、海外サプライヤーを受け入れにくい風土、異なる開発プロセスの中で、彼らをサポートできる仲介役が必要であった。
　例えば、ある新車種向けの自動車部品を開発する際、自動車メーカーと海外サプライヤーでは仕事の進め方に違いが多かった。日系自動車メーカーは、サプライヤーと週1回、多い時には数回といった頻度で打ち合わせを実施し、技術検討内容をすり合わせする中で、製品開発を進めることを重視していた。
　対して、海外サプライヤーは、全体の開発スケジュールを決め、自動車メーカーの要求仕様に対して、各開発の節目まで通常数カ月間はサプライヤー側の社内日程や要領で開発を進めるといったスタイルをとっていた。ダイヤ商事は、自動車メーカーと海外サプライヤーの仲介役として、開発プロジェクト、設計検討に介在して、両社のギャップを埋める機能を果たした。

　多くの国内自動車メーカーは、エンジンや車体などの「走る、曲がる、止まる」といった基幹技術は系列部品メーカーを中心に開発を進めていたが、その他の周辺機能は、商品性が高い海外サプライヤーの製品をできるだけ取り込みたい考えがあった。ただ言葉も開発プロセスも異なる海外のサプライヤーと直接仕事をすることには躊躇いがあったため、ダイヤ商事の存在は貴重だった。

　「どこかの大手商社は右から左へ（海外サプライヤーのモノや情報を）流すことしかしない。ダイヤ商事は単なる代理店の枠を越えて、メーカーの営業以上に開発や設計検討にも深く関わってくれる」と顧客に言わしめるほど、信頼を得ていた。

　スター事業部は、1980年以降日系自動車メーカーの生産量増加で売上を大きく拡大し、90年以降国内新車販売は低迷が続いたものの、海外需要を取り込んで順調に事業を成長させてきた。

技術革新と競争環境の激化

昨今　自動車産業は、クルマの IT 化や自動運転技術が急速に進化している。自動車メーカーは先端分野にリソースを集中させる必要があり、それ以外の基本機能や成熟技術については、できるだけ開発工数やコストを抑えようとしている。2015 年に始まったトヨタ自動車の TNGA[4] や VW の MQB[5] は、まさにこの傾向を具現化した開発手法であり、各社が車両セグメントを越えて部品・ユニットの共通化やモジュール化を図る設計思想で、コスト低減と商品力の向上を進めている 。

ダイヤ商事が取り扱う自動車シート用部品は、クルマの IT や自動運転化が進んでも、シートが搭載されている限りなくなることはなかったが、製品や技術は成熟期にさしかかっていた。シート用素材については、コストが安く、シート形状に加工しやすい合成皮革が開発され、風合いや意匠性が進化するにつれて本革と質感や品質の差がなくなってきていた。運転席用のランバーサポートは完全自律走行車が出現すると、運転姿勢保持から快適性補助に大きく機能が変革することも予想された。

また自動車メーカーが TNGA や MQB のようなモジュール開発で部品の共通化を進めて対象数量をまとめて発注することにより、仕入先へのコストダウン圧力が強まっていた。この状態で部品メーカーの選定が行われた場合、シェアが大きく生産量が多い大手システム部品メーカーの優位性が高まる。ある特定の車種の商圏しか持っていない中小部品メーカーは淘汰されるか、もしくは商圏維持の為に価格を下げるしかない状況に陥り、収益悪化が想定された。

新規ビジネスへの取り組み

中長期的に既存の自動車部品の収益低下や技術の代替が進む危機感から、スター事業部では数年前から新規ビジネス開拓の取り組みを開始した。多くの営業担当は、現業で

---

[4] Toyota New Global Architecture：クルマの主要システムとプラットホーム（車台）の共有化を図り、基本性能向上と原価低減の両立を狙う取組み
[5] Modularer Querbaukasten：横置きエンジン車向けのモジュール構造を共通化するプラットフォーム戦略。

担当する自動車シート部品周辺の商材をターゲットとしていた。例えば、センサー、スイッチ、締結部品といった、技術的難易度は高くないが、コストが安い、今後ニーズがありそうなど、何かしら日系自動車メーカーの興味をひきそうな製品を狙った。しかしながら、取扱いが容易な製品ほど、既にメーカーが存在してコモディティ化が進んでいたため、ダイヤ商事が新規に手掛けるメリットは少なかった。

自動車分野以外では、契約している海外、国内コンサルティング会社からの紹介、または各種展示会を訪問して、ニッチ分野で技術力がある商材を持ち、代理店を探している国内外のメーカーをリサーチした。その結果、自動車、自動車以外の分野で多くの商材、メーカーが集まった。しかし、顧客へ紹介しても採用検討するほどのニーズがない、また興味を惹いた商材でも、各営業担当が現業と掛け持ちしていることによる時間的制約から、集中して販売活動を継続することが難しかった。

新規事業グループの発足

佐藤部長は、ここ数年の新規ビジネス開発に行き詰まりを感じていた。営業担当に現業と掛け持ちで新規商材に取り組ませるには、業務負荷がかかりすぎており、現業の営業活動がおろそかになっている面も見受けられた。また現業のルーティーンワークはそつなくこなすが、新しい商材への取り組みは苦手など、個人によって能力にバラツキがあることも分かってきた。しかしながら、会社も「ダイヤ中期ビジョン」で新規プロジェクトへの取り組みを強化しており、またスター事業部としても、新たな事業の柱を築いていく必要性を誰より感じていた。「新規商材の開発、事業化を専門に対応する組織と人材が必要だ」そう考えた佐藤は、新規商材開発を専門に手掛ける新規事業グループを設け、黒木課長を専任として業務にあたらせることにした。

新規事業グループのタスクとしては、過去数年の新規ビジネス開発の結果として集まった新規商材やメーカーの顧客ニーズを深堀して、今後事業化が期待できる商材を見極めることが求められた。また既存技術を使った、新しい製品開発にも取り組んだ。リバー社の乗員検知用センサーに使われている静電容量式センシング技術を使ったキック

センサ[6]や、HOD[7]などである。但し、多くの自動車部品メーカーは既存技術の深化として同様のコア技術開発を行っており、結局既存のセンシング技術で競合しているメーカーと新規製品についてもバッティングしてしまう可能性が高かった。

黒木の上司である藤田室長も「自動車用シート部品だけやっていても、相手と同じ領域で戦いを繰り返すだけだ」と考えていた。藤田は過去に機械・環境事業部で畜産、農業機器メーカー向けの営業も経験しており、かねてから自動車以外の領域の開発に積極的に取り組みたい意向が強かった。「筋の良い技術」「まだ誰も使っていない技術」をものにできれば、代理店としてのダイヤ商事の価値も高まると考えていた。

こうして、新規事業グループは市場や顧客を問わず、ユーザーへ新しい付加価値を提供するイノベーション技術の探索に優先度を上げて取り組むことになった。ここからは、具体的な事例（ウルトラ・ファインバブル発生機、自動車ベンチマーク新技術）を見てみよう。

【事例１】ウルトラ・ファインバブル発生機

ファインバブルとは、水中に存在する微細な気泡である。ファインバブルは、サイズにより、$1\mu m$〜$100\mu m$のマイクロバブル、数十nm（1nmは10億分1m）〜$1\mu m$のウルトラ・ファインバブルに分類される。ファインバブルは日本発祥の技術であり、約20年前から、学術的な研究や、各産業への応用技術が検討されてきた。ファインバブルは通常の水中に存在する大きなサイズの気泡に比べ、マイナスの表面電荷を持ち、かつ電気的な特性が高いという特徴がある。具体的には、その特徴を利用して様々なガスと組み合わせることにより、水中の溶存ガス濃度を増加させることが可能となる。酸素を用いた植物や生物の成長促進、微生物の活性化作用、オゾンを用いた洗浄効果、窒素を用いた酸化防止効果など、多岐に渡る技術の応用が観察されている。

ファインバブルの発生技術としては、加圧溶解方式、エジェクター方式、キャビテー

---

[6] 足の動きで自動車用トランクを開ける製品
[7] Hands of Detector：自動運転時のドライバーのハンドル把持を検知する製品

ション方式などがあり、バブルの大きさや発生量、使用環境に応じて使い分けがされている。これら技術を使ってファインバブル発生用の装置設計、生産、販売をしている会社は、大手メーカーから中小企業まで全国に無数に存在している。ファインバブルは、その特徴や技術応用の事例が近年メディアなどでも取り上げられることが増えたが、まだ学術的な研究結果も十分ではなく、世間では一般的な手法として確立していない。しかしながら、ファインバブル技術を用いた市場規模としては、2020年に12兆円が見込まれるとの予測もあり、日本発のイノベーション技術として注目されている。

　黒木が某コンサル会社へ目新しい技術の紹介を頼んでいたところ、「自動車以外の領域でダイヤ商事さんが扱うにはちょうど良さそうな技術では」と、東大阪市でウルトラ・ファインバブル発生機の設計・製造を手掛ける株式会社タナカ（以下　タナカ）の紹介を受けたのである。

　タナカ製のウルトラ・ファインバブル発生機は、キャビテーション方式を用いて機器内に水を一循環するだけで、非常に高濃度でサイズの小さいウルトラ・ファインバブルを発生できるという特徴があった。反面、構造的に発生できる水量が少なく、水中の異物が根詰まりしやすい懸念はあったが、タナカはこの独自の発生方式で特許を持っていた。まだ黎明期のファインバブル市場において、藤田室長もタナカのユニークな技術力に非常に魅力を感じているようであった。

　タナカにとっても、大手家電メーカーが洗浄用途でウルトラ・ファインバブル発生の技術特許を採用することが決まっていたが、それ以外の市場や顧客は開拓できていなかった。地元大阪の地の利しかないタナカにとっては、ダイヤ商事の国内外販売ネットワークは魅力であり、両社は2015年に代理店契約を結ぶに至った。タナカが機器の設計、関東の某機械メーカーが生産、そしてダイヤ商事が販売を手掛けるというスキームでウルトラ・ファインバブル発生機の販売活動がスタートした。

　代理店契約を結び体制は整ったものの、黒木は実際どのように販売活動を進めていくべきか困惑していた。洗浄用途ではタナカ製採用の実績があったものの、この分野は比較的早くファインバブルの効果が認知されており、既に先行しているメーカーが多い状

況であった。当時、メディアなどでファインバブルの技術が取り上げられ、農産物や養殖魚の成長促進効果に注目が集まっていたが、この分野での知見はなかった。先ずは手探りでリーフレットを作成し、藤田の旧知の伝手から農業関係者を紹介してもらって、売り込みすることから始めた。

　農業関係の企業や消費者を数件訪問したが、一般的なファインバブルの農産物成長促進効果を紹介して、タナカ製ファインバブル発生機が一循環で高濃度且つ微細なバブルを発生できる技術的な特徴を説明することで精一杯だった。「ファインバブルって聞いたことはあるけど、目に見えない泡で効果があるとは信じられない」「こんなシンプルな箱型の発生機で本当にファインバブルが発生できているのか？」「実際、御社の発生機を使ってレタスを成長させた実績はないんでしょ？」と懐疑的な意見が多く、反応は冷ややかだった。

　黒木はファインバブル研究の第一人者である、産業総合研究所の高橋氏が著書で述べていたファインバブル技術への見解と今自分が置かれている現実を照らし合わせ、新しい技術を販売することの難しさを身に染みて感じていた。

　ファインバブルは優れた気体の溶解能力を持ち、超音波に対して呼応し、船の流動抵抗を減らし、動植物を元気にし、また水を綺麗にすることができる。但し、これらの機能を発揮する為には、ファインバブルの特性を十分に把握し、目的に応じたノウハウを確立していくことが重要な課題である。工学的技術という観点から考えたときに、ファインバブルはまだ幼年期を脱していないと言える。比較的少数の専門家の独断的な見識がまかり通っているようにも思われ、定義に統一性がなく、それを評価する一般的な方法も確立されていない。
　一方、使う側の問題としては、微小な気泡を魔法のようにとらえて、相応な苦労を伴うノウハウの確立に目を向けることはなく、最終的に否定的な判断をしてしまう事例も少なくないように思われる。(高橋、2015)

微小な魔法の泡の転機

　行き詰まりを感じていたころ、黒木は農業の先端技術を扱う展示会の案内をふと目にした。多くの農業関係者のニーズを収集するには良い機会かもしれない。どんな反響があるか分からないが、取りあえず出展してみることにした。目に見えない泡に怪訝な反応を示す人も多かったが、一方でファインバブルのようなイノベーション技術に非常に興味を示す人々もいた。その多くは植物工場の関係者であった。主には植物工場で農作物の生産から販売までを運営している企業、及び　栽培システムの設計と販売をしているメーカーである。

　将来の農業就労人口の減少、食料自給率の低下といった課題に対して、政府による農地規制の緩和により、企業が農業分野へ参入しやすくする動きが広がっている。主には食品関連産業が自社で必要とする農作物の安定的確保を目的としているか、製造業をバックグラウンドに持つメーカーが自社技術の活用による新たなビジネスチャンスを狙って後発で参入するケースが多かった。その中で、植物工場は、天候に左右されず、農作物の安定供給、周年栽培の実現、単位面積あたりの生産性向上で付加価値を発揮できる事業機会として注目を集めていた。反面、露光栽培に対するデメリットして、工場や栽培設備への投資、LED や蛍光灯を利用する光源、温度管理用の空調設備維持のランニングコストが高い。よって事業として利益を生む為には、市場価値の高い農作物の選定、栽培技術や運営ノウハウ、安定的な売り先の確保といった難しい要素をバランスよく組み合わせねばならない。

　植物工場事業の関係者は、この難解なバリューチェーンのパズルを組み合わせることに頭を悩ませるよりも、シンプルに他社と差別化できる技術を求めていた。植物工場は土を使わない、屋内での水耕栽培である。水中に発生するファインバブルに農産物の成長を促進する効果があれば、栽培期間を短縮して出荷量を増やすことができる。「前からファインバブルに興味があった。試しに使ってみて、効果があれば買いたい」こう言ってくれた、いくつかの植物工場や栽培システム設計メーカーとデモ実験を進めることになった。提供できる範囲で実験結果をフィードバックしてもらうことを条件に、発生機は無償で貸し出すことにした。

ある栽培システムメーカとのデモ実験では、ウルトラ・ファインバブル発生機を取り付けたリーフレタスでの栽培実験で、2割程度の成長促進効果が出た。イノベーション技術に興味津々な技術者は、積極的に栽培する品種、生育条件を変えて、実験を進めてくれた。彼は以前に他社の加圧溶解方式のファインバブル発生機を試したことがあり、タナカ製のキャビテーション方式との性能比較まで自主的に実施してくれたのである。おそらく、真剣に自社の栽培システムに成長効果のある技術を取り込みたかったのだろう。機器の構造については、「こんな箱型では場所をとってだめだ。栽培システムの水循環パイプ内へ発生機構を組み込む方式にした方がよい」「発生できる水量を20%増やせられれば、発生機の導入費用を考えても成長効果で賄えるはずだ」と具体的な製品改良の提案までしてくれた。

　ダイヤ商事にとっては、実際の植物工場でウルトラ・ファインバブル発生機を使った実験結果のデータや経験値が得られたことは大きい収穫だった。これまでは、ファインバブルが水中に何個できるとか、酸素濃度がどれくらい高くなるという機器の技術的な特徴しか分からず、ファインバブルといったシーズが生み出す機能、顧客への価値をうまく表現できていなかった。コアなユーザーとの出会いで、例えば、酸素ファインバブル水によって収穫量が2割程度向上した場合、どれくらい農薬や肥料が節約できるか、または収穫周期をどれだけ短くできるかといった、ファインバブルが生み出す顧客目線での価値が明確になってきた。ファインバブル技術を全く知らないユーザーへ対して、彼らの用途における使い方と成長効果を具体的に提案できるようになり、デモ実験を希望する農業関係の企業やユーザーが一気に増えた。

【事例2】自動車ベンチマーク新技術

　2017年の冬、デトロイトモーターショーに参加するため、黒木は冬の凍てつく寒さに包まれるデトロイト市内のコボ・センターに向かっていた。コネクテッドカーや自動運転といった華やかな技術が展示される中で、ひと際インド人が密集しており、真っ赤なクルマの骨格を展示しているブースに目を引かれた。「高エネルギーX線スキャンによる革新的ベンチマーク技術」と大きく書かれたパネルが掲げられるブースで、説明員に何が革新的なのか食い入るように聞いてみた。彼は、強力なX線を用いて非破壊で車両を

丸ごとスキャニングする技術で、外形や内部構造をCADデータ化できる世界初の手法を丁寧に説明してくれた。従来はTeardownと呼ばれる、車を分解して分析するアナログ的なベンチマーク手法が主流であった為、オーロラ社のスキャン技術や効率的な車両開発への応用性は非常に興味を引いた。「これから車両の開発期間がより短縮され、開発人工も少なくなってくれば、必要とされる技術になるかもしれない」そんなイメージを沸かせながら、黒木は説明員と名刺交換してその場を立ち去った。

　翌週帰国後、会社のメールを開けると早速オーロラ社から連絡が入っていた。「来週オーロラ社のCEOとSales　Directorが日本に出張するので会ってほしい。」黒木はいきなり社長と会うことに躊躇いはあったが、この会社が何をしようとしているのか知りたい - そんな想いで、都内で面会する返事を返した。

オーロラ社

　オーロラ社は米国イリノイ州で2010年に設立され、自動車、商用車、農業機器関連向けに各種エンジニアリングサービスを提供している。親会社は1920年に設立されたインドのマハラジャグループである。マハラジャグループは農産物、エネルギー関連取引、IT、学校運営、自動車ディーラー事業を手掛けるインドのコングロマリット企業である。

　オーロラ社は従来のエンジニアリングサービスで培ったCAD技術を応用して、車両ベンチマークに活用できる高エネルギーX線スキャンからのCADデータ作成技術を開発した。従来であれば、自動車メーカーは他社競合車をベンチマークする際、車両を分解して解析、外形を三次元測定する手法を取っていた。高エネルギーX線スキャンは強力なX線を用いて非破壊で車両を丸ごとスキャニングして、車両全体、システム、サブシステム、及び　構成部品単位の外形や内部構造をCADデータ化できる世界初のイノベーティブな手法である。このデータを使って、車両のハーネス回路設計、剛性や流体解析などのモデリングも可能となり、自動車メーカーやシステム部品メーカーのベンチマーク、それを応用した車両開発の工数、費用を大幅に削減することができる。

　オーロラ社は先ず、先端電子自動車として自動車メーカーの注目度が高い米国テスラ

社の MODEL X で高エネルギーX 線スキャンによる 3D モデルのデータ作成をスタートした。欧米、中国系自動車メーカーに技術紹介を開始し、顧客からはベンチマークに関わる工数を減らし、自動車開発の効率化を図れる革新的な技術として高い注目を集め始めていた。

日本市場の開拓

初めて会ったオーロラ社 CEO ナデルの印象は強烈だった。インドで生まれ、幼少期に米国へ移住して育った彼はハングリー精神とエネルギーに満ち溢れていた。会うや否や、2010 年に会社を立ち上げ、農建機、商用車向けの CAD 設計アウトソーシング業務を拡大してきたこと、数年前から、CAD 設計技術を活かせる高エネルギーX 線スキャンによるベンチマーク技術開発をしてきたこと、従来の Teardown（車両分解）手法を置き換えて、高エネルギーX 線スキャンから CAD データを作成する手法が車両の構造設計や解析を劇的に短縮して、自動車メーカーの車両開発を変革する技術になり得ることを一気に捲くし立てた。

新規に開発した高エネルギーX 線スキャンによるベンチマーク技術を自動車メーカーに浸透させるにあたり、ナデルは何としても技術力が高い日系自動車メーカーに提案、採用を促したいと考えていた。オーロラ社の Sales Director であるトーマスは以前に日系自動車メーカー北米拠点の米国人幹部と仕事上の付き合いがあり、彼はこの人脈をたどって今回のベンチマーク技術を提案していた。しかし顧客の反応は「北米でも他社車両のベンチマークをやるが、日本本社からの依頼が元になっている。北米拠点だけでは判断できないし、予算は日本持ちだ」とつれないものだった。トーマスは北米拠点の彼らと以前に仕事をした際も、彼らの日本本社側のボスの顔は全く見えず、今回も日系メーカーへの提案は厳しいのかと半ば諦めかけていたところだった。

黒木がダイヤ商事の事業概要を手短に説明した後、ナデルは言った。「俺はこのベンチマーク技術を世界中の自動車メーカーに浸透させたい。欧米と中国は我々で対応できる。しかし日本の自動車メーカー、日本人のマネージャー達は外国の新興メーカーが単独で行っても話を聞こうとしない。ダイヤ商事が技術開発に関わる能力があること、日本の

自動車メーカーと関係が深いことは分かった。しかし、うちが扱う技術はソフトだ。ハード（自動車部品）とは事業のスピード、戦略、収益構造が全く違う。君の会社は、うちの代理店ができるのか」

　ダイヤ商事にとっても、これまで経験がないベンチマーク用途の CAD データを取り扱うことには不安があった。自動車メーカーへ十分な技術説明ができるのか、会社としてデータに対する保証ができるのか、ソフトウェアに精通した人材を採用する必要があるのではないか。

　「兎にも角にも、悩んでいてもしょうがない。目の前に魅力的な商品とメーカーが存在する以上、先ずは顧客の見解を確かめてみよう」黒木は藤田室長と相談したのち、懇意にしていたトウキョウ自動車先進技術部の柴田部長へオーロラ社の技術を紹介することにした。普段あまり喜怒哀楽を表情に出さない柴田部長は、今回は「いつもの提案と少し違うな」という表情を浮かべながら、こちらの説明を静かに聞いていた。

　トウキョウ自動車のみならず、国内自動車メーカーは、総じて新技術に対して最初は非常に懐疑的であった。特に今回のような従来のベンチマーク手法を置き換える提案については、自動車メーカー内で従来の車両分解や解析を担当しているベンチマーク部署にとっては、自分達の仕事が奪われる警戒感が非常に強かった。実際オーロラ社がある自動車メーカーに提案した際、ベンチマーク部署の担当者から「技術は面白いが、うちには自動車を分解して調べる部署があるから、わざわざ（外注に）金を出す気はない」と不快感をあらわにされたこともあった。

　但し、業界トップのトウキョウ自動車で先進技術グループを束ね、他社に対する技術競争力確保を命題とされている柴田部長の立場は違っていた。国内外のサプライヤー、コンサル会社から、年間 100 件以上の新規提案を受けており、自社に必要となる技術の「目利き力」は並外れている人物である。彼の腹に、「テスラ」「高エネルギーX 線スキャンによる革新的ベンチマーク新技術」「欧米、中国の自動車メーカーが採用促進中」といったキーワードが刺さったことは明確だった。自動運転や AI 化で欧米メーカーに遅れをとらないように、海外新興メーカーとのオープン・イノベーションに積極的に取り組む姿

勢も強くなっていた。「社内でフィードバックするので、少し時間をくれ」柴田部長はそういって、その場を立ち去った。

　数週間後に柴田部長から連絡があった。高エネルギーX 線スキャンを用いたベンチマーク技術の導入を検討していくことについて、先進開発領域の役員から了解が出たというものだった。社内の構造解析で使えるレベルのデータ精度と解析ソフト環境との適合が確認できれば、十分利用価値がありそうだという。従来、新規開発の予算枠を検討するだけでも、半年以上は検討期間を要するトウキョウ自動車の状況からすると、異例の早さだった。自動車メーカーの技術トップがここまで早く反応することは、このイノベーション技術の革新性や自動車メーカーの開発プロセスに対する付加価値が非常に高いことを示唆していた。

既存技術かイノベーション技術か？

　ウルトラ・ファインバブルや高エネルギーX 線スキャンによる自動車のベンチマーク新技術は、顧客がまだ気づいていない用途や機能を提供するイノベーションとして、潜在的な成長可能性が高かった。

　その反面、この様な革新的な技術や製品を導入して、顧客と開発を推進し、事業化していく手法やプロセスをどのようにマネジメントしていくべきか。やはり、長年に渡りこつこつと売上を積み重ね、堅実な社風を持ち味としているダイヤ商事では、既存技術や商材に集中した方がよいのだろうか。

　窓の外に目をやると、大阪の夜の街を走る車もめっきり減っていた。「今日は終電に間に合いそうにもないな」黒木はそう呟いて、もう一度、新規事業活動計画の草案を見返しはじめた。

◆　解説　◆

ケース・クエスチョン1の分析と考察

（1）成功要因の分析

①外部環境

　スター事業部は1980年代に自動車用本革シート表皮で自動車部品販売に参入した。グローバル化に伴い、海外市場が日系自動車メーカーにとって主戦場になり始めた時期である。自動車メーカーは排出ガス規制や安全法規を遵守すると同時に、大衆車から高級車まで広がるユーザーの嗜好に対して、「高級感」や「快適性」といった商品価値を向上する必要があった。日系自動車メーカーは系列部品メーカーと共に、エンジンや車体など基幹技術開発にリソーセスを取られていたため、商品価値に関わるシート用機能部品については、最小限の開発工数で高い商品性と要求品質を確保したいニーズがあった。海外サプライヤーにとっては、商品性の実績はある反面、日系自動車メーカーで採用されるための技術開発、高い要求品質の達成が課題であったと理解できる。

　次に、ダイヤ商事の内部環境の分析から、成功要因（KSF）を明らかにしていく。

②内部環境

　競争優位の源泉となる、ダイヤ商事の経営資源や組織能力を表1の通り分析する。

表1　ダイヤ商事のVRIO分析

	経営資源・組織能力
Value 経済価値	・顧客、海外メーカーの取引に不可欠な仲介役 ・単なる販売業務ではなく、技術開発まで含めた対応力
Rarity 希少価値	・大手メーカー、大手商社が手掛けないニッチ分野、ニッチ製品に特化 ・海外メーカーの国内独占代理店契約
Inimitability 模倣困難性	・長期取引の結果得た顧客、海外メーカーとの信頼関係 ・ニッチ分野でのシェアリーダーである経験、競争優位性
Organization 組織	・資質（理系、高い語学力）、行動特性（開拓精神、粘り強さ） ・派閥・上下関係がなく、風通しの良い組織風土

まとめると、商品価値の高いシート用機能部品持つ海外部品メーカーと、日系自動車メーカーの仲介役として、両者を繋ぐ付加価値を発揮していることがダイヤ商事の KSF である。

（2）課題の分析
①外部環境

現在の自動車産業に関わるマクロ環境変化と日系自動車メーカーへの影響を表 2 の通り PEST 分析する。

表2　PEST 分析（現在）

	マクロ環境	日系自動車メーカーへの影響
Politics 政治	・自国第一主義の台頭 ・地政学リスクの増加	・海外事業の維持 ・現地主体のオペレーション強化
Economy 経済	・多国間貿易協定の動停滞 ・アメリカ経済の見通し不透明感 ・中国の存在感の増加 ・新興アジアの成長	・北米市場の基盤維持 ・グローバル生産供給体制の変化 ・中国・アジア市場の重視
Society 社会	・ネットワーク社会の進化 ・脱石油社会 ・先進国の高齢化 ・国内労働力人口の縮小 ・都市化の加速	・自動運転の進化 ・省燃費、電動製品の拡大 ・技術者の減少 ・カーシェアリングの増加
Technology 技術	・AI 元年 ・IoT の普及 ・脱化石燃料技術	・自動運転技術の向上 ・製造の IT 化、省人化 ・バッテリー・モータ技術の進化

政治・経済の面から、先行き不透明で不確実性の高い時代になってきており、グローバルに事業を展開している日系自動車メーカーは、生産と供給の柔軟なバランスを取ることが益々求められている。インターネット社会の進化により、クルマのネットワーク化、AI を活用した自動運転化が進む。また脱石油社会を目指して、バッテリーの小型・長寿命化が進めば、クルマの電動化技術が一気に加速すると考えられる。自動車メーカーはこれら先端分野にリソースを集中させる必要があり、それ以外の基本機能や成熟技術については、車体、エンジン、システムの共通化により、できるだけ開発工数やコスト

19

を抑えようとしている。

　次にマクロ環境の変化を受けた日系自動車メーカーにおける自動車用シート部品への影響について、表3の通り3C分析を実施する。

表3　3C分析（現在）

3C	自動車用シート部品への影響
Customer 顧客	・システムの共通化、大量発注によるコストダウン要請の強化 ・ユーザー嗜好の変化
Competitor 競合	・大手システム部品メーカーの競争優位性向上 ・機能部品の技術ノウハウ、市場実績の蓄積 ・代替製品の技術、品質力向上
Company 自社	・国内部品メーカーに対する技術面の優位性低下、価格競争激化 ・技術進化に伴う既存製品の優位性低下、代替製品による置き換え

　自動車用シート部品についても、今後はシステム単位での開発、コストダウンが更に進むと予測される。また、当初は海外部品メーカーに実績で優位性があったシート用機能部品について、他部品メーカーも実績や技術的なノウハウを蓄積していく中、「コモディティ化」が始まっている。結果、これまでのKSFであった「海外部品メーカーの技術や製品が日系自動車メーカーの競争力（車両商品性、開発工数低減）に寄与する」度合が減ってきたことが、課題として顕在化し始めている。

②内部環境
　次にダイヤ商事の経営上の仕組みを構成するハード、ソフト要素（7S）を整理の上、内部環境の変化を分析する（表4）。

表4　ダイヤ商事の戦略や組織の7つの要素（7S）

		要素	顕在化してきた変化
ソフト	Shared Value （共通価値観）	・国際的な視野に立ち、高い情報力と技術力で新たな価値を創造し、社会に貢献する企業を目指す	・上場して、株主還元も重視
ソフト	Style （経営スタイル）	・各専門知識を有する社員からのボトムアップ型 ・自由闊達な風土	・安定志向の蔓延
ソフト	Staff （人材）	・終身雇用 ・年功序列	・人材の硬直化
ソフト	Skill （組織のスキル）	・ニッチ商材での専門知識 ・顧客との長期信頼関係	・新規商材立ち上げの経験不足
ハード	Strategy （戦略）	・ニッチ分野への特化 ・息の長い商材 ・材料、製品中心のビジネス	・既存商材のコモディティ化 ・代替技術、製品の台頭 ・新規商材の不足
ハード	Structure （組織構造）	・事業部別組織	・事業部間の交流不足
ハード	System （経営システム）	・全社統一の人事制度	・事業部間で将来への危機感にバラつき

　ハードにおいて、既存の海外メーカーの技術が競争力を失いつつあり、事業部間でも業績や危機意識にバラつきが出始めた。ケース中に記載のある通り、経常利益は13年の30億円から17年の50億円まで4年で20億円伸びたが、この伸長は機械資材と子会社によるもので、化成品の業績は低迷している。ソフト面においては、息の長い既存ニッチ製品に特化して特定の顧客との信頼関係を重視してきた背反として、社内に安定志向が蔓延し、新規商材の立ち上げ経験が少ない人材が増えていた。組織のハード（戦略）とソフト（人材、組織能力）が相互に補完せず、Shared Value にある「高い情報力と技術力で新たな価値を創造すること」を阻害する要因となり始めている。

（3）今後の戦略的方向性
　先述の課題に対して、クロス SWOT（表5）により今後の戦略オプションを考察する。

表5　クロス SWOT 分析

	内部の強み（S）	内部の弱み（W）
	✓ ニッチ商材へ特化 ✓ 複数事業部（多角化経営） ✓ メーカとの長期ビジネス・信頼関係 ✓ 財務安定性 ✓ 海外ネットワーク（特にアジア、北米） ✓ 技術系の営業人材 ✓ 自由闊達な風土	✓ 新規商材の拡販力不足 ✓ 自動車向け依存度大 ✓ 新規メーカの発掘不足 ✓ 投資に消極的 ✓ 大手商社・メーカより規模が不足 ✓ 社内の危機意識の欠如
外部の機会（O）	**SO戦略**	**WO戦略**
✓ アジア地域を中心とした経済拡大 ✓ 堅調な自動車向け市場 ✓ AI、IoTの普及 ✓ ソーシャルネットワーク社会の進化	A）ニッチ市場で技術系専門商社の強みを活かした事業の深化 B）市場変化、技術進化に呼応した新しい商材の探索、事業化	E）コアな技術力を持つ中小メーカとのM&Aによる規模拡大 F）戦略的な新規商材・メーカの発掘による成長機会の取り込み
外部の脅威（T）	**ST戦略**	**WT戦略**
✓ 政治・経済の不確実性増加 ✓ 商材のコモディティ化 ✓ 技術進化の加速化による、製品ライフサイクルの短縮 ✓ 原材料（ゴム、樹脂）価格低下 ✓ 商社の中抜き（メーカ直販）	C）ニッチ商材の新規拡販によるコモディティ化のリスク分散 D）収益性・将来性が見込める既存商材へのリソーセス注力	■ トップによる危機感の喚起と打ち手の明確化。 ■ 最低限守るべき事業領域の取捨選択。

　各戦略オプションを既存及び新規商材で分類すると、以下の2つの基本戦略が導かれる。

①既存商材の深化

　A）ニッチ市場で技術系専門商社の強みを活かした事業の深化（SO）

　C）ニッチ商材の新規拡販によるコモディティ化のリスク分散（ST）

　D）収益性、将来性が見込める既存商材へのリソーセス注力（ST）

　E）コアな技術力を持つ中小メーカーとのM&Aによる規模拡大（WO）

②新規商材の探索

　B）市場変化、技術進化に呼応した新しい商材の探索、事業化（SO）

　F）戦略的な新規商材・メーカーの発掘による成長機会の取り込み（WO）

　次に、スター事業部が手掛ける商材と技術の相関関係（図1）から各戦略を考察する。

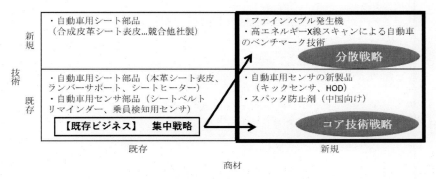

図1　商材と技術の相関

　既存の自動車用シート部品を中心にビジネスを深化させる戦略を「集中戦略」とした場合、新規商材については、図中の2本の矢印がのびる形となる。

　1本目の矢印は、既存技術を深化した新製品開発をする「コア技術戦略」と定義できる。例えば、乗員検知用センサーに使われている、既存の静電容量式センシング技術をキックセンサやHODといったクルマの他の機能向けに開発する手法である。既存製品のコモディティ化に対する打ち手となり、技術が集中するリスクを製品で分散することができる。

　他方の矢印は、新規技術と新規商材（製品）の組み合わせであり、現業への集中に対して、「分散戦略」であるといえる。ケース中の、「ファインバブル発生機」や「高エネルギーX線スキャンによる自動車のベンチマーク新技術」が該当する。これまでの自社の強みが分散する可能性はあるが、入山（2012）よれば、「当面の事業（既存の技術を活用した製品や、その技術をさらに改良、改善した製品）が成功すればするほど、知の探索をおこたりがちになり、結果としてイノベーションが停滞するというリスクが、企業組織には本質的に内在している。これが『コンピテンシー・トラップ（Competency Trap）』と呼ばれる命題である」との見方もできる。

　当クエスチョンでは戦略的方向性を考察するに留め、「分散戦略」を実行するためのプロセスや体制については、ケース・クエスチョン3にて詳細を分析する。

<u>ケース・クエスチョン２の分析と考察</u>

ファインバブル技術はまだ幼年期のイノベーションであり、実用化の手法が確立されていない。ダイヤ商事が農業分野でウルトラ・ファインバブル発生機を取り扱い始め、ユーザーが積極的に利用したい状況に至った過程の分析から、ユーザーを取り込んだイノベーション技術開発の成功確率と効率を向上するための開発ステップや手法を下記に考察する（図2）。

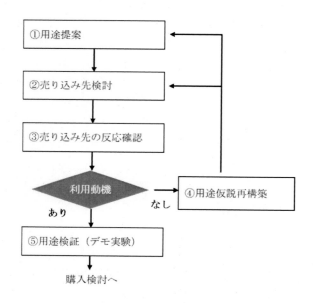

図2　用途提案から検証のステップ

①用途提案
- ファインバブル発生機を用いた場合のメリットや実績、競合他社の製品・技術に対する優位性について、ユーザーが利用する動機に繋がる視点で検討する。
- 事前にできるだけ用途提案を絞れるにこしたことはないが、提案対象となる技術に知見や実績がなければ、早めにユーザーの意見を確認するステップへ進めた方がよい。

24

②売り込み先検討

● 市場調査（インターネット検索、調査会社経由）などで、最も用途に対するニーズがありそうなユーザーをピックアップする。また、専門分野の展示会は一般消費者や企業関係者、大学・研究機関の関係者まで幅広く異なるバックグラウンドや見識を持つユーザーが集まる場所のため、新規技術を利用する意欲が高いユーザーを見つけやすいことが多い。

● 対象が消費者（B to C）もしくは企業（B to B）かを検討する必要がある。農業関係者の場合、消費者は個人で農業を営んでいる事業主兼農作業従事者となる。自己資金の為、購買に対する判断は早いが、販売規模は見込めないことが多い。他方、企業の場合は、植物工場を直接運営、またはその栽培システムを設計・販売するメーカーが対象となる。最終的な購入先となるのかを理解しておくために、売り込み先がファインバブル技術利用者（エンドユーザー）なのか、提供者なのかは当りをつけておく方がよい。

③売り込み先の反応確認

● 用途提案に対して、ユーザーの反応を確認するステップとなる。直接相手の反応を確認しながら、ファインバブル技術にニーズを感じているのか、最終的に購買する動機があるのかをできるだけ情報収集したい。

● 新しい技術に懐疑的な人や、従来の手法を変えることに抵抗がある立場の人は、食いつきが悪い。また、既にファインバブルの一般的な知識がある人は、タナカ製発生機の技術の特徴や、その技術をどう自社の栽培環境やシステムに応用して効果を出せるかに興味がある。実際にユーザーが期待できる用途、それによって解決できる用事を具体的に説明できないと、実際に利用する動機にまで繋がらない場合が多い。

④用途仮説再構築

● 利用する動機がなかった理由を検証することが求められる。現状の栽培プロセスで十分な結果が得られている場合、ユーザーは労力をかけてまでファインバブルを導入するニーズがなく、その場合は新たなユーザー開拓に注力した方がよい。もしくはニーズがあるが、用事を解決する手段とまで認知されなかった

場合は、ユーザーを動機づける用途提案が十分であったか振り返る必要がある。技術面での利用動機以外に、ユーザー側に開発に関わる人工や時間の確保ができているかも検証する必要がある。

- 利用動機に至らなかった理由を分析し、またデモ実験で用途検証してくれたユーザーの利用結果のノウハウが蓄積すると、顧客への利用を促す説得力が増す。実際に、ウルトラ・ファインバブル発生機を使って顧客が期待する価値を具体化して説明できるようになると、用途検証（デモ実験）を希望するユーザーが急増した。イノベーション技術を開拓する新規市場では、「学びを得るためにまず行動する」ことにも意義があるといえる。

⑤用途検証（デモ実験）

- 植物工場は実際の栽培環境でファインバブル技術を試験してくれるため、現実的な用途提案のフィードバックを得ることができる。
- また稀に積極的に新技術を試して改良する意欲があるユーザーに遭遇する場合もある。このようなユーザーは、新規技術への挑戦意欲が高く、試行錯誤を厭わない、いわゆるリードユーザー といえるだろう。リードユーザーは、ケース中の栽培システムメーカの技術者が栽培技術を差別化するためファインバブルを取り込みたかったように、新技術を用いて自分の問題を解決したいニーズが高い。栽培システムの利用環境に合わせた、ウルトラ・ファインバブル発生機の形状や仕様まで提案してくれるため、ファインバブル技術のようにまだ実用的な利用手法が確立されておらず、ダイヤ商事やメーカーのタナカ側にも知見がない段階では非常に貴重なものとなる。

ケース・クエスチョン３の分析と考察

　これまでのクエスチョンでは、ダイヤ商事の今後の戦略的方向性として既存商材の深化と新規商材の探索を導いた。また新規商材には、既存の技術を深化した新規商材を開発する「コア技術戦略」と前述のファインバブル発生機のように新規分野でイノベーション技術の扱いにチャレンジする「分散戦略」があること述べた。そして、リードユーザーを取り込み、実用化に向けてイノベーション技術を試行錯誤しながら開発していく手法

やプロセスを考察した。当ケース・クエスチョンにおいては、イノベーションをマネジメントして、事業化へ向けた取り組みを進めるために必要な体制や組織のあり方について考えてみたい。

（1）イノベーションの仲介役としての役割を強化
　技術革新のスピード速まり、自社だけで全ての事業領域の技術開発を対応することはほぼ不可能になってきており、大企業でも自前主義を脱却し、いち早くイノベーションの種を見つけて、自社に取り込む動きが加速している。クルマの製造販売を事業にしているトヨタ自動車が、クルマの需要を減らす因子になりかねないカーシェアリングを事業にする米ウーバーテクノロジーズと提携するなど、少し前には想像できなかった。自動車産業においても、特に自動運転やITの分野などで、大手自動車メーカーがウーバーのような新しい発想を持つ海外新興企業のサービス・技術を取り込むオープン・イノベーションが急速に増えている。

　一方、技術探索をしている企業が、自社だけで必要とする技術を提供できる企業を探すことは費用、時間的に効率が悪くなっており、技術提供側とのマッチングをしてくれる仲介役が必要となる。自動車部品事業においては、ダイヤ商事のような専門商社の立場で複数海外メーカーの代理店として技術開発まで介在する商社は寡聞にして存在しない。自動車部品で競合する国内外の部品メーカーは、既存の技術をベースに顧客や製品ラインナップを広げる傾向が強い。こうした部品メーカーと差別化するにあたり、ダイヤ商事は、海外にもネットワークや情報網を持ち、自動車部品開発に長けた専門商社のメリットを最大限に活かして、日系自動車メーカーが海外勢に取り残されない為のイノベーション技術の発掘や、海外メーカーとの提携を取り持つなど、新しく付加価値を発揮できる領域に注力していく必要がある。

　ケース中のオーロラ社の事例では、自動車メーカーの車両開発効率化・工数低減のニーズと、高エネルギーX線スキャンにより非破壊で外形や内部構造を解析する世界初の技術をダイヤ商事がマッチングしている。図3が示す通り、技術探索と提供側の間で、イノベーション技術の目利きができる仲介役が目指す姿といえるだろう。

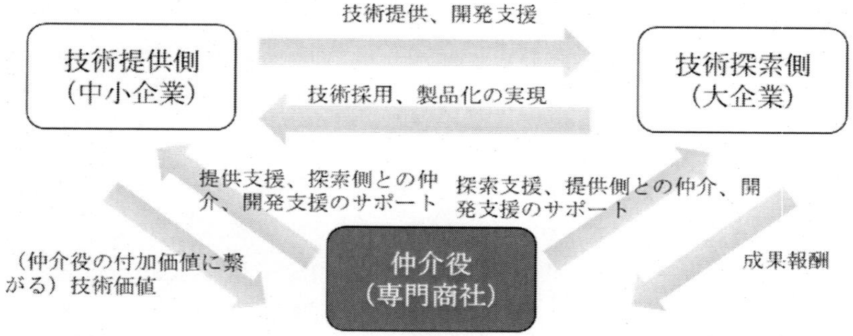

図3　仲介役の位置づけ

（2）創発的戦略の実践

　既存商材へリソーセスが集中すると、新しい事業領域、商材へ組織の知識の幅を広げる取組みが滞る。既存商材の技術、ノウハウは深まるが、将来拡大するチャンスがあるイノベーション技術や商材へ乗り遅れること、ケース・クエスチョン2の解説で述べた、いわゆる「コンピテンシー・トラップ」に陥るリスクがある。イノベーション技術に対して、知識の幅を広げる探索、市場チャンスを踏まえた絞り込み、収益性が見込める事業化へのプロセス（図4）を適用して、創発的戦略（Emergent strategy）を実践する体制を確立する必要がある。

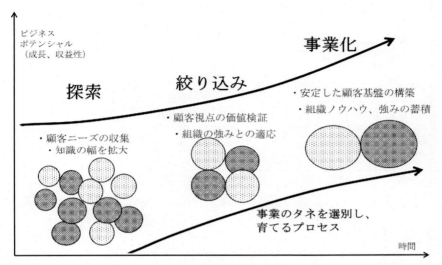

図4　イノベーション技術の探索から事業化へのプロセス

　創発的戦略を実践する体制について、オーロラ社の事例で考察してみる。従来、自動車メーカーは競合車をベンチマークする際、Teardown（車両分解）、または手作業で外形を三次元測定でデータ化して解析する手法を取っていた。高エネルギーX 線スキャンを用いた CAD データ作成技術は、「車両を購入せず、解体せず」に解析を可能にする。車両購入して解体や測定する人手が確保できなかったメーカーでも、手軽にベンチマークしたい車両のデータを使って解析ができるようになる。この新技術は、これまで解析が「無消費」だった状況に対して、新しいバリュー・ネットワークを創り出している新市場型破壊イノベーションであるといえるだろう。

　クリステンセン・レイナー（2003）によれば、「発見志向計画法は、創発的戦略プロセスを積極的にマネジメントするための一つの手段」である。対比として、既存市場での技術や製品に対する持続的イノベーションには意図的計画法が提唱されている（表 6）。オーロラ社の高エネルギーX 線スキャンによる自動車ベンチマーク技術の事例も織り込みながら、発見志向計画法の各フェーズでの要点を考察する。

表6　創発的戦略プロセスをマネジメントするための発見志向計画法

持続的イノベーション： 意図的計画法	破壊的イノベーション： 発見志向計画法
（注：数字や規則に基づいてプロジェクト開始の決定を下してもかまわない）	（注：パターン認識に基づいてプロジェクト開始を決定すること）
①将来に関する過程を立てる	①目標とする財務成果を打ち出す。
②これらの仮定に基づく戦略を策定し、その戦略に基づいて財務予測を立てる。	②どのような仮定の正しさが証明されれば、この目標が達成されるか？
③財務予測を基に投資決定を行う。	③重要な仮定の妥当性を検証するために、学習計画を実行する
④予測される財務成果を実現するために戦略を実行する。	④戦略を実行するために投資を行う。

①目標とする財務成果を打ち出す

- ベンチマーク技術が開拓する新市場規模とデータ価格の積から財務目標が算出できる。
- 新市場規模については、既存の Teardown 手法を用いている自動車メーカー、及びこれまで「無消費」であった自動車メーカーやシステム部品メーカーを含むことができる。

②どのような仮定の正しさが証明されれば、この目標が達成されるか？

- ベンチマーク技術が実際に顧客の車両開発効率化や工数低減を満足する付加価値があるかの検証が必要となる。具体的には、自動車メーカーの解析作業で使用できるレベルの CAD データ精度であるか、解析用ソフトとデータフォーマットが適合しているか等。
- またデータ販売価格が、顧客の利用価値と同等以下でなければならない。特に既存の Teardown 手法が解析用途を満足している自動車メーカーは、高エネルギーX線スキャン技術による性能を必要としていない。また社内に Teardown を専門にする部署が存在するため、彼らの仕事を奪うことはできないという組織的な制約条件が発生している場合もある。こういったメーカーについては、彼らの要求技術レベルが上がるのを待つか、既存技術より魅力ある価格であれば購入する意思があるのかを検証する必要がある。

③重要な仮定の妥当性を検証するために、学習計画を実行する
- 自動車メーカーにおいて、リードユーザーになり得る部署・キーマンを探索して、試行錯誤しながらベンチマーク技術の顧客利用価値を検証していく。
- 新規開発に専門に取り組む創発型組織で運営していく。当初のスター事業部のように、既存ビジネスを抱え、意図された計画通りに戦略を実践することが求められる組織で、同時に創発型戦略やプロセスを運用することは難しい。
- この創発型組織に新規商材の知識を集約して、イノベーション技術の探索、製品開発、事業化へのプロセスを学習させ、技術に対する「目利き力」を養う。

④戦略を実行するために投資を行う
- 必ずしもメーカーのようにイノベーション技術の開発や製造に投資する必要がない専門商社は、技術を目利きして、創発的戦略をプロデュース、牽引できる人材の確保が最も重要となる。
- また既存ビジネスで確保した収益を創発型戦略へ投資するといった、柔軟な会社トップの判断・意思決定も必要となる。

（3）両利きの経営を実現
　現業の自動車用シート部品事業は収益基盤を確保する重要な役割がある。加えて、既存技術を深化して新規商材を開発する「コア技術戦略」も併用しながら、新技術の目利き・新市場の開拓による「分散戦略」で次の成長を目指す。日系自動車部品メーカーは大胆な事業転換、投資の発生を嫌い、既存技術の用途拡大に集中してくることが予想されるため、各社のコア技術戦略への同質化はシェア争いの競争を繰り返す可能性がある。ダイヤ商事は、新規事業グループのような創発型戦略に特化した組織で、国内外のイノベーション技術の目利き力、技術に精通した専門商社のアジリティを活かして、オープン・イノベーションの仲介役としての機能を強化していくべきと考える。
　既存商材の深化（知の深化）と新規商材の創発的開拓（知の探索）で、バランスの良い事業ポートフォリオを形成し、今日の飯のタネ（成長〜成熟フェーズ）と明日の飯のタネ（導入〜成長）のサイクルをマネジメントすることで、両利きの経営（入山、2012）を実現することが理想である。

《参考文献》

[１] 星野達也 (2015)「オープン・イノベーションの教科書」ダイヤモンド社

[２] 小川進 (2013)「ユーザーイノベーション」東洋経済新報社

[３] 入山章栄 (2012)「世界の経営学者はいま何を考えているのか」英治出版

[４] 近藤隆雄 (2012)「サービス・イノベーションの理論と方法」生産性出版

[５] ジェームス・トゥボール (著) 小山順子 (監訳) 有賀裕子 (訳) (2007)「サービス・ストラテジー」
　　　 株式会社ファーストプレス

[６] クレイトン・クリステンセン、マイケル・レイナー (著) 玉田俊平太 (監修) 櫻井祐子 (訳) (2003)
　　　 「イノベーションへの解」翔泳社

[７] 延岡健太郎 (2006)「コア技術戦略に関する組織能力の構築」http://www.pace-s.co.jp/5.pdf

[８] Nikkei Automotive 2015.5 「クルマの IT 化や部品共通化が必須に」

[９] 高橋正好 (著) 柘植秀樹 (監修) (2015)「マイクロバブル・ナノバブルの最新技術」シーエムシー
　　　 出版

[１０] 寺坂宏一・氷室昭三・安藤景太・秦隆志 (著) ファインバブル学会連合 (編) (2016) 「ファ
　　　 インバブル入門」日刊工業新聞社

[１１] 経済産業省　九州経済産業局 (2015) ファインバブル活用事例集

２．中小企業の成長記録

１．ケースのねらい

　本ケースの目的は、経営資源が限られる中小企業において、外部環境の変化に応じて選択すべき経営戦略を、経営学的な知識習得を前提に、読者とともに検討することである。本ケースでモデルとして取り上げた企業は、医薬品業界に存在している。この業界はさまざまな法規制やレギュレーションで縛られており、顧客である医薬品メーカーに依存するかたちで企業は成り立っている。当企業は、設立以来約 10 年間順調に成長を遂げてきた。企業を取り巻く外部環境が急速に変化する状況下において、主人公が自社の将来を見据えて、次の具体的な成長戦略を導き出す姿を描く。

２．ケース・クエスション

（１）ケース・クエッション１

　　　ARCRO がこれまで堅調に成長してきた理由は何でしょうか?

（２）ケース・クエッション２

　　　ARCRO の新規事業（フリーランス CRA、治験の受託事業と治験国内管理人）について分析し、どのようにすれば成功させることができるでしょうか?　自由な発想で考えてください。

（３）ケース・クエッション３

　　　ARCRO は今後どのようにするべきでしょうか?　ARCRO が取るべき戦略を立案・考察してください。

　　　　　選択肢 1.　人財派遣業に徹する（今の形態を、このまま継続する）

　　　　　選択肢 2.　ニッチな領域を攻める

　　　　　選択肢 3.　中小規模の CRO を M&A して、規模を増大する

　　　　　選択肢 4.　これまで培ってきたノウハウを活かして、コンサルティング業に取り組む

　2018 年 6 月上旬、東京都内がまもなく梅雨入りとなる頃、ARCRO Inc.[1]（以下、ARCRO）の社長である四篠（シシノ：主人公）は 16 時から始まる会議を前にして、議題の自社における今後の成長戦略をどのようにするか迷っていた。これまで堅調に成長を続けて来ることができた ARCRO ではあるが、今後は厳しい競争が予想される。この CRO[2]（開発業務受託機関）の業界において、どのような戦略を ARCRO が選択することが果たして一番なのであろうか……

　ARCRO が取り得る成長戦略として、四篠は 4 つの選択肢を思い浮かべていた。①「これまで通りの人財派遣業に徹する」のか、大企業の CRO が取り組まない②「ニッチな領域を攻めて行く」のか、③「ARCRO と同様な中小規模の CRO を買収（M&A）して企業規模を拡大する」のか、それとも④「これまでの事業で培ってきたノウハウを活かして、コンサルティング業務に取り組む」のか。どの戦略も一長一短あり、また ARCRO が投資できる資源には限りがあるゆえに四篠を悩ませていた。

医薬品産業

　医薬品は効果（有効性）がある反面、人体に好ましくない作用（副作用）を及ぼすことがある。そのため、厚生労働省の規制で、医薬品を販売するには厚生労働省で審査され、承認を得る必要があると定めている。この承認を得るためには、薬物などを実際に使用した際、どのような有効性や副作用（安全性）が、人体に発生するのかを試験を通じて確かめ、データを収集して確認する必要がある。医薬品の販売を目的としてデータを収集する試験は、薬機法[3]で「治験」と定義している。治験では、非臨床試験（動物試験等）で確認した有効性や安全性をヒトでも確認するために、薬機法で定められた「医薬品の臨床試験の実施の基準に関する省令（GCP）」のもと収集することが求められる。これは治験参加者の人権を最優先し、安全性を確保した上で、信頼できるデータを収集するために設けられている。

---

[1] 本書に記載された事実関係、固有名詞、および数値等は議論のために偽装/匿名化されている。
[2] Contract Research Organization の略称。4 頁目で説明。
[3] 医薬品、医療機器等の品質、有効性および安全性の確保等に関する法律の略称。

また、医療機関や医師がヒトを対象として行う「臨床研究」においては、「臨床研究法」という規制に従い臨床研究に取り組む必要がある。このように、医薬品産業はさまざまなレギュレーションがある中で、各医薬品メーカーは試験や研究に取り組んでいる。

　比較的開発が容易な、糖尿病や高血圧などの生活習慣病の医薬品は、これまでに多くの医薬品メーカーが研究開発にあたってきた。それゆえ、これら生活習慣病に関連した医薬品は十分な種類が出揃っており、この領域では市場規模が縮小傾向にあった（図1）。

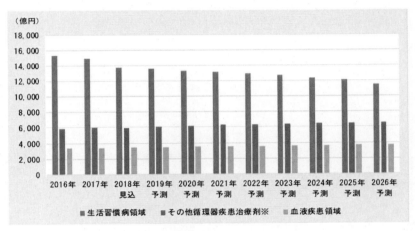

図1：各疾患領域におけるマーケット予想
出所：富士経済「2018 - 2019 医療用医薬品データブック No.1」

　各医薬品メーカーはさらなる成長の機会を求め、アンメット・メディカル・ニーズ[4]の高い癌領域やアルツハイマー病などの研究開発に乗り出していった（図2）。この領域の医薬品は薬価[5]が高く、医薬品メーカーにとっては高収益が見込める魅力的な領域であった。しかし、この領域の医薬品の研究開発は難易度が高く、研究開発費が今まで以上に高額になってしまう。そこで医薬品メーカーは少しでも研究開発費を削減しようと、今まで以上にアウトソーシングを積極的に行うようになっていった。

---

[4]いまだ有効な治療方法がない疾患に対する医療ニーズ。
[5]国が定める医療用医薬品1錠といった規格あたりの価格。

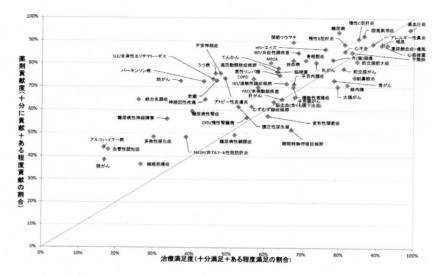

図2：治療満足度

出所：平成27年度 国内基盤技術調査報告書 「60疾患の医療ニーズ調査と新たな医療ニーズⅡ」

開発業務受託機関（CRO）

　CRO とはGCPで、医薬品メーカーから治験の依頼及び管理に係る業務の全部または一部を受託する企業を指している。これまで CRO が受託していたのは、医療機関で収集されたデータを確認するモニタリング業務がメインであった。しかし、近年医薬品メーカーの研究開発の状況が一変し、受託する範囲がモニタリング業務だけでなく、基礎研究、非臨床試験や製造販売後調査[6]などの他の業務へと多様化していった。この業界では、2016 年度には売上高が 1,872 億円になり、医薬品の開発において CRO はなくてはならない、医薬品メーカーにとってのパートナー的な存在になっている。それゆえ、今後も医薬品メーカーは治験業務のアウトソーシング化を進める方向にある。このように市場規模は拡大しており、2021 年度には 2,850 億円規模の市場へと成長することが予測されている[7]。

---

[6]医薬品を市場に出した（上市）後に実施する調査
[7]https://mic-r.co.jp/pressrelease/

この業界にも業界団体として日本 CRO 協会がある。2017 年時点で、37 社が協会に加盟している。一方で協会に非加盟の CRO も複数社存在している。他方、業界内では M&A や統廃合も積極的に進んでおり、近年では CRO 同士の合弁会社の設立や医薬品メーカーと CRO の合弁会社の設立など、CRO の再編成、淘汰が頻繁に行われている（表 1）。CRO 各社で統廃合が進んでいる環境下ではあるが、新規に CRO を立ち上げようとした場合に、そこには特段レギュレーションがある訳ではない。それゆえ、比較的簡単に参入することが可能な業界である。

表 1：業界の再編・統合（著者調べ）

企業名 （統合年）	内容
(株)リニカル （2014 年）	Nuvisan CDD Holding GmbH （ドイツ CRO）を買収
(株)新日本科学 PPD （2015 年）	Pharmaceutical Product Development, LLC （PPD）と(株)新日本科学の合弁会社設立
(株)アグレックス(2016 年)	AC メディアカル （CRO）とアプシェ （CSO）を経営統合
武田 PRA 開発センター(株)(2017 年)	武田薬品 （製薬）と PRA Health Science （CRO）との合弁会社
(株)トランスジェニック(2018 年)	（公財）食品農医薬品安全性評価センター （非臨床 CRO）と業務提携

臨床開発モニター

臨床開発モニター （CRA: Clinical Research Associate）は、医療機関で臨床試験および臨床研究が GCP や臨床研究法などの法規制に従い、適切に実施されていることを確認することなどが主要業務なっている。

---

[8] 日本 CRO 協会年次業績報告書

ARCRO Inc.

　2009 年 4 月 1 日、ARCRO は、CSO[9] 事業を展開する CTO Sky Inc. 、SMO[10] 事業を展開する SMO Tokyo 株式会社と株式会社 FVJ Medical の 3 社が統合し、JCRO TOKYO のグループ会社として ARCRO の前身の企業である株式会社メディカル東京が誕生した。2010 年 11 月 1 日に、社名を現在の ARCRO Inc. へと変更した。その後に、ARCRO の代表取締役は、創業当時の比村から現在の四篠に交代している。

　四篠はメディカル東京の親会社である、JCRO TOKYO の頃から同社に在籍していた。そこで四篠は、JCRO TOKYO の社長であった前川の経営方法を身近に接してきた。JCRO TOKYO はピーク時には年商 53 億円を計上する、業界内では大手の CRO であった。しかし、その後に同社は不祥事が相次ぎ、2005 年 3 月 17 日に特別清算となっている。四篠は、ARCRO の経営者となってからは、JCRO TOKYO と同様な過ちを犯さないように心掛けて自社の経営をしている。

　ARCRO が取り組んでいる事業は、人財[11]紹介が主要な事業であり、現在ではCRA 派遣事業、CSO 事業、CRO 事業、人材紹介事業の 4 本柱で成り立っている。この 4 事業の中の CRA 派遣事業は、創業時からの主力事業である。ARCRO が CRA 派遣事業を始めた頃、大手の CRO のように受託試験を主要事業とすることができない中小規模の CRO が数多く存在していた。これらの CRO は、会社の規模や従業員数などが影響し、受託事業を主要事業にできずにいた。そのため、ARCRO と同様に、CRA の派遣事業を仕方なく実施しているという側面もあった。

　ARCRO は CRA 派遣事業に特化した外部就労型 CRO に位置付けられるが、日本 CRO 協会には非加盟であった。協会に加盟することで、企業には幾つかのメリットがある。具体的なメリットとしては、①定期的に協会により実施されるシステム監査によって一定のクオリティを担保できる、②協会主催の研修会に参加することができる、③行政や関連団体などの最新情報をいち早く入手可能などがある。一方で、①入会するためには協会により、自社の財務基盤や受託経験を確認される、②入会費や会費を払う必要がある

---

[9]Contract Sales Organization の略。医薬品販売業務受託機関。医薬品等のマーケティング・販売活動に関わる一連のサービスやソリューションを提供する組織。
[10]Site Management Organization の略。GCP に基づき適正で円滑な治験が実施できるよう、医療機関において煩雑な治験業務を支援する組織。
[11]通常、人材と表記するが、ARCRO Inc. では従業員を財産として扱っているため、人財と表記する。

などのデメリットがある。四篠はこれらを総合的に判断して、現時点では ARCRO は協会に加盟しないことを選択した。

　ARCRO の外部就労としての働き方は、特定労働者派遣[12]に該当する。この特定労働者派遣が世間では一般的ではなく、むしろ世間では一般労働者派遣[13]（登録型派遣）の認知が広まっていた。一般労働者派遣（いわゆる派遣）というと、「派遣切りに会う」、「将来性がない」、「雇用契約が終了すると、次の派遣先が決まるまでの間、無給で過ごすことになる」ということで両親や親戚からは反対される職種という、悪いイメージが強かった。そのため、特定労働者派遣も同じ一般労働者派遣とみなされ、世間からは良いイメージを持たれていなかった。

　ARCRO は特定労働者派遣を行う企業であるため、通常の企業より従業員の採用が困難であるだけでなく、上記のイメージが世間には広まっており、さらに採用を困難にしていた。

外部就労型 CRO

　ARCRO の創業時は、医薬品メーカーや CRA からの認知度が低かった。そのため、どの業界でもあるように顧客（医薬品メーカー）への営業活動を強化していった。さらに、医薬品メーカーで外部就労として働いている ARCRO の CRA が、同じように外部就労者としてきている他社の CRA に対して、自社のことを PR し続けてきた。

　その甲斐もあって、創業から 8 年経過した現在では多くの医薬品メーカーが、ARCRO のことを認知するようになった。その結果として、徐々に ARCRO（CRA）の外部就労先が幅広くなってきた。

　しかし、医薬品メーカーは数多く存在しており、まだ ARCRO のことを認知していない医薬品メーカーもあった。

---

[12]常用雇用労働者だけを労働者派遣の対象として行う労働者派遣事業を指す。H. 27. 9. 30　労働者派遣法の改正により、一般労働者派遣事業と特定労働者派遣事業の区別がなくなり、労働者派遣事業はすべて許可制へと変更された。
[13]特定労働者派遣事業以外の労働者派遣事業をいい、例えば登録型や臨時・日雇の労働者を派遣する事業を指す。

多くの外部就労型の CRO では、1 社の外部就労が終了（契約終了）した後には、CRA 自身の所属している CRO から、「次はこの医薬品メーカーに行ってもらえる？」といった具合に、CRA の個人的な希望とは関係なく、会社からの指示で次の外部就労先が決定されることが多かった。しかし、ARCRO では新たな外部就労先である医薬品メーカーを、CRA が好きなように選択できるようにしている。これは四篠が、ARCRO の従業員を自社にとっての第一顧客としている取り組みの一つである。ARCRO のために、医薬品メーカーで最前線として稼いできているのは CRA である。そのため、その CRA に希望があるのならば、極力叶えてあげたいという狙いがあった。CRA が次の外部就労先の企業を探しているタイミングで、募集している案件の中から、希望する医薬品メーカーを選択することができるようになっていた。CRA が医薬品メーカーを選択する決め手としては、自身の思い描いている将来のキャリアパスなどを踏まえて選ぶ者もいた。この点を従業員たちは、とてもメリットに感じているという声が、度々四篠のもとまで届いていた。

　この他に ARCRO では、他の企業ではなかなか見られない取り組みを行っていた。それは、従業員が医薬品メーカーに転職するというケースにおいて、それを引き留めるといったことはせず、自社にとってデメリットなことであるが積極的にそれを支援・応援している。このように応援するのも、四篠は ARCRO 自体を「社員の成長が加速する場」として考えているからである。そこには、従業員が自分自身の成長を目指して、次のポジションを求めて社外に羽ばたいていってもらいたいとの考えが根底にあった。

　これにより実際に医薬品メーカーに転職した従業員も比較的多くおり、ARCRO に入社することで自分も医薬品メーカーに転職できるチャンスがあるという理由で、転職してくる者もいた。結果的に、アウターブランディングを高めることにも繋がっていた。

　このように、ARCRO では外部就労の CRA を、顧客である医薬品メーカーと最前線で接するという観点で大切に扱っている。通常の企業であれば第一顧客を取引先である医薬品メーカーとするが、ARCRO では外部就労として医薬品メーカーで働く CRA においているという特徴があった。

　ARCRO と同様に、外部就労に特化した CRO は数社存在している。また、受託事業がメインでありながら、外部就労も行っている大手 CRO も数社が存在している。このように競合となる CRO がかなり多く存在している。

　外部就労に特化した CRO は、通常の CRO のように自社内で試験を受託することを考えていたが、ARCRO と同様に受託ができずに、外部就労に特化せざるを得なかった。しか

し、ARCRO は自社へのリスクなどを考慮すると、現状では受託をメインとする CRO を特段目指している訳ではなかった。

採用活動

　ARCRO では社員紹介で入社している者が多い。直近 5 年間では 85% が社員紹介で入社していた。これは外部就労先である医薬品メーカーで勤務している CRA（ARCRO 従業員）が、他社から外部就労で来ている CRA に対して、ARCRO を口コミで勧める（紹介する）いわばスカウト活動であった。基本的に紹介する場合には、ARCRO のカルチャーに合いそう（なじむことができそう）ということや、一定のクオリティで外部就労先の医薬品メーカーで仕事をしてきているなどの観点で紹介していた。ARCRO に対して興味を持った人に対しては、四篠と料理店で食事しながらという気軽な雰囲気で ARCRO の詳細を色々と聞くことができた。しかも、話を聞くにあたっても強引な勧誘はなく、食事代も払う必要もなく、聞く側としてはメリットしかなかった。話を聞いた上で、ARCRO に入社したいと思ったら、一般企業と同様に四篠を交えてごく簡単な面接をして、採用としていた。この採用プロセスにおいて特徴的なのは、ARCRO 従業員が紹介している点が挙げられる。従業員が紹介しているため、応募者が信頼でき、仕事もできかつ ARCRO に合う人を紹介しているということで、紹介時点で実質一次面接が済んでいる状態となっていた。そのため、採用プロセスの簡素化に繋がっていた。

職場環境

　ARCRO では、フラットな職場環境を築いており、基本的には特定の管理職のポジションを設けていなかった。そのため、各マネージャーの下に従業員（CRA）がいるという組織構成になっていた。それゆえ、各 CRA が外部就労先で稼いだ売上げが、管理職へ多く給料として支払われることはなく、従業員へ還元することができていた。これによって、他社 CRO より従業員へ支払われる給料水準を高くすることに繋がっていた。この取り組みも従業員を第一顧客としているからであった。
　また、ARCRO に限ったことではないが、臨床開発の部門は各社従業員の半数以上が女性という職場環境である（ARCR）では 7 割が女性）。女性は、産前産後休業や育児休業

で、長期間職場を離れることがあるが、ARCRO では復職しやすい職場環境を作り出し、2016 年度の実績として復職率 100% を誇っている。さらに、復職した際にも、誰かの業務を分け与える（1 人で済む分量の仕事を 2 人で業務にあたる）ということはせずに、必ず会社の収益に繋がる業務を準備していた。

ARCRO では、約 9 割が CRA 経験者として採用しているため、これまで従業員に対する教育研修がほとんど行われておらず、外部就労先の医薬品メーカーでの教育に任せていた。しかし、それだけでは従業員間の教育レベルがバラバラとなってしまうため、現在では新たに顧問として教育研修担当者を採用し、年に 2 回程度全従業員を集めて集合研修に取り組み始めた。

ワーク・エンゲイジメント

ARCRO は企業として女性が多い職場環境であり、また多くの従業員が外部就労者として医薬品メーカーで勤務している状態であるが、直近 1 年間の離職率は 7% と外部就労という働き方としては比較的低くあった。この理由を把握するために四篠は、ARCRO における従業員の仕事に対するポジティブな心理状態を測定する「ワーク・エンゲイジメント」の調査を社内で実施した。

「ワーク・エンゲイジメント」を Schaufeli ら（2002）は、次のように定めている。「ワーク・エンゲイジメントは、仕事に関連するポジティブで充実した心理状態であり、活力、熱意、没頭によって特徴づけられる。エンゲイジメントは、特定の対象、出来事、個人、行動などに向けられた一時的な状態ではなく、仕事に向けられた持続的かつ全般的な感情と認知である。」

この「ワーク・エンゲイジメント」を測定する手法として Schaufeli ら（2002）によって Utrecht Work Engagement Scale（UWES）が開発された。Shimazu ら（2008）により日本語訳された Japanese version of the Utrecht Work Engagement Scale（UWES-J）を用いて調査した。使用した尺度は 17 項目あり、活力（Vigor）6 項目、熱意（Dedication）5 項目、没頭（Absorption）6 項目の 3 つの下位尺度で構成されている。回答は「全くない 0 点」～「いつも感じる 6 点」の 7 段階の Likert scale で評価する。四篠が今回自社内で調査した結果、活力、熱意、没頭のワーク・エンゲイジメント・スコアの平均を算出したところ、活力の群で 3.42、熱意の群で 3.85、没頭の群で 3.48

となった（表 2）。しかし、UWES-17 は下位尺度間でr=0.8 以上の高い相関関係があり、異なる人種や職業間で因子構造が安定性を欠くなどの問題が知られていた。それゆえに、どの職業にも共通する全般的なワーク・エンゲイジメントを測定することができる、1 因子構造である UWES-9 を用いることが推奨されている。そのため、四篠は UWES-J 短縮版の項目を用いて、他の国のデータと ARCRO のデータを比較してみた（表3）。

表 2：UWES-17 出典：Petrović ら(2017)，Schaufeli(2004)，Lovakov ら(2017)，Chun-tat ら(2012)を元に著者作成

	Serbia	Dutch	Russia	Chinese	ARCRO
Vigor	3.66	4.01	4.57	3.72	3.38
Dedication	4.04	3.88	4.98	3.89	3.77
Absorption	4.23	3.35	4.84	2.97	3.11

表 3：UWES-9 出典：Petrović ら(2017)，Viera ら(2014)，Schaufeli(2004)，窪田(2014)を元に著者作成

	Serbia	Cuba	Dutch	Japan	ARCRO
Vigor	3.9	4.8	4.0	2.6	3.4
Dedication	4.2	5.0	3.9	3.1	3.9
Absorption	3.9	4.5	3.6	2.7	3.5

株主状況

　ARCRO は、非上場のプライベートカンパニーである。また、自社株式は、社長である四篠と古くから会社が付き合いのある企業とで、52.1%、47.9% の割合で保有しているだけである。ARCRO は上場企業ではないために、株主利益を損ねるといったことを気にせずに、これまで四篠が思い描くように自由に事業を展開することができていた。

新規事業・事業拡大における新たな課題

　ARCRO では最近になって次に述べる 3 つの新規事業を始めた。しかし、新規事業を開始したのは良いが、一部で順調に進んでおらず、四篠はどうしたら良いか悩んでいた。

フリーランスCRA（RCRA: Regional CRA）の課題

　これまでの CRA の働き方として、国内においては医薬品メーカーに所属する CRA、または CRO に所属する CRA と言うのが一般的であった。そのため、日本においてフリーランス CRA は世間ではあまりなじみがなく、またフリーランス CRA を雇用して臨床試験/研究を実施している CRO/医薬品メーカーはなかった。

　一方、海外においては、特定の医薬品メーカーや CRO に所属せずに、フリーランスとしての CRA の働き方は一般的であった。企業としては、自社社員として CRA を雇用している場合には、開発品目（治験のパイプライン数）が多くある内はCRA が多く在籍していることに越したことはない。しかし、これが急激に少なくなった場合には、暇を持て余す CRA が出てきてしまい、これが長期に渡る場合には、経営に影響が出てくるため、人員を削減する必要性が出てくる。

　また、臨床研究/試験ともに、CRA は定期的に試験を実施している医療機関に訪問し、SDV[14] や試験に関与する医療関係者（例えば、医師、治験コーディネーターなど）と面会するといった業務が、試験の状況などにもよるが、比較的頻繁に発生する。しかし、基本的には試験を実施している医療機関が日本国内の各地に渡るため、企業から医療機関までの移動時間、交通費、宿泊費などのコストが発生することになる。医療機関への訪問は、治験においてかなりコストがかかる部分である。外資系医薬品メーカーはこのコストを抑えるために、RBM[15] などの取り組みにより極力医療機関の訪問を減らし、効率良く臨床試験を実施している。そのため、CRO 側も効率良く取り組むことが求められる。加えて CRO において臨床研究を受託する場合において、臨床研究は臨床試験より幾分か手間がかからないため、委託元企業から得られる委託費用を抑えられてしまうことが一般的である。

　そこで ARCRO では、新たに RCRA を用いた臨床試験/臨床研究における取り組みを開始した。これは、九州エリア、四国エリアや関東近郊エリアといった具合に、特定のエリアに居住している CRA と試験ごとに個別契約を結ぶ方法を取っていた。この契約形

---

[14]Source Data Verification の略。医療機関で収集された試験のデータとカルテ等の原資料(Source Data)に記載された内容を相互に照合する作業。
[15]Risk Based Monitoring の略。リスクに基づくモニタリング/SDV を指す。医療機関において、治験の実施を適切に管理することができる場合においては、必ずしもすべてのデータについて原資料との照合の実施が求められることではないとされている。

態をとることで、交通費などの出張に伴い発生するコストを削減することが狙いであった。

　しかし、RCRA だけで試験を運用するとなると、それぞれの CRA が遠隔地にいるためにコミュニケーションなどで問題が発生することが予想された。また、CRA は定期的にトレーニングを受講し、一定のクオリティで試験を運営できるようにしておく必要がある。しかし、本社のある東京から CRA の所在地は距離があるために、頻繁に本社に訪れることはコスト面などで難しい。この点に関しては、Web ラーニングシステムを導入していれば解決できるが、コスト面などの問題により ARCRO は導入できていなかった。

　四篠はコミュニケーションの問題を解消するために、本社に RCRA をマネジメントするポジションを設置することで解消を図った。トレーニングに関しては、試験の開始段階で本社にて集合研修を実施していた。試験開始後には、必要に応じて本社に集まってもらい実施するか、もしくは Skype™ などのコミュニケーションツールを用いてのトレーニングをすることで、解消を図っている。

　通常 CRA はいずれかの企業に所属しているため、産前産後/育児休業で CRA の現場から一定期間離れており、現場に復帰を検討している人たちをターゲットに絞って RCRA の求人を募っていた。基本的には RCRA の報酬は、医療機関に訪問 1 回あたり数万円としていたため、複数の医療機関を担当し、訪問回数を多くすることで収入を増やすことができるメリットがあった。これはコンビニなどでアルバイトをするよりか、幾分か割の良い仕事であった。しかし、フリーランスは日本ではあまりなじみがなかったため、ARCRO が RCRA の人材募集をしても、なかなか人員が集まらなかった。

　また、ARCRO で現状受託している試験は、臨床研究が主であった。臨床研究では試験が医療機関で開始すると、治験のように 1～3 か月に 1 回程度で医療機関に訪問する必要性がなく、多くの臨床研究が半年もしくは 1 年に 1 回程度であった。加えて ARCRO では、現在実施している臨床研究の本数も、あまり多くないという状況であった。そのため、RCRA にはあまりメリットがなく、人員が集まらない要因の一つでもあった。

　当初想定していた数の RCRA を集められないとなると、新規で試験を受託することができないというスパイラルに陥っている。四篠はこの課題を、どのように解消させたら良いのか悩んでいた。

治験の受託事業（CRO 事業）の課題

CRO 事業は、他の CRO が通常行っているのと同様に、医薬品メーカーから治験/臨床研究を CRO 企業が受託して、自社内で医薬品メーカーに代わって実施する事業である。

通常、医薬品メーカーから CRO への業務委託範囲は、Function 毎（例えば、モニタリングやデータマネジメント）に委託する Functional Service Provider (FSP)、試験単位ごとにすべての業務を 1 社の CRO へ委託する Full Service Outsourcing (FSO) の 2 種類に分類される（図 3）。

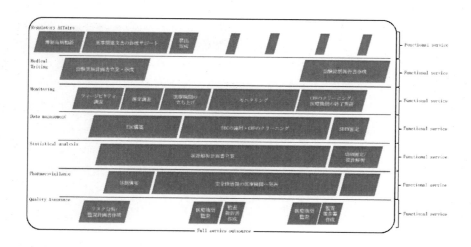

図 3：Function Service Provider と Full Service Outsource の業務範囲

出所：製薬企業と CRO の効果的な協業体制の構築より著者改編

医薬品メーカーにおいては、FSP モデルで契約することで Function ごとに CRO を選択できる。これにより、高品質な結果を期待できる良い面もあるが、Function ごとで委託することになるため、複数の CRO に業務を委託する必要がある。別企業であるがゆえに、各 CRO 間での連携ができず、医薬品メーカー側が全 CRO を統括し、試験の進行状況などをマネジメントする必要が出てくる。一方、FSO モデルで契約することで、CRO が 1 社だけで済むので、医薬品メーカーとしてはマネジメントしやすくなる。しかし、

試験をフルパッケージ（モニタリングやデータマネジメントなどの各 Function をひとまとめにしたもの）で委託することになり、1 社からだけの成果物（データ）になる。それゆえに、薬剤の承認申請時にクオリティ面で何らかの影響を受けるリスクが想定される。このような事態になることを回避するために、医薬品メーカーは慎重に CRO を選択する必要がある。

　外資系医薬品メーカーでは、海外本社が Preferred vendor として特定の CRO とFSP/FSO として契約を結んでいるケースが多い。その医薬品メーカーの日本法人では本社と同様に、本社が契約している CRO の日本法人を利用している。一方、内資系医薬品メーカーでは、昔から利用している国内大手の CRO に慣れているため、そこを引き続き利用することが多かった（表 4）。

表 4： 医薬品メーカーと CRO による提携（筆者作成）

医薬品メーカー	提携 CRO
Pfizer	Parexel International、ICON plc、PPD
Glaxo SmithKline	Parexel International、PPD
Sanofi	Covance
Astellas Pharma	INC Research
Takeda	Covance、IQVIA
Eli Lilly	Parexel International
Bristol-Myers Squibb	IQVIA
AstraZeneca	IQVIA

　このような委託環境であるため、Preferred vendor として選ばれているか、もしくは大手の CRO ではないと、なかなか試験を受託するのは難しかった。しかし、大手 CROも他試験の受託状況によっては、常にすべての試験を受託できるという訳ではなかった。その場合には、医薬品メーカーが他の CRO にも声をかける必要が出てきた。基本的にPreferred vendor 以外で CRO を選択する場合には、これまでの実績などをコンペティション（いわゆるコンペ）で判断し、利用する CRO を決めていた。具体的には、試験の

総額で要するコストやパフォーマンス（例えば、過去の試験で必要となる症例数を、どれだけ短期間に集められたか）などを比較して決めていた。

　医薬品メーカーから試験をフルパッケージで受託するためには、基本的に自社内でモニタリング業務や品質保証業務などのすべての業務を実施できる環境が必要となる。さらに、医療機関から入手した医薬品メーカーが保管すべき文書などを一定期間自社内に保管しておく必要があり、機密文書を保管する場所を設ける必要があった。しかし、ARCROはすべての業務を実施できる環境ではなかった。そのため、フルパッケージで受託が可能となるために、不足している事業部門を設置し、その事業部門の従業員もまた新たに雇用する必要があった。そこで ARCRO は、案件を多く受託できるように、従業員を増やして徐々に事業部門を増やし始めた。

　ARCRO では、これまで CRA の外部就労が主力の事業であり、受託事業では臨床研究が主なものであった。そのため、自社で治験を受託した経験はこれまでになく、もちろん受託の実績は 1 件もなかった。このような状況であったため、新規の受託案件のコンペでは、受託経験の面がネックとなり、他の CRO になかなか勝つことができずに、試験を受託できないという状況が続いていた。

　その後に、ARCRO が初めて受託した試験は、后河ファーマで既に外部就労者として勤務していた CRA がおり、そこでの業務におけるパフォーマンスなどが良かったことも影響し、ようやく 1 件の試験の受託をこぎつけることができた。

　ARCRO では従業員（外部就労先で勤務する CRA）を自社の第一顧客として扱っていた。しかし、受託である CRO 事業では従業員を第一顧客として扱うことができずにいた。これは ARCRO が試験を受託させてもらっているという立場上、委託元である医薬品メーカーを第一顧客とせざるを得なかった。それゆえ、CRO 事業部の CRA の待遇は、外部就労の CRA の待遇よりやや劣っていた。この理由もあって、外部就労先を変更する場合に、自社の受託事業を選ぶ CRA は少なかった。

　将来的に、潤沢に医薬品メーカーから治験を受託できるようになれば、外部就労の CRA と同様に従業員を第一顧客とすることができると考えていた。さらに、医薬品メーカーに対しては高いクオリティで成果を挙げることが可能になるとも四篠は考えていた。そのためにも、現時点では CRO 事業部に所属している CRA には、ある程度妥協してもらわなくてはならなかった。

海外からの受託案件の課題
治験国内管理人

　海外に本社があり、日本拠点がない医薬品メーカーやバイオベンチャーなどの企業が、日本に進出し治験を実施する場合には、日本の企業に治験国内管理人（ICCC: In country Clinical Care-taker）として自社に代わって治験を実施してもらう必要がある。これは、GCP上に日本国内に住所を有する旨[16]が含まれており、日本国内に拠点がない医薬品メーカーは、治験を実施することができないためである。

　ICCCの業務としては、通常医薬品メーカーが実施すべき業務（例えば、安全性情報の国への報告義務、治験薬の輸入および管理、治験届の作成・提出）を代わりに実施することになる。日本においてはICCC事業を行っている企業が、2017年時点で17社存在している。

　ARCROでは、1年半ほど前から海外CROからの案件に対応するために国際事業の取り扱いを開始した。これまでに海外からは、医師主導臨床研究、BE試験（Biological equivalence study[17]）などの実施可否について、月に1、2件程度ARCROに問い合わせが来ていた。

　それまでにARCROが実施したものは、臨床研究が1件あった。しかし、この他の案件はICCCが必要となるものであったが、ARCRO自体がICCCの要件を満たしていなかった。ICCC要件を満たすためには、行政当局による業態許可取得（医薬品製造販売業許可）が必要となる。それゆえ、ARCROではICCCとなる試験の受託ができていない。この現状を手っ取り早く打破するためには、ARCROとは別のICCCの要件を満たす企業と提携することで対処することが可能である。これをした場合には、ARCROが提携先企業を全般的に管理する必要が出てくる。

---

[16]GCP第十五条　本邦内に住所を有しない治験の依頼をしようとする者は、治験薬による保健衛生上の危害の発生又は拡大の防止に必要な措置を採らせるため、治験の依頼をしようとする者に代わって治験の依頼を行うことができる者を、本邦内に住所を有する者（外国法人で本邦内に事務所を有するものの当該事務所の代表者を含む。）のうちから選任し、この者（以下「治験国内管理人」という。）に治験の依頼に係る手続を行わせなければならない。
[17]生物学的同等性試験。製剤のバイオアベイラビリティ（有効成分の未変化体又は活性代謝物が体循環血液中に入る速度と量）が同等であることを確認する試験。

これ以外の方法としては、ARCRO が ICCC の要件を満たすために業態許可を取得する方法がある。これは、社内の体制を変更することになるので、追加コストや手間がかかる。

　また、ARCRO では従業員が決して多くはないので、一部の従業員は複数の事業を掛け持ちして取り組んでいる。しかし、海外事業においては、英語がビジネスレベルでできないと相手側とコミュニケーションを取ることが困難であり、担当できる従業員が限られていた。そこで四篠は、日本語も使うことが可能なバイリンガルな外国人も 1、2 名採用し、海外案件を担当してもらっていた。しかしその後に、これまで海外事業を対応していた従業員が、1 人また 1 人と転職していってしまい、新たにこの事業を担当する従業員を増やす必要が出てきた。

　ARCRO は、GCROS Ltd.（以下 GCROS）のネットワークメンバーの一員でもあった。GCROS は各国にある中小規模の CRO とアライアンスを締結し、その CRO とのネットワークを形成することで、Global にサービスを展開している企業である。GCROS が提供しているサービスは、メディカルライティング、データマネジメントやクリニカルオペレーションなどの通常の CRO が提供しているサービスと同様な物であった。AICROS に対して依頼があった場合で、日本で実施する際には ARCRO が優先的に受託することができる。しかし、ARCRO では、ICCC の要件を満たしておらず提供できるサービスが限られていた。そのため、この団体に加盟し続けてもメリットがあまりなく、四篠はこのネットワークからの脱退を 1 か月後に予定していた。

　ARCRO は GCROS からの脱退に対する次なる施策として、St. Joseph Clinical Ltd. とのアライアンスにより、ARCRO が ICCC の要件を満たしていなくとも海外案件を受託できるように模索し始めた。

ARCRO の今後の展望

　四篠は、これまで ARCRO が順調に外部就労型 CRO として CRA 派遣業で成長を続けてきたが、今後 ARCRO が「第一顧客を従業員」にするという考えの下、どのように成長させていくか迷っていた。

　考え得る成長戦略のシナリオとしては、「現状の人財派遣業に徹する」、「ニッチな領域で攻める」、「中小規模の CRO を買収（M&A）して、企業規模を拡大する」、「これまでの事

業で培ってきたノウハウを活かして、コンサルティング」の 4 つの選択肢を四篠は思い浮かべていた。

現状の人財派遣業に徹する

　四篠は、現状のままの人財派遣業を続けるという戦略を考えていた。この戦略を取った場合に、従業員は長期間に渡り ARCRO で働き続けること（外部就労として医薬品メーカーで働くこと）はさまざまな面で難しく、自身の将来や家庭のことを見据えて他社へ転職して行ってしまうことが想定される。この点について、何らかの対処をする必要があるのだろうか……

ニッチな領域で攻める

　ARCRO はこれまで比較的大手 CRO がいないところを攻めてきたという経験があった。そのため、この経験を活かしさらにニッチな領域を攻めるという戦略を四篠は考えていた。
　「例えば、ニッチな領域としては希少疾患・難病 に対する試験の受託に取り組んでみるのはどうだろうか。」
　これらの領域では、そもそも対象となる患者数自体が少なく、医薬品メーカー内のリソースでも賄うことが可能なので、アウトソースされること自体が少ない可能性も予想される。さらに、患者数が少ないためにマーケットサイズが小さく、その医薬品を市販（上市）しても採算が取れず、医薬品メーカーでどの程度の研究開発が実施されるのか未知数である。だが、希少疾患自体は 5,856[18] もの疾患数が知られており、この観点ではマーケットサイズが比較的大きく魅力である。
　この事業に取り組んでいる CRO としては、外資系 CRO や大手内資系 CRO が多く取り組んでいる状況にある。ARCRO に勝ち目はあるのだろうか……

---

[18]https://www.orphanet/consor/cgi-bin/index.php

四篠は、この戦略で他に取り得ることが可能な選択肢を探っていた。「バイオベンチャーや大学などのアカデミア（Academic Research Organization： ARO）と協業していくという方法もできるな。」

　米国では 1998 年から 2007 年に新規医薬品申請を行った 252 品目のうち 24% はアカデミアによる申請であったとされている。日本においても、これらの団体と協業することは、将来性が期待できる領域であるといえる。また、協業により創薬開発における Proof of Mechanism (PoM[19])、Proof of Concept (PoC[20]) 臨床試験を実施し、早期 PoC を確保して、大手医薬品メーカーへライセンス・アウトすることも可能である。

　日本においては、医学部がある大学が 82 大学[21]あるため、パートナーとするなら十分な数が存在している。

　加えてニッチな領域に攻めるにあたり、現状では ARCRO において不足している部門などをさらに拡充する必要が出てくることも想定される。また、ニッチな領域を目指したとしても、その領域に大手の CRO がどこかのタイミングで進出してくる可能性もあり、進出してきた場合には、争うことも想定される。

中小規模のCRO を買収（M&A）して、企業規模を拡大する

　四篠は ARCRO の企業規模を拡大する方法を考えていた。

　「ARCRO では他の CRO と比べて不足している部門が幾つかある。不足している部門を中小規模の CRO を M&A して、規模を拡大するのはどうだろうか。部門が増えることで、新規試験を受託しやすくなるかもしれない。既存事業とのシナジーも期待できるかもしれない。」

　買収で ARCRO の企業規模を拡大することにより、大手の CRO との受託競争に巻き込まれることも想定される。さらに、逆に大手 CRO から買収される可能性も想定される。

---

[19]研究開発段階にある新薬候補について、作用機序および薬理作用を検証すること
[20]研究開発段階にある新薬候補について、その有効性や安全性をヒトで探索し、その探索結果が創薬開発における開発確度を高めること
[21]http://ishin.kawai-juku.ac.jp/university/univ-list/

これまでの事業で培ってきたノウハウを活かして、コンサルティング

　「これまで ARCRO では、CRA を数多く医薬品メーカーに出してきた。この経験をいかし、コンサルティング業に取り組むことができるのではないだろうか。」

　ARCRO では、さまざまな医薬品メーカーへ外部就労に出ている従業員が多いため、そこでの経験やノウハウを活かしたコンサルティング業に取り組むという戦略が可能である。コンサルティング業といっても、臨床研究、医師主導臨床試験、企業主導臨床試験、非臨床試験などに対するコンサルティングが思い浮かぶ。これまで ARCRO が携わってきた経験から判断すると、四篠は非臨床試験以外であれば、コンサルティングができるのではないかと考えていた。また、コンサルティングする相手としては、医薬品メーカー、医療機関、同業である CRO やアカデミアと幅広いターゲットが考えられる。しかし、従業員個々に各医薬品メーカーでのノウハウは蓄積されているが、企業としてノウハウが蓄積される仕組みはなかったため、まずはその仕組み作りが必要になってくる。さらに、ARCRO ではこれまでにコンサルティング業として取り組んできた経験はないため、コンサルティングの経験者を増やす必要も出てくる。既にこの分野では、外資系大手 CRO 数社がコンサルティング業に取り組んでおり、さらに医療・ヘルスケア領域を専門にするコンサルティングファームも複数社存在している。そのため、この事業を選択する場合には、必然的にこれらの企業と争うことが想定される。なお、医業経営コンサルタントという資格があり、この資格を持った人たちもコンサルティングを行っているが、主に医療機関の経営をコンサルティングのため、競合となり得ることはない。

　四篠は会議が始まるまでの残された僅かな時間で各戦略を再分析していた。どれもメリット、デメリットがあり、どの戦略を選択するべきなのか答えを出しかねていた。ARCRO がこれまで重要視していた、従業員を第一顧客として扱うことをこのまま維持しつつ、これらの戦略を実施することは可能なのであろうか。

　四篠がふと時計に目をやると、まもなく会議が始まる 16 時に差し迫っていた。使用していたパソコンを閉じ、足早に会議室へ向かった。

◆ 解説 ◆

ケース・クエスション1の分析と考察

　ARCRO の背景を整理するとともに、日本における外部就労型 CRO 業界について理解する。SWOT 分析 、5F 分析、VRIO 分析などのフレームワークを用いて、外部環境および内部環境を整理し、KSF（Key Success Factor）を抽出する。
　まず、本文に記載している ARCRO を取り巻く内部・外部環境をアルバート・ハンフリーの SWOT analysis（SWOT 分析）[22]を用いて抽出する。

＜ARCRO の SWOT 分析＞

強み（Strength）	弱み（Weakness）
➢多くの医薬品メーカー経験者がおり、個々の能力が高い ➢CRA未経験者がいない ➢受託CROよりリスクが少ない ➢退職者が少ない（離職率:7%） ➢産前産後/育児休業からの復職率が高い:100% ➢大手CRO等からの買収リスクがない（CEOが50%以上保有）	➢CROの中では比較的企業規模が小さく、まだ派遣で行っていない医薬品メーカーも多くある ➢受託経験が1本程度で、新しく案件をなかなか取ることができない。（以前、そのメーカーの試験に携わってきた人が、そのまま自社へ試験を持ってくる） ➢フルパッケージで受託できない。（基本はモニタリングのみ） ➢従業員の教育レベルがバラバラ。
機会（Opportunity）	驚異（Threat）
➢医薬品メーカーは多くあるので、派遣先が多い（CRAの選択肢が多くなる） ➢現在はCRA派遣がメインだが、他のDMやQCなどの職種を増やすことで、さらに医薬品メーカーのニーズに応えられる。 ➢中小規模のCRO等を買取して成長できる。	➢大手CROの存在 ➢医薬品メーカーが、外注（委託）せず自社内で対応 ➢労働者派遣法の改正 ➢参入障壁がないことによる新規CROの増加 ➢他社も模倣できるビジネスモデル ➢自社より魅力的なCROや医薬品メーカーに転職してしまう可能性

　次に、本文に記載している ARCRO を取り巻く、外部就労型 CRO 業界における構造を、マイケル・ポーターの 5 Forces analysis（5F 分析）のフレームワークで整理する。

---

[22]SWOT 分析とは、1960 年代〜70 年代にAlbert Humphrey らによって提唱されたフレームワークであり、内部環境の強み（Strength）と弱み（Weakness）と、外部環境の機会（Opportunity）と脅威（Threat）の頭文字を取った分析手法である。

＜外部就労型CRO業界の5F 分析＞

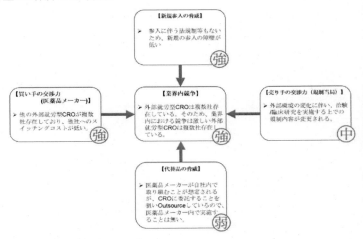

- 業界内競争：強
  - ➢ 外部就労型 CRO は複数社存在している。そのため、業界内における競争は激しい。
- 新規参入の脅威：強
  - ➢ 参入に伴う法規制などもないため、新規の参入の障壁が低い。
- 代替品の脅威：弱
  - ➢ 代替品としては、医薬品メーカーが自社内で取り組むことが想定されるが、CRO に委託することを狙いアウトソースしているので、医薬品メーカー内で実施することはないとする。そのため、代替品の脅威は低い。
- 買い手の交渉力：強（医薬品メーカー）
  - ➢ 他の外部就労型CRO が複数社存在しており、他社へのスイッチングコストが低い。そのため、買い手の交渉力は高い。
- 売り手の交渉力：中（規制当局）
  - ➢ 外部環境の変化に伴い、治験/臨床研究を実施する上での規制内容が変更される。

次に ARCRO の競争優位性を、ケース本文中に記載している内部環境よりジェイ・B・バーニーの VRIO/VRIN 分析を用いて考察する。

はじめに、ARCRO における経済価値は、人財（CRA）である。

	内容	判断
経済価値(Value)	企業の保有する経済資源やケイパビリティは、その企業が外部環境における脅威や機会に適応することを可能にするか。	○
稀少性(Rarity)	その経営資源を現在コントロールしているのは、ごく少数の競合企業であるか。	○
模倣困難性 (Inimitability)	その経営資源を保有していない企業は、その経営資源を獲得あるいは開発する際にコスト上の不利に直面するか。	△
組織(Organization)	価値があり稀少で模倣コストの大きい経営資源を活用するために、組織的な方針や手続が整っているか。	○

	内容	判断
非代替可能性 (Non-substitutability)	企業の保有する経営資源は、代替可能か。	△

以上より、ARCRO の競争優位性は、一時的競争優位性であるといえる。ARCRO の競争優位性は、競合他社が時間をかければ模倣することが可能であり、現在の地位が脅かされてしまう。

それゆえ、持続的な競争優位性を獲得するために模倣困難性を高める、もしくは他の経済価値に基づく持続的競争優位性を獲得する必要がある。

ケース・クエッション1まとめ

各フレームワークを用いた分析により、ARCRO の Key success factor は、「優秀な人財（CRA）を第1顧客として、医薬品メーカーに派遣することにより、最高なパフォーマンスを上げて、企業が評価されること」であると考えられる。

ケース・クエスション2の分析と考察

本文より各新事業における特長を Pros.、Cons. を用いて整理する。

フリーランス CRA（Regional CRA： RCRA）：

Pros.	（企業側） ・1 案件における単価の安い臨床研究において、人件費や医療機関訪問にかかる費用を抑えることが可能となる。 （CRA 側） ・育児休業中であっても、短期間で高収入のアルバイトになる。 ・休業中であっても仕事の感覚を忘れずに済む。
Cons.	（企業側） ・フリーランスという働き方があまり認知されていないため、人材を確保しにくい。 ・人材を確保できないと新規案件を獲得できない。 ・医薬品メーカーに本取り組みを用いることを通知した場合に、クオリティ面などにより承諾しない可能性がある。 （CRA 側） ・フリーランス契約をしても、試験が開始されなくては収入が見込めない。 ・収入が不安定になる可能性がある。

治験の受託事業（CRO 事業）：

Pros.	・産前産後/育児休業明けや外部就労から戻ってきた人の働く場所となる。 ・パフォーマンスによって、次の案件に繋げられる。
Cons.	・委託先が望む部署を設ける必要がある。 ・人財を増員する必要がある。 ・定期的に受託案件を取り続ける必要がある。 ・大手 CRO と争うことになる可能性がある。 ・他社にない資産を持っていることから買収リスクが高まる。

海外からの受託案件：

Pros.	・ICCC の要件を満たすことで、受託の幅が広がる。
	・日本国内だけで実施するより、案件数が多い。
Cons.	・委託先が望む部署を設ける必要がある。
	・手間をかけても、日本の規制などで進められない可能性がある。
	・人材を増員する必要がある。
	・大手 CRO と争うことになる可能性がある。

次に上記を踏まえて、各新規事業の成功への打ち手を講ずる。

・フリーランス CRA (Regional CRA: RCRA)：

　現状、人材が集まらないと新たな試験を受託できず、試験がないとフリーランスの魅力が発揮できないため、人材が集まらないスパイラルに陥っている。

この解決策の一例を挙げる。

　まず、医薬品メーカーにこの取り組みを認めてもらうために、プロセスマネジメントやピープルマネジメントなどのマネジメントを強化する。さらに、これを体系化することでクオリティ面でのリスクを最小限に抑え、医薬品メーカーからこの取り組みを了承してもらえる可能性が高くする。ARCRO に試験を高い確率で委託できる段階に近づいた頃に、その情報を医薬品メーカーから入手し、フリーランスの人材を確保する。これにより、フリーランスを集めたのは良いが、試験を受託できなかった場合に、フリーランスとの契約を解消しなくてはならないというリスクを回避できる。また、フリーランスも確実に試験が受託できることが分かるため、自身の予定を組みやすくなる。これによりフリーランスのメリットを高めることに繋がり、メリットがあると感じたフリーランスが集まるようになるであろう。

　また、CRO 事業部で最低限の試験を実施する上で、必要となる CRA を一定数確保しておく。この対策によって、全くフリーランスの人が集まらなくても、試験を実施できなくなるというリスクが回避できる。

以上の施策を実施することで、本課題の解消に繋がるであろう。

・治験の受託事業（CRO 事業）：
　　現状、ARCRO は受託経験が少ないということで、新規の受託案件がなかなか獲得できていない。

この解決策の一例を挙げる。
　　現在 ARCRO にて受託している試験を、いかに短期間で、クオリティが高く終了させるかが重要になる。短期間で、ハイクオリティで試験を終了させることができれば、臨床開発にかかるコストを大幅に下げることに繋がり、薬剤を当初の予定より早くマーケットに出すことが可能となる。これにより医薬品メーカーには大幅なメリットが出てくる。それゆえに、ARCRO が上記を達成することができれば、ARCRO の外部就労をしている CRA だけでなく、自社の受託事業におけるパフォーマンスも高い会社であることを医薬品メーカーに知ってもらうことができる。そこから新規案件の獲得に繋げやすくなり、本課題の解消に繋がるであろう。
　　加えてパフォーマンスを高めるためには、ARCRO が重視している「従業員を第一顧客」にすることが重要である。現状 ARCRO では、受託事業の従業員に対して、外部就労 CRA と同レベルとして扱うことができていない。この部分を改善することで、従業員のワーク・エンゲイジメントが高まり、パフォーマンスが高まることが期待される。

・海外からの受託案件：
　　現状、ICCC の要件を満たしていないために、海外から受託できる案件が限られている。

この解決策の一例を挙げる。
　　ARCRO では、従業員からの紹介で採用を行っている。そのため、ICCC の要件を満たすために必要な人材、資格を持っている人を従業員からの紹介で探しだし、自社に採用する必要がある。もしくは、他社との戦略的アライアンスを締結することで、ARCRO が不足している部分を補うことも可能である。
　　以上の対策によって ICCC の要件を満たし、海外からの受託案件数を増加させることに繋がる。

ケース・クエスション 3 の分析と考察

　CRO 業界は、企業の M&A や統廃合が多く実施されている環境にあり、また顧客である医薬品メーカーにおける環境も変化している。このように、将来における競争環境が不透明であり、環境の変化のスピードが速い業界である。

　Teece は、企業の能力をオーディナリー・ケイパビリティとダイナミック・ケイパビリティの 2 つに区別している。オーディナリー・ケイパビリティとは、現状を維持しながら、より効率を維持しながら、より効率を高める能力、コスト削減能力などのテクニカルな能力を指している。この能力は利益を最大化するが、付加価値を最大化することに繋がるものではない。

　CRO 業界の急速な環境変化においては、オーディナリー・ケイパビリティだけでは対処できなくなる。この変化によって生じた環境と企業活動のギャップを埋める能力が、ダイナミック・ケイパビリティである。この変化に対応するために、企業にある既存の資源を再形成・再配置する能力をダイナミック・ケイパビリティとしている。

　ダイナミック・ケイパビリティは、次の 3 つの能力で構成されており、それぞれが関連しあっている。
・環境変化に伴う脅威を感知する能力。(Sensing)
・そこに見だせる既存の資源、ルーティン、知識をさまざまなかたちで応用し、再利用する能力。(Seizing)
・持続的競争優位を確立するために、組織内外の既存の資源や組織を体系的に再編成し、変容する能力。新しい競争優位を確立するために、企業内外の既存の資源や組織を体系的に再編成し、変革する能力。(Transforming)

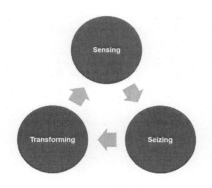

図4：3つの能力の関係

出典: 成功する日本企業には「共通の本質」がある

　四篠は、医薬品メーカーや外部就労型 CRO などの外部環境変化に伴う脅威を、いち早く感じ取っていた。さらに、ARCRO の従業員がいくら優れていても、従業員を自社にとって有効にかつ効率的に活用し続けることができなければ、成長を続けることができないことを認識していた。それゆえに、ARCRO の資源や知識などを再編成し、変革する必要があった。

　企業が自社の強力なダイナミック・ケイパビリティを発揮し、さらに優れた経営戦略と組み合わせることによって、変化の激しい外部環境における企業の持続的な競争優位性の獲得に繋がる。

　本文で四篠は、現在の ARCRO が取り得る戦略として、下記の 4 つの戦略を検討している。この戦略の内、ARCRO のダイナミック・ケイパビリティと組み合わせるべき、最適な経営戦略を選択する必要がある。また、ARCRO は中小規模の企業であるため、利用できる資産に限りがある。その限られた資産を有効に投資する必要がある。どの戦略を取っても善し悪しがある中で、経営者として企業のサステナビリティを考慮し、決断をしなくてはならない。

〈取り得る戦略〉

1) 人財派遣業に徹する（今の形態を、このまま継続する）

2) ニッチな領域を攻める

3) 中小規模の CRO を M&A して、規模を増大する

4) これまで培ってきたノウハウを活かして、コンサルティング業に取り組む

　各選択肢をそれぞれケース本文中に記載している外部環境を、3C のフレームワークにあてはめ、比較する。

選択肢1.　人財派遣業に徹する（今の形態を、このまま継続する）

Company	・自社内での成長機会が少ないので、転職してしまう可能性が高い
	・年齢を重ねていった場合に、外部就労で継続して働くことが厳しい
Competitor	・多数の外部就労型 CRO が存在
Customer	・信頼できる CRO ということで、引き続き選んでもらえる

　現状では、ARCRO が外部就労型 CRO の中ではトップであるが、新たに他の強力な CRO が出てくる可能性も想定され、その場合にはこの戦略では対抗することができない。また、この戦略では新たなことを実施していないため、他社から ARCRO の経営戦略を模倣される可能性が大いにある。その場合には、ARCRO の競争優位性の維持が難しくなることが予想される。さらに、この戦略をとった場合には、次の事項を考慮する必要がある。まず、外部就労で働いている従業員が歳を重ねていった場合に、医薬品メーカーで働き続けることが体力面や将来のことを考えて難しくなることも想定される。また、ARCRO 内でのポジションが多くないため、さらなる成長機会を求めて従業員が他社へ転職してしまうことが想定される。また、模倣されるリスクについては、回避しようがないといえるだろう。

　考慮すべき点については、受託事業を拡充することで、ある程度この部分を賄うことが可能である。しかし、受託を拡充することにより、受託の案件を多く獲得し続ける必要があり、かつ他の受託型 CRO と同様になることで激しい競争へ進んでいくことになる。

　本戦略は現状のままを維持する戦略であり、外部環境の変化を認識しているにもかか

わらず、再編成や変革を実行しない。それゆえ、Sensing 止まりで、Seizing に繋げられる戦略ではない。そのため、競争優位性を維持し続けることが困難となる。

選択肢 2. ニッチな領域を攻める

Company	・不足している事業部門を増やすために、投資が必要になる可能性
	・試験の受託経験が少ない
Competitor	・大手 CRO が進出してくる可能性
Customer	・受託経験の多い CRO へ委託する可能性
	・ARCRO を選んでもらえる可能性

　CRO 事業部における受託であれば、ニッチな領域としては例えば希少疾患に対する試験が想定される。しかし、希少疾患では、そもそも対象となる患者の数が少なく、医薬品メーカー内で賄うことができるので、アウトソースすること自体が少ない可能性がある。また、受託案件があった場合においても、ARCRO の受託経験が少ないため、大手 CRO に取られてしまう可能性も大いにある。それゆえ、ARCRO が新たに取り組み始めた海外からの受託案件を有効に活用することで、希少疾患に対する試験の受託に繋げることが可能となる。

　また、希少疾患以外の領域であれば、医薬品メーカーだけでなく、バイオベンチャーやアカデミア（ARO: Academic Research Organization）といった団体との協業が考えられる。

　希少疾患やバイオベンチャー/アカデミアと取り組む場合に、ARCRO における既存の資源や知識の再配置・再編成などをすることで、対応することが可能である。しかし、それでも現在の ARCRO で不足する事業部を新たに設けることや、それに伴う人材を増員させる必要が出てくることが予想される。

　本戦略は ARCRO の現状の延長となる戦略であると考えられる。ARCRO 内の既存の資源を再編成することで Seizing、Transforming に繋げることが可能となる戦略である。そのため、競争優位性を維持し続けることが可能となるであろう。

選択肢3. 中小規模の CRO を M&A して、規模を増大する

Company	・会社として M&A した経験はない
	・M&A を担当したことがある社員がいない
Competitor	・CRO は多く存在しているため、ARCRO より魅力的な CRO を選択する可能性
Customer	・ARCRO を指定する可能性

　本戦略を選択した場合には、ARCRO において大きく再編成が必要となる箇所が幾つか想定される。

〈部門・組織の再編〉
　ARCRO の社内には、企業買収を専門に取り扱う事業部は存在していない。そのため、継続的な買収の実施の要否を検討し、必要に応じて新たに企業買収を専門に扱う部署を設ける必要がある。

〈人材の再編〉
　現在、ARCRO では企業買収の経験者は存在していない。そのため、人材の再配置により対処することができない。それゆえ、企業買収の経験者を新たに外部より採用し、この戦略に対応する必要がある。

〈採用プロセスの再編〉
　これまで ARCRO では、従業員からの紹介で新たな従業員を採用することが大部分を占めていた。これにより採用におけるプロセスの簡素化に繋げていた。しかし、企業買収の経験者を従業員からの紹介で採用することは、難しいであろうことが予想される。なぜならば、ともに働いている従業員からの紹介であれば、信頼できる人物だと判断することができるが、現状企業買収を取り扱っている企業の事業部門で勤務している者はいない。また、ARCRO では企業買収の経験者がいないことから、外部から採用した場合に、その人物が適正のある人物であるか判断をしかねる。
　そのため、これまでの採用プロセスをそのまま活かすことはできない。
　そこで現状の採用プロセスを見直す必要が出てくる。しかし、現在の ARCRO では、採用の際の面接を簡易的ではあるが実施している。それゆえ、既存の資源や知識の再配置

で、ある程度は賄うことができであろうことが予想される。

　本戦略は M&A をすることによって ARCRO に資源を増やし、資源を再編成することで、Seizing、Transforming に繋げることが可能となる戦略である。そのため、競争優位性を維持し続けることが可能となるであろう。

選択肢 4.　　これまで培ってきたノウハウを活かして、コンサルティング業に取り組む

Company	・コンサルティングの経験がない
Competitor	・大手 CRO は、既にコンサルティング業も行っているところが多い（主に外資系 CRO）
Customer	・コンサルティング経験が豊富な別の CRO を選択する可能性がある

　本戦略を選択した場合にも、ARCRO において再編が必要となる箇所が幾つか想定される。

〈部門・組織の再編〉
　ARCRO には、現在コンサルティングを専門に取り扱う事業部は存在していない。そのため、既存の資源を再編成・再配置することで対応することができない。それゆえに、新たにコンサルティングを専門に扱う部署を設ける必要がある。
　現状では、CRA 個々に色々なノウハウやナレッジがあるが、それが企業としてデータが蓄積されてはいない。そのため、これらのデータを蓄積する仕組みづくりをする必要がある。
　また、コンサルティング業を始める場合には、周りの企業へ周知／PR する必要が出てくる。これまで ARCRO としては、大々的な宣伝活動といったことはしてきてなかった。また、現在付き合いのない企業へも営業するといったことが必要になる。それゆえ、広報などの新たな事業部の設置なども、社内の資源の再配置することによって設ける必要性がある。

〈人材の再編〉
　現在、ARCRO 内にコンサルティング経験者は存在していない。そのため、コンサルティ

ング経験者を新たに外部より採用する必要がある。しかし、社内には既存の臨床試験や臨床研究などの知識やノウハウがあるため、これらを再配置、再形成することは可能である。これに外部からのコンサルティングに関する資源を組み合わせる必要がある。

〈費用体系・料金体系の設定〉

　コンサルティング業を実施するにあたり、1 案件ごとの費用体系を設定する必要がある。

　本戦略は既存の資源だけではコンサルティング業を実施するのが困難である。そのため、外部からコンサルティングに関する資源を獲得することによって、ARCRO 内に資源を増やす必要がある。さらに、獲得した資源を再編成することにより、Seizing、Transforming に繋げることが可能となる戦略である。これにより競争優位性を維持し続けることが可能となるであろう。

　筆者として、選択すべき選択肢は「選択肢 2.ニッチな領域を攻める」である。ARCRO がこれまで執り行ってきた戦略は、比較的他社が取り組んでいないニッチな領域 （例えば、フリーランス CRA）を攻めている。これは弱者が取るべき戦略、ランチェスターの法則の弱者の戦略における定石である差別化による戦い方である。そのため、これからも差別化戦略であるニッチな領域を攻めていくことが、ARCRO にとって一番の得策であると判断する。

　さらに、現在 ARCRO にあるダイナミック・ケイパビリティを有効にいかすことが可能となる戦略である。一方で、この戦略が他の戦略に比べて、ARCRO の強みである従業員を第一顧客とする考えを反映し辛いものである。それゆえ、この部分について打ち手を検討していく必要がある。

《参考文献》

［1］2017 PhRMA Annual Membership Survey

［2］AICROS https://aicros.com/

［3］Andrey V. Lovakov et al., Psychology in Russia: State of the Art, 2017, 10(1):145-162, Psychometric properties of the Russian version of the Utrecht Work Engagement Scale (UWES-9)

［4］Arlene Oramas Viera et al., Revista Cubana de Salud y Trabajo 2014;15(2):47-56, LA ESCALA DE 'WORK ENGAGEMENT' DE UTRECH. EVALUACIÓN DEL 'WORK ENGAGEMENT' EN TRABAJADORES CUBANOS

［5］A. Shimazu et al., BioPsychoSocial Medicine, 2010 4:17, Why Japanese workers show low work engagement: An item response theory analysis of the Utrecht Work Engagement scale

［6］Clinical research society http://www.clinicalresearchsociety.org/ccra/

［7］Ivana B. Petrović et al., Front Psychol. 2017; 8: 1799 Work Engagement in Serbia: Psychometric Properties of the Serbian Version of the Utrecht Work Engagement Scale (UWES)

［8］Piia Seppälä, Work Engagement Psychometrical, Psychosocial, and Psychophysiological Approach

［9］Ted Chun-tat and Siu-man Ng, Int J Behav Med., 2012 ; 19(3): 391-397, Measuring Engagement at Work: Validation of the Chinese Version of the Utrecht Work Engagement Scale

［10］Wilmar Schaufeli, Arnold Bakker Version 1.1, December 2004, UWES Preliminary Manual

［11］Wilmar Schaufeli and Arnold B. Bakker, 2006, Educational and Psychological Measurement, 6 6, 70 1-716, The measurement of work engagement with a short questionnaire across-national study.

［12］Wilmar Schaufeli, Salanova Marisa, et al., The measurement of engagement and burnout : A two sample confirmative analytic approach, J Happiness Stud 3, 71-92, 2002

［13］Wilmar Schaufeli https://www.wilmarschaufeli.nl/

［14］一般財団法人　日本CRO協会 http://www.jcroa.or.jp/

［15］医薬産業政策研究所 http://www.jpma.or.jp/opir/index.html

［16］菊澤　研宗　成功する日本企業には「共通の本質」がある

［17］菊澤　研宗　ダイナミック・ケイパビリティの戦略経営論

［18］くすりと治験　日本製薬工業協会

［１９］窪田 和巳，島津 明人，川上 憲人 日本人労働者におけるワーカホリズムおよびワーク・エンゲイジメントとリカバリー経験との関連 行動医学研究 Vol.20, No. 2, 69-76, 2014

［２０］熊谷 雄治 神経治療 32：391-393, 2015 アカデミアにおける臨床試験 —Academic Research Organization （ARO）等の国際比較

［２１］グロービス経営大学院　グロービス MBA マネジメント・ブック　改訂 3 版

［２２］厚生労働省 http://www.mhlw.go.jp

［２３］ジェイ・B・バーニー、岡田 正大　企業戦略論

［２４］島津明人研究室 https://hp3.jp/

［２５］島津 明人 DIAMOND ハーバード・ビジネス・レビュー論文 ワーク・エンゲイジメント：「健全な仕事人間」とは

［２６］島津 明人 日職災医誌, 63：205-209, 2015 ワーク・エンゲイジメントに注目した個人と組織の活性化

［２７］設楽紗英子, 2014, ワーク・エンゲイジメントの規定因と後続こと象に関する研究—個人的要因と組織的要因からの検討

［２８］創薬開発において早期 POC 確保するための手引き

［２９］デビッド・J・ティース　ダイナミック・ケイパビリティ戦略

［３０］日本 CRO 協会 http://www.jcroa.or.jp/

［３１］日本 SMO 協会 http://jasmo.org/

［３２］日本製薬工業協会 DATA BOOK 2018
http://www.jpma.or.jp/about/issue/gratis/databook/2018/

［３３］プレジデント　2018 年 12 月 3 日号

3．持続的成長経営を可能とする資産配分プロセス

１．ケースの狙い

　本ケースでは、ベンチャー企業経営の在り方を紹介する。ベンチャー企業の経営スタイルには、安定化された大企業では見られない特異性がある。それらの特異的な状況が発生した場合に、企業経営者として如何様な判断をしたのかを赤裸々に幾つかのエピソードを用いて紹介している。またそれらの判断には一過性の判断理由があり、それらは企業の生命線と筆者は考えているのである。この点についても経験と学術的理論を展開しながら学習者に考察できるように記述している。判断・決定をする場合どのような要因に基づいて論理的な決断をする必要があるのかといった点においても深く学習者が議論できるようにエピソードを構成する事とした。更に、企業経営の一つのケースとして俯瞰的に企業経営とは一体何なのかを学習者には考察して頂くよう構成されている。これらからの持続的成長経営において、バリューの流用手法や投資判断は非常に重要な要因となる。同時に、それらの投資は 会社の繁栄と従業員の幸福度を同時に向上させる事を可能にしなければならない。これらの総合的経営判断について学習者が理解検討できることを目的とした。

２．ケース・クエスチョン

（１）ネクスト・ユニークの事業が創業以来 20 年間にわたり堅調に成長してきた理由は何でしょうか。創業３年までと会社設立以降について分析せよ。

（２）ネクスト・ユニークはベンチャー企業として成長をしてきましたが、ベンチャー企業ならではの成功要因は何なのでしょうか。新製品の開発や新サービスの展開にどのような工夫があったのか分析せよ。

（３）事業で得た利益（営業 CF）は、どのような判断に基づいて適正に投資をすることが必要なのか。それらの判断は、会社の持続的成長経営と従業員の幸福度とを同時に向上させる事が可能なのであろうか。A～Dの視点から、メリット・デメリットを分析し、どのような経営をすれば良いのかを提案せよ。

        A　絶対的な利益の追求

        B　高額な投資の実行

        C　株主への配当

        D　社員の長期雇用

ケース本文

高井の葛藤

　2018年6月1日創業20年を迎えたこの日、高井は社員全員に手に持っていた封筒を渡し、社員に語った。「このお金は絶対に貯金やローンなどの支払いには充てないでください。このお金は自分に関係する人の幸福を実現するために使ってください。経営者は常に限りある資源を用いて社員の皆さんの幸福の実現に最大限寄与するように日々考えています。だから皆さんもこのお金で自分に関係する人の幸福度を向上させてあげてください。お願いします。」経営者の高井が社員に対し最も重要視することは、『社員の数だけ幸せのスタイルがある』である。経営者はこれを十分に認識し、社員の幸福の実現のためにも最大限の経営手法を展開しなければならないと考えている。また、それらを実現可能とするため、事業資金の回転に関しても、常に多様な観点から考え、資源配分プロセスに責任をもって実行することが重要であると考え日々経営にあたっている。これが高井の基本的な経営スタイルである。

　しかし、高井はこの配分プロセスといった問題に対し、常に悩み続けていることも事実である。それは、次に挙げる4つの命題をどの様にして配分するかであった。①企業は絶対的に利益の追求を図らなければならない。②同時に社員の継続雇用もしなければならない。更に、事業で得た資金を効率的に運用する為にも、③高額な投資の実行を行うことによって収益を向上させなければならない。④株主への配当も重要な経営者としての責務であると考える。

　これらの4つの命題と社員の幸福の実現といった要因を両立させるためには、今後どのような経営をする事が良いのかについて、『それぞれの命題に対するメリットとデメ

リットは、経営にとっての重要な要因である』ことを考えながら日々模索している。

　高井はペンを持つと直ぐにネクスト・ユニークの創業当時から会社設立時迄の戦略的変化を理解するために、創業時からの事業変化を確認しながら幾つかの分析手法[1]を用いて整理することとした。

起業家としての出発

　高井が 36 歳の時、1998 年 6 月に突如として起業する機会が現れたのである。起業当時の事業計画には、全くの計画性もなく、ひとつの思いに駆られて起業の道を選択したのである。今思えば、ただ単に起業したと言ったほうが明確であったかもしれない。

　縁あって岐阜県大垣市のソフトピアジャパンエリア[2]に創業したが、1998 年当時における情報環境はWindows98 の日本語版の発売といった年でもあり、パソコンの販売台数も急激に増加の一途を辿っていた時代であった。そのために多くの起業家も IT 業界に参入を果していった。IT 業界の事業構造は比較的簡単で、少額の資本で何時でも事業を開始することができるのである。起業を思いついたとたんに近隣の家電販売店に駆け込み、パソコンを購入さえすれば、あとは簡単なソフトを構築し、それを顧客に販売すればよかった。1990 年代の後半期にはこのようなスタイルの IT 起業家が多く派生していた。

　それら企業の開発スタイルは、『独創的なアイディアを形にして販売』といった形態が多く、必ずしも顧客の要望に細やかに対応した商品を販売するスタイルではなかった。

　高井が手掛ける開発事業テーマの中にもそのような要素を多く含んだテーマもあった。その一つに、高額な飛行空撮に変わる手段として、気球（巨大な風船）に搭載した携帯電話を上空高く上げ、カメラ機能の連写モードにて多くの写真を撮影し、ある程度の撮影が終了したのちパラシュートで降下させ、その携帯電話の発信情報に基づき落下地点を特定し回収するといった開発もその一つであった。しかしそのテーマは航空法などの多くの法律による制限と、その機能を必要とする顧客の選定が困難であった為、製品化と販売には非常に苦労したのであった。販売の過程においては、「ベンチャー企業が出来る事業ではない」「事故が起きた時の責任は誰がとるのか?」「ベンチャー企業だか

---

[1] 戦略分析としてSWOT分析、ファイブフォース分析（5F）、STP 分析などがある
[2] 日本国内における IT 戦略を目指した一つの中核地域

ら勝手なものを開発している」などの社会からの批判の声も多くあったのも事実であった。高井はそのような声に対して、謙虚に受け止め対応策を講じたが、社会からの大きな信用を持たないベンチャー企業の中には、『自己の独創的アイディアを理解する顧客にさえ販売を行えば良い』といった経営者も多くいた。このようなベンチャー企業者の考えの背景には、IT バブルの影響を大きく享受していたことも理由の一つにあった。

　しかしながら IT 起業家の中には短期間で廃業という試練を受けるものも少なくはなかった。そして高井も例外ではないと感じていた。日々会社の存続といった課題が脳裏から離れない状況の中で、今後の成長を如何にして成し遂げなければならないのか、またその方向性はどう判断すればよいのか、高井の眠れない日々は続いた。ネクスト・ユニークの業務スタイルには特徴があった。起業当初は営業活動を主に展開し顧客拡大の活動を行っていたが、1 年も経過しないうちにその営業活動の業務は終了せざるを得ない状況となっていった。

急激な業務量変化

　創業して間もないころに、社員と楽しく談話をしていた時、携帯電話を利用した情報の一斉同時配信サービスを展開すれば面白いのではないかと盛り上がった。最初は夢のような話ではあったが、「防災情報のサービスとしては使えるのではないか」との話題になり、「技術的要件をどの様にして解決すればよいのか」と話が展開していき、いつの間にか白板に記載しながら話がどんどん膨らんでいったのである。通信関係の制御にも詳しかった高井は、「絶対的に社会に通用するシステムであり、これについては開発を行う」と結論づけ開発に取り掛かることとなった。そして年末には『緊急情報防災システム』として製品化され、全国の新聞社や報道機関から多くの取材を受けることとなった。

　報道機関に掲載されてからは更に多くの引き合いが舞い込み、防災システム以外の商談も多く発生するようになった。

　高井は、全ての仕事に対し全力で対応し、顧客からの受注に対して断りを入れることは皆無であった。その結果、初回は顧客からの受注金額が極めて少額の受注であっても、2 回 3 回と重ねるごとに多額の受注を請け負うことになっていった。次第に顧客からのリピート率も高くなり、ネクスト・ユニークは売り込み営業を行うことなく売り上げを伸ばしていった。顧客の中には見積書は不要と言う顧客も少なくはなかった。

高井は時と共に、顧客から信頼されていることをひしひしと感じると同時に、自分の責任の重大さについても認識をせざるを得ない状況になっていくことを感じていた。

起業家の試練

　忙しさを感じていたある日、顧客から大きな仕事が舞い込んだ。1000万円を超える受注金額で開発期間も1年を要する大型のソフト開発であった。顧客の満足度を最大化するために高井と社員3名は連日早朝から深夜までその開発に従事し続けた。

　6か月を過ぎた頃から一人のプログラム開発担当者の遅刻が目立ち始め、7ヶ月経った頃には連絡もつかなくなっていった。高井は常日頃から『みんなで頑張って成し遂げよう！』と口癖のように言っていた。事実、高井もこの案件には多くの時間を割き自宅に帰ることも少なくなっていた。そもそも『開発の人材が足りない』と考えていた高井は、その開発担当者に連絡を取ることにも多くの時間を割き、説得を続けた。しかしながら数日後には、開発担当者が退社といった判断を申し出てきたのである。

　開発期間は3ヶ月延び、進捗報告・謝罪といった顧客との調整に多くの時間と労力を費やすこととなった。結果的には要求仕様に基づいたソフトを納品することは出来たのではあったが、精神と共に肉体的疲労も感じていた。

　その頃の高井は、今後の会社運営に対して憤りを感じていた。『いったい何が問題であったのか。社長である自身も一生懸命に社員と一緒に頑張ったのに…』といった退職者に対する不満をも含めた想いが、幾度も脳裏をよぎっていた。

人財の大切さを知る経営

　創業から3年目の2001年にネクスト・ユニークが株式会社として誕生することとなった。新たなる株式会社ネクスト・ユニークの最大の事業目的は大きな利益を上げることだけではなかった。利益よりむしろ自分たちの持っている技術を如何にして社会に貢献できるものにするかを常に念頭に置くことが大切であると、高井は過去の経験からそう気づかされていた。そのためには企業にとって人財の存在が非常に重要な要因であると考えていた。ここで示す『人財』とはやる気と能力を総合して展開出来る人物である。

（図1）

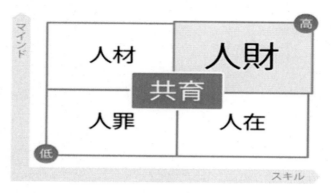

図1　4つのじんざい　　（筆者作成）

　人財を共育するためには様々な工夫がある。例えば朝礼である。企業で行われる朝礼
のスタイルは、進行状況や売上報告など利益に関する話題を含めることが一般的ではあ
るが、株式会社ネクスト・ユニークでは違っている。『気づきの共育』とした朝礼である。
この時間の中には利益や人物評価などのコメントは全くなく、それらの行動は全て高井
が考える『企業にとって人財の育成が最も重要である』という理念から来るものであっ
た。

　また、社内には常に自由な雰囲気と環境がある。机上にお菓子やカップラーメンなど
の食べ物を常備させている者や、子供のころの机上のようにおもちゃをジェンガ（積み
木崩し）のごとく置いている者もいるなど、非常に個性的な社員の集団である。だが、
彼らは、常に時間と向き合いつつ仕事の効率性を高めることに工夫を凝らしながら計画
的なスケジュールを自ら企画し実行しているのである。非常に静かな雰囲気で業務は遂
行されている。

　しかし社内で何か問題が発生すると、社員は比較的大きな声を発して社員間で問題を
共有し意見交換を行う。周囲の担当以外の社員に対しても現在発生している問題を共有
することが常に行われている。「何が重要で何が不要なのか？　本質は何なのか？　それ
らを社員同士で考える！」このような組織風土が醸成されている。新たなる事業の提案
などが発生した場合なども同じく、直ぐに社内のあちこちで『ガヤガヤ会議』が始まる。

立って話し出す者や、机上で通常の業務をしながら参加する者もいる。その事業に関する技術的提案や事業方向性の確認、事業の展開スケジュールなどに対し思いのままに発言しているのである。また、その発言に対し俯瞰した意見が周囲からも多く発言されるようになり、いつの間にか、それらの事業に参加するメンバーや役割が決定される。この状況下で発生している組織構造の在り方は、それぞれの担当部門における専門的能力や情報、そしてノウハウなどの経営資源を他の部門に対して自然と共有できる構造となっている。その集約された情報に対して他の部門の能力を結合させている。この組織を効率的に稼働させるために、各組織の横断的情報を支援するデータベース事業部の部長を中心とするイノベーションセンターを確立している。これらの組織形態を成熟させることによって共感した組織が形成される。ここで重要なのは自らが参加の意思を表明することが出来る環境があることである。それによって人財として自ら率先して行動することになり更なる成長が期待される。会社はその環境を整備することこそが重要な要因であると高井は考えている。

経営理念は人財の育成を可能とする

　　株式会社ネクスト・ユニークの経営理念は、『ネクスト・ユニーク一同は、お客さまの信頼に応えるため、技術をもって社会に貢献し、「人財」に挑戦します』である。ここで重要なのは『人財』という概念であり、人財の育成に挑戦することを主たる目的と掲げる。人財とは図1に示す4つのじんざいの中で、マインド（やる気）が常に高く、スキル（技術）も高いじんざいを、我々は『人財』として示すのである。このような人財の存在は多くの顧客からも高い支援を受けることとなり、必然的に社員は、社会的活動の意義を理解するとともにそれらの判断行動が明確となる。

　　これらの趣旨は、『社員の誰もが、情報化社会の真の価値を追求し、その社会に貢献することが使命だと考えている』といったことでもあり、それらは、一人一人のコンピテンシーが集積されてこそ、初めてネクスト・ユニークとしての総合力を顧客に提供することが出来るといった考えからである。図1にある『共育』はこれを示している。

　　前記したように、経営理念は社員にとっての判断基準であり、統一された行動を可能にするのである。即ち経営理念は、ネクスト・ユニークの社員としてステークホルダー

に対してどう対応する事が重要なのかを示している。それらは社員が日々最新技術を追求していく姿勢の中で、必然的に構築されていく高くクリアな技術と、人としての深い心を組みいれたサービスを複合させて顧客に提供し、更に自己の「今」と「夢」を応援・実現させることによって、ステークホルダーとの感動を共有するための行動を司ることを目指している。即ち社員は非常に簡潔な指針に基づいて行動判断を行うことにより、ネクスト・ユニークの長期的存続経営をも可能としていると考えられる。ネクスト・ユニークの社員は常日頃から単発的なサービスからトータルなサービスまでを、お客様のニーズにプラスアルファーしてお応えできるよういつも心をひらいている。それらと同時に広い視野をもって未来をみつめて挑戦し続けているのである。そのためには多くの情報を集積するシステムと共に、社員間において共に共振することに常に挑戦しているのも事実である。社員間の共振とは『技術・創造・情熱』の3要素と共に『新しい・楽しい・難しい』の要素を複合させて共に挑戦する事である。(図2)

　経営目的である理念や規範を『理解・浸透・共有』させ、それをベースにして展開をしていく。それらを人間開発、情報マネジメント、顧客対応などといった業務システムのPDCAとして正しく回していくことによって、コンプライアンスや規制をかけなくても社員は自らの行動を論理的に理解し判断することになると高井は常日頃から考えている。

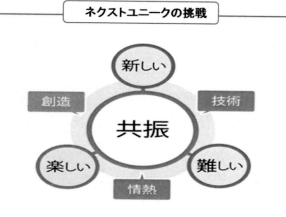

図2　ネクスト・ユニークの挑戦　　(筆者作成)

ベンチャー企業だからこその特異性

　ネクスト・ユニークのコアコンピタンスの一つに、圧倒的なスピード的遂行能力がある。高井のもとでマネジメントを行うスタッフは、高井が運転する猛烈なスピードで爆走するバスを、素手でどのようにしてコントロールしていけばよいのかを日々訓練している。時には論理的に逃げる手立ても備えている。走る時は走る、止まる時は止まる、逃げるときは逃げるである。即ち柔軟な姿勢でビジネスプロセスを俯瞰してみなければならない。大企業では容易に与えられない姿勢がベンチャー企業のスタッフには必要要件として要求される。当然ベンチャー企業には安定的な（固定化された業務）労働環境が整備されている訳ではない。昨今、労働基準法に基づく時間的な制約が厳しく規制されている労働環境の中で、限られた人数で継続的発展を実現するためには、個々のコンピテンシーが重要視される。このようにベンチャー企業には特異性の強い環境を作り上げてこそが、経営の重要な要因であり、それによって持続可能的成長戦略が確立されると高井は考えている。

思い立ったらすぐ実行

　ネクスト・ユニークの強さは、工学的技術に非常に強いことと、常日頃からビジネス分野を問わずにアイディアを探索[3]している点にある。そのためには多くの情報を収集するといった作業から始める訳である。そのような情報収集活動には、多くの時間と膨大な労力が必要となる。高井は香港を中心に、中国・マレーシア・シンガポールといった他に、アセアン諸国にも情報を収集するためのビジネスパートナーを多く広く展開している。

　高井は『ビジネスにはスピードが最優先である』との考えを持ち、『自分が考えたことは他人もすでに考えている』との持論を展開しており、突然のひらめきに対し、速やかに調査・研究を展開し、事業としての可能性があると判断した場合、試作を自ら行う。

　そしてネクスト・ユニークの社員も高井の行動には一定の理解を示しており、新規製

---

[3] 組織体制の中で、両利きの経営における『文脈的両利き』を展開している。

品の開発、新規事業の展開に関しては、早い段階から協力的立場を明確にし、それぞれ
の担当者が持つコンピテンシーを一同に集約するシステムがネクスト・ユニークには確
立されている。それらを速いスピードでPDCA展開させることによって、新規製品や新規
事業の成功確率は格段に上昇することを社員は幾度も経験しているのである。特に
Check項目においては総じて多くの時間を割きActionに対する精度を上げるべく、社員
相互理解を含めた情報共有を中心に議論が多く進められる。

　先ず開発にあたって一番重要視することは市場の要求度である。今市場では、何を
要求し、どのような方向性の商品を探しているのか、必要とされているのかを早急に判
断することから始まり、ある程度の判断により製品の試作に取り組むのである。当然の
ことながら商品の開発段階で製品化に至らない商品も数多く存在することも事実であ
る。しかしながら、開発手法（プロセス）は全く変える必要はないと考えている。何故
なら『今開発している商品アイディアは、他人もすでに考えている』といった考えを基
本として行動を行っているからである。ビジネス展開や開発にはスピードが勝負といっ
た考えが根底にある。いかなる素晴らしいアイディアや技術があっても、それらは時間
と共に価値の低下が発生し、想像を超える速度で陳腐化が図られることになる。それら
を幾度も経験してきた中で、全ての行動サイクルを早めることこそが重要だと考えてい
る。

　次に重要なことはリスクを明確に認識することであり、事前にそれらのリスクを回
避することを考えることは非常に重要な戦略といえる。

ＬＥＤ照明の開発も歩きながら考えた

　高井は香港の灣仔（わんちゃい）（またはワンジャイ）の公園から町に照らされている
LED照明を見ていた。翌日には香港のLED照明開発者に連絡を取り、直ちに開発に関す
るディスカッションを行った。現時点で販売されているLED照明の問題点を全て洗い出
し、それらはどのような技術でカバーすることが出来るかを明確に回路図面に落とし込
んだ。また、LED照明が絶対的に必要とされる技術要件も同時に書き込んだ。それらが市
場で指示されるためには、価格設定も重要な要因であることは、高井は早くから理解を

---

4 基本戦略やマーケティング戦略分析にコトラーのマーケティング・プロセス等がある。

していたのである。それら全ての要因から最も重要とされる購買決定要因（KBF）、重要成功要因（KSF）を決定することとした。それらを総じて決定することには多くの時間をかける必要はなかった。歩きながら考えられる程度であった。2009 年 10 月には市場に商品として展開できる LED 照明を完成させることが出来た。

成功可能性は戦略プロセスと資源配分プロセス

　　ここで開発されたＬＥＤ照明は 2010 年 2 月マーケティングテストにおいて顧客より、安全性・価格性において大きな評価を得た。その LED 照明は Good Power の商標を得て誕生した。販売価格は 6800 円と設定したが当時としては他社との価格優位性を発揮していた。

　LED 照明灯は、Good Power という商品名で量産体制に入ることを決定した。しかし、高井は中国企業との合資による共同工場への投資を断っていた為に、中国国内で量産できる工場の情報は持ち合わせていなかった。高井はマレーシアで新たなるパートナー企業を展開することが最善の策ではないかとの結論に達した。この時に高井が考えたことは単純明快で成功確率だけであった。常に成功の確率を頭に浮かべながらビジネス判断を行っている。成功確率を上げるために時間をかけて議論の展開を図ることや、膨大な調査に基づいた戦略議論を展開することに対して決して否定的な考えはない。しかし高井の考え方は、『成功確率を上げようとしても 6 割以上は自己の力だけでは決して到達できるものではない。時には運といったものまでが重要な要因となる』と考えている。であるならば、成功確率が 6 割もあるのであれば走りながら考えれば良いとの判断なのである。

　　ただ、高井のスタートは成功確率 2 割でスタートを切ることもよくある。この場合、往々にして世間から言われる言葉がある。「10 年早い」である。未来的には事業の可能性はあるが、今はまだ早いと世間は感じている。しかし、よく考えるとあらゆる可能性のあるビジネスモデルは唐突に発生し急激な進化を伴うものである。自分が考えていることは、当然他の人間も考えているのであり、そう考えると早いスタートは非常に重要なのであると思案されるのである。更に重要なのは、ビジネスモデルの進化である。どのような最新的なビジネスモデルでも、必ず何時かは陳腐化する。時には市場におけるコモディティ化が急速に進み、企業収益の悪化を巻き起こすのである。ネクスト・ユニー

クも同じく LED 照明の販売において急速な販売低迷を迎え、再投資・撤退の判断を急速に迫られるようになったのである。これらを回避するためにも、ビジネスモデルを常に最適な状態に保たなければならない。このような状態維持に欠かせないのが戦略策定プロセスである。

　限られた資源をどのように配分することが重要なのかは、戦略的行為を通過しなくてはならないフィルターであると、イノベーションへの解の筆者であるクレイトン・クリステンセンやマイケル・レイナーは、次のように提唱している。『戦略を定義して実行するためには、戦略プロセスと資源配分プロセスが作用する状況を、適切にマネジメントする必要がある。つまり、社内の各組織が置かれている状況を考慮して、戦略策定プロセスが有効に機能するよう図るのだ。効果的で適切なプロセスがあれば、必要な戦略的洞察を生み出すことができるのである。戦略策定プロセスにおける経営陣の3つの「力点」、つまり力の入れどころは、次の必要行動を示している。

1　新成長事業の当初のコスト構造を注意深く管理しなくてはならない。それは、当初のコスト構造によって、優先順位付けや資源配分の決定を導くことになり、やがて価値基準や判断基準が決まってしまう。
2　事業計画は、「発見志向計画法」などの手段を通じて、重要な前提について必ず検証、確認するようにし、有効な戦略を生み出すプロセスに対しては積極的に加速させる。
3　一つひとつの事業に繰り返し直接関与し、それぞれの状況に応じて創発的・意図的戦略策定プロセスのどちらに従うべきかを判断させる。まちがっても戦略プロセスの選択を、規定や習慣、文化に任せてはならない。

　高井はこれらの行動様式を常に心がけながらイノベーションを展開しつつ、全体的に大きな波となるように組織を導いている。

新たなる投資判断

　2012 年 11 月、高井は年末を迎えるにあたって LED 照明の販売の拡張性について疑問を感じていた。

　「今こそ新たなる投資をしなければならない」と考えた高井は、太陽光発電システム

に着目したのである。高井は太陽光発電に関する技術に関して理解するには時間はかからなかった。ただし、何処のメーカーのどの商品が良いのか、どんな商品が流通しているのかについては、業界の全体的な技術に関連する情報が錯綜し判断が出来なかった。しかし、旧来から取引していた不動産業者から、コンピュータ・システムのメンテナンス会社を経由して太陽光の重要な技術情報を獲得するルートを得ることが出来た。高井はこれらの情報を精査し、『自分たちの技術は何処に活かされるのか』を即座に検討判断し、事業投資の判断をした。

太陽光発電システムへの投資判断

太陽光発電事業に関する投資を、2012年11月に決定して以来、太陽光発電に関する投資の決断を次々に行ったのである。2012年から2013年にかけてのネクスト・ユニークが太陽光発電事業に投資した総金額は約4億円であった。太陽光発電システムに対してなぜ高井は投資の判断に至ったかについての理由には、ただ単に利益の見込みだけではないのである。ネクスト・ユニークの持つコアコンピタンスである電子技術と、ソフト開発技術が十分に活用できると判断したからである。この投情報とネクスト・ユニークの投資計画を緻密にすり合わせ検討し、スピーディーに集中投資の判断を行ったのである。それによって太陽光の発電収入は年間5000万円以上の収益をあげている。太陽光発電システムに対してなぜ高井は投資の判断に至ったかについての理由には、ただ単に利益の見込みだけではない。ネクスト・ユニークの持つコアコンピタンスである電子技術と、ソフト開発技術が十分に活用できると判断したからである。事実この投資によって発生した技術はパワコンメーカーの担当技術者と幾度もパワコン性能に関連する技術的見解や、設置環境に関する技術的要件を様々な観点から検討し、最大限の安全性と能力を発揮する太陽光発電システムの構築に大きく貢献した。その技術は社会にも大きく貢献し他のパワコンメーカーも採用する事となった。このように高井は利益を追求する事だけでなく、同時にネクスト・ユニークの技術や社会的な技術の向上にも貢献する姿勢を保ち続けたのである。

高井の経営スタイル

　経営者の高井が社員に対し最も重要視することは、『社員の数だけ幸せのスタイルがある』である。経営者はこれを十分に認識し、社員の幸福の実現のためにも最大限の経営手法を展開することである。また、それらを実現可能とするために、事業資金の回転に関しても、常に多様な観点から考え、資源配分プロセスに責任をもって実行することが重要であると考え日々経営にあたっている。これが高井の基本的な経営スタイルである。

　しかし、高井はこの配分プロセスといった問題に対し、事業で得た資金を効率的に運用する為にも常に悩み続けていることも事実である。それは、次に挙げ4つの命題をどの様にして配分するかであった。

①企業は絶対的に利益の追求を図らなければならないのである。

②高額な投資の実行を行うことによって収益を向上させなければな
　らない。

③株主への配当も重要な経営者としての責務であると考える。

④同時に社員の継続雇用もしなければならない。

　これらの4つの命題を、事業の継続性と社員の幸福の実現といった要因を両立させるためには、今後どのような経営をする事が良いのかについて、『それぞれの命題に関連するメリットとデメリットは、経営にとっての重要な要因である』ことを考えながら日々模索している。

◆　解説　◆

ケース・クエスチョン1の分析と考察

考察点

　ネクスト・ユニークの事業戦略は創業当時と会社設立時では大きく変化する事となった。創業時は技術を顧客に販売することに集中し、顧客ニーズに対して、訴求的な効果を求める必要性を感じていなかった。即ち、自社の開発されたテクノロジーは必ず市場で評価され大きなビジネスチャンスを生むであろうと考えていたのである。しかし、市場即ち顧客は技術的な要因より自社の満足度を優先していることにネクスト・ユニークは気づかされることとなる。会社設立時には顧客のニーズを的確に捉え、そのニーズに合わせた自社のコアコンピタンスを提供していくこととなった。その前提条件として、『失敗を恐れず果敢にチャレンジする社風づくり』『統合された組織ネットワークの形成』『統一された理念の共感と共有』そしてそれらを踏まえた上での『社員の人財への挑戦』が経営戦略を構築する為にも重要なKSF（重要成功要因）となる。

　更に経営理念を明確にし、社員の統一された行動判断を可能にしているのである。即ち自己の「今」と「夢」を応援・実現させることによって、ステークホルダーとの感動を共有するための行動を司ることを目指しており、ネクスト・ユニークの長期的存続経営をも可能としていると考えられる。社員間の共振とは『技術・創造・情熱』の3要素と共に『新しい・楽しい・難しい』の要素を複合させて共に挑戦している事こそが、コンプライアンス教育や規制をかけなくても社員は自らの行動を論理的に理解し判断することになると高井は常日頃から考えているのである。

　ネクスト・ユニークの基本的な事業戦略としての根底には人を大切にし『人財』を『共育』していくといった姿勢がある。

　　これらをマーケティングの定石であるSTPを用いて確認することが出来る。①セグメンテーション（Segmentation）②ターゲッティング（Targeting）③ポジショニング（Positioning）を分析することによって簡易に創業時から会社設立時の戦略的変化が理解できる。

　先ず、会社を分析するにあたりＳＷＯＴ分析を行う

表1　創業時におけるSWOT分析

	強み	弱み	
内部環境	経営者深井は電子技術に詳しい	運転資金の不足	
	受託ソフト開発の開発スピードの速さ	人手不足	
	創業者の問題意識の高さ	労働時間が長い（労働環境が過酷）	
	モチベーションが高い	信用力が低い	
	機会	脅威	
外部環境	ソフトピアジャパンの存在	IT起業家には短期間で廃業という試練がある	
	1998年はITバブルのスタートライン	競争企業の劇的な増加	
	IT業界は日本経済の成長も誘引		

※創業3年まで　　（筆者作成）

表2　会社設立以降におけるSWOT分析

	強み	弱み	
内部環境	ネクストユニークの信用の向上	上場を目的としない企業文化	
	人財共育の向上	離職率の高さ（IT産業全般）	
	事業の計画的な遂行	業務処理量の増加	
	社員の自主性を重んじる環境整備	自由すぎる環境による人在的行動の発生	
	共振への挑戦を確立		
	顧客からの絶対的な支持の獲得		
	機会	脅威	
外部環境	2000年ITバブルの継続	投資家のバブル的投資の蔓延	
	IT関連市場規模の拡大増加	IT企業の増加	
	日銀による低金利施策		

※会社設立以降（筆者作成）

　ここで重要な要因として内部環境をどの様に変化をさせているかを考査する。経営者が中心となるコアコンピタンスの形態から、社員や顧客を巻き込んだ組織的なコアコンピタンスの形成に変化していることが重要な考察点となる。では何故そのようにコアコ

ンピタンスを変化させていかなければならないのかについて確認をしていく。

　更に、業界における環境の要因を確認するためのフレームワークとして、5F（競合、売り手、買い手、新規参入、代替製品）を使用し業界の収益構造や競争の在り方を明確化し、本来の収益構造や競争の在り方について関係要因を洗い出し理解する。(図2) 業界における環境の要因（5F）

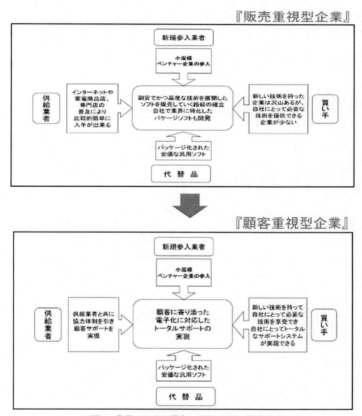

図3　業界における環境の要因（5F）（筆者作成）

創業時から会社設立時の戦略的変化(STP 分析)

　このような背景を理解したネクスト・ユニークの事業戦略は創業当時と会社設立時で

85

は大きく変化する事となる。創業時は技術を顧客に販売することに集中し、顧客ニーズに対して、訴求的な効果を求める必要性を感じていなかったが、『社員の人財への挑戦』が経営戦略を構築する為にも重要な KSF（重要成功要因）となると判断し組織変革を展開したのである。

　これらをマーケティングの定石である STP を用いて、
　　①セグメンテーション（Segmentation）
　　②ターゲッティング（Targeting）
　　③ポジショニング（Positioning）
　を分析することによって簡易に創業時から会社設立時の戦略的変化が理解できるのである。（図3）

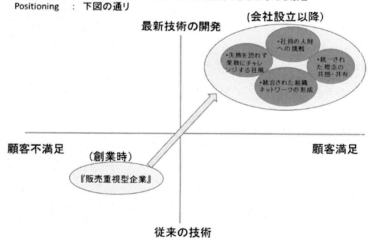

図4　ネクスト・ユニークの事業戦略変化を STP 分析で整理する（筆者作成）

ケース・クエスチョン２の分析と考察

考察点

　　ネクスト・ユニークがどの様な経営判断の基に成功要因を導いてきたかについて考察すると、全ては『早い判断』に尽きるのである。経営者は素早い判断が出来てこそ一流の経営者であると高井は考えている。しかし、闇雲に判断をしている訳ではない。一つの揺るがない基本に忠実に判断を行っているのである。それらについて考察することとする。高井はLED照明や太陽光発電事業などの本来事業であるコンピュータ・システムに関連しない全く異なった産業への多角化を事業戦略として展開しているように見えるが、決してそうではないのである。新規事業へ参入すること自体の決断として商品開発と市場性を社会的背景のもとに勘案した結果、多角化経営の戦略を展開する事となり、それらをアンゾフの定義に基づき確認する。（図４）

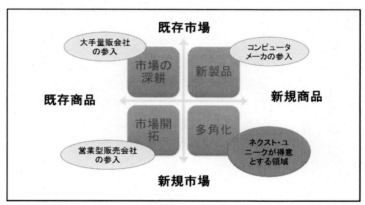

図5　ネクスト・ユニークの戦略判断をアンゾフのマトリックス分析から考察（筆者作成）

　　高井は企業の継続的成長性を考えた場合あらゆることにチャレンジするべきと考えているが、それらは全てコアコンピタンスの関わりを最優先に判断をしている。考察の為のフレームワークとしてリスク回避手法（図5）とリスクマップを使う。これによってどのリスクがプロジェクトに最も影響を与える可能性があるかを明らかにする。全ての不確実な要素をベースライン値に固定した状態で、プロジェクトの個々の不確定要素が、検討対象となっている目標に与える影響の度合いを調べる。これにより、どのような行

為判断が自社にとってリスク要因になりそれらを複合して経営のリスクの判断要因を導く。ネクスト・ユニークの経営の特徴は『判断が早い』である。

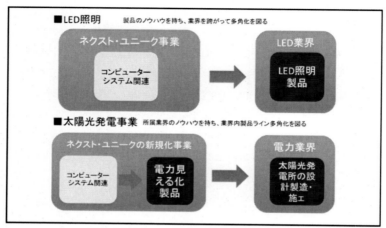

図6　新規事業展開のリスク回避手法　（筆者作成）

　次にリスクマップ（図6）を確認すると、高井が判断し実行した要因は全て経営への影響が小さなものに限っている傾向が強い。即ち、高井は判断の最初の過程で『経営への影響を最大限考慮』している。事業投資を行った場合、たとえ上手く事業が進行していない場合においてもその損が経営にどのような影響を与えるかについての確認と認識を明確にしたうえで事業投資判断を行っている。

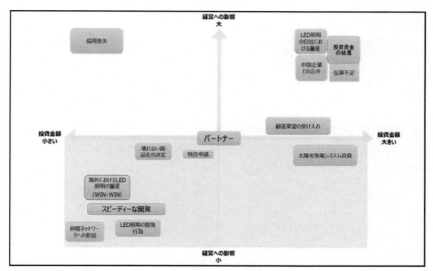

図7　リスクマップ　（筆者作成）

イノベーションの展開手法

　イノベーションの進め方の中に歩きながら考えるといった項目がある。そのエピソードには『高井は・・・・・①翌日には香港のLED照明開発者に連絡を取り、直ちに開発に関するディスカッションを行った。②現時点で販売されているLED照明の問題点を全て洗い出し、③それらはどのような技術でカバーすることが出来るかを明確に回路図面に落とし込んだ。また、④LED照明が絶対的に必要とされる技術要件も同時に書き込んだ。・・・・・⑤価格設定も重要な要因であることは、高井は早くから理解をしていたのである。

　それら全ての要因から最も重要とされる購買決定要因（KBF）、重要成功要因（KSF）を決定することとした。』とある。重要な判断に関連する要因を①～⑤に書き出すと、
　　①直ちにLED照明開発者に連絡を取った。
　　②市場に出ているLED照明の問題点を全て洗い出した。

③問題を解決する手段を明確に回路図面に落とし込んだ。

④LED 照明が絶対的に必要とされる技術要件も書き込んだ。

⑤早くから購買決定要因（KBF）と重要成功要因（KSF）を決定した。

以上の5つの行動要因を確認することが出来る。

　　これらのエピソード分析からも経営の影響を判断する場合には、論理的な技術的背景を明確にし、顧客からの商品に対する品質評価を最大化する事は無論であるが、購買決定要因（KBF）と重要成功要因（KSF）を早い段階で決定し、総合的な判断を展開する事は重要な経営判断要因である。これらを分析するフレームワークとしてフィリップ・コトラーの「R–STP–MM–I–C」論を展開する事とする。

　　コトラーのマーケティング・プロセス「R–STP–MM–I–C」論は、マーケティングを5つのステップに分けて解説している。

　　　　①調査（Research）

　　　　②セグメンテーション・ターゲティング・ポジショニング（STP）

　　　　③マーケティング・ミックス（MM）

　　　　④実施（Implementation）

　　　　⑤管理（Control）

　　これらをケース内にある高井のエピソードを用いて展開した場合を図7に示す。

図8 コトラーのマーケティング・プロセスによる整理（筆者作成）

このように高井の事業における判断はコトラーのマーケティング・プロセスに非常に近い判断決定をしているのである。

即ち高井のあらゆる経営判断は、実行要因が経営に影響する大きさを瞬時に諮り、実行する為の要因をコトラーのマーケティング・プロセスに当てはめながら実行計画を展開しているのである。

ケース・クエスチョン3の分析と考察

考察点

事業で得た利益（バリュー）は、どのような判断に基づいて適正に投資をすることが必要なのか。この問いについて考察する前に、AからDの4つについてあらゆる観点からメリット・デメリットを考察することとし、それらを俯瞰して会社の持続的成長経営と従業員の幸福度とを同時に向上させる事が可能なのかどうかについて記述する。

会社を持続的経営していくには、明確な経営理念を柱にした経営戦略を立てていかなければならない。

経営戦略には全社戦略・事業戦略・機能戦略・その他の戦略の４つに分類することが出来るが、それらの機能は十分に連携していることが必要なのである。事業で得た利益（バリュー）は全ての戦略策定に強く関わりを持つものであることを理解しなければならない。

　本来であれば、ＳＷＯＴ分析などによって、自社が取り巻く内部環境（人材、財務状況、営業力、設備など）と外部環境（市場動向や社会状況など）を把握し、それぞれの強みと弱みを分析した上で、経営理念の実現のために達成していくべき目標を立て、その実現のための道筋を描くことが経営戦略の策定であるが、本ケースは４つの要因から、会社の繁栄と社員の幸福を同時に実現するための判断行動について分析を行うこととする。従ってそれぞれの要因を幾つかの観点から個々に分析すると次のようになる。

　Ａの絶対的な利益の追求は、経営者にとっては絶対的な要因であり、最初にお金をビジネスに投資することによって、そのビジネスからお金を回収し、さらに投資をするというバリューチェーンによって経営が成り立つのである。しかしそれらを実現するためには社員の労務負担も大きくなることを経営者は鑑み策を講じることが必要である。

表3　絶対的な利益の追求（筆者作成）

絶対的な利益の追求	
メリット	デメリット
コンピテンシーを活用できる。	利益のためには手段を択ばない
社会に貢献できる。	効率だけを求める
協力して利益を追求する組織が出来る	競争社会の中で利益を出すようになる
効率化した組織が出来る	不良行為や不良商品をも社会に送出させる
善意的なビジネスの普及	悪意的ビジネスの普及
協力会社と共に成長を目指す	協力会社へのコストの締め付け
	社内の不協和音が送出される
	社員のやる気を損なう

　Ｂ　高額な投資の実行は、経営者は連続した投資活動と回収活動を展開する事によって成長を果たすのである。これらの投資行動の額が拡大することによって、急速な企業成長を果たし、額が少額もしくはゼロ投資の状態になると企業は衰退していくことになり、最悪倒産の危機を招くのである。つまり、経営というものは「投資」をできるかどうかによって、成長・衰退・倒産が決まる。しかし、これらも社員には膨大な業務量の

増大が予想されるのである。従って経営者は膨大な投資には設備的投資だけではなく、人的な投資も同時に拡大させなければならない。

表4　高額な投資の実行（筆者作成）

高額な投資の実行	
メリット	デメリット
事業の拡大性	投資に対する経営ダメージ
事業の集中性が高まる	投資家への合理的説明が必要
企業の成長性が早まる	社内の社風に浸れない
資産拡大が出来る	投資判断に時間が必要
組織の拡大化が図れる	株主訴訟の可能性が大
マーケットシェアの拡大	経営判断が難しい
	不用意に組織が拡大化
	成功を急ぐあまり不測の行為が多発する

　Ｃの株主への配当は、経営戦略の実行に必要な経営資源（人材、予算、設備など）を適正に経営者は配分する訳であるが、時として経営戦略を実行するための指揮命令系統に問題が発生したり、組織における権限と責任が不明確な組織に移行したりすることによって、正常な企業経営がなされない場合などが発生する。そのような場合、外部から経営者に明確な責任を追及し、正しいバリューチェーンが展開されているかの確認と追求が株主よりされるのである。このように投資家の存在は、投資以外にも重要な役割として会社経営に携わっていることを十分に社員にも情報を伝え、経営者と社員、そして株主は一体化して継続的経営の連携を保っていることを共有する事が必要である。

表5　株主への配当（筆者作成）

株主への配当	
メリット	デメリット
株主の拡大	社員の給与が上がらない
資産の拡大	社会経済にお金が循環しない
緊急の投資が容易になる	経済発展の鈍化
株価が上がる	
経営者の保身が可能になる	
金融機関からの信用の向上	
企業の計画的な拡大が可能	
不測の資金需要に早期に対応できる	

　Ｄの社員の長期雇用の重要性は、技能面における成熟度だけではなく、経営戦略を実行するためにも、まず従業員が従事する企業の経営戦略を周知し理解する事が重要な要因なのである。経営者の目標や思いが込められた経営理念を社員が共有化することによって、達成すべき目標や道筋、その意味などを十分に理解する事によって、戦略を実行していくという従業員意識が高まる。その関係性は短期的な時間では決して成しうることは出来ない。長期的な会社との関わりを持つ時間によって、全従業員の会社業務に対する活発な参与が成熟され、必然的に良い経営が実現できるのであることを経営者は十分に認識し人財の育成（共育）に取り組まなければならない。

表6　社員の長期雇用（筆者作成）

社員の長期雇用	
メリット	デメリット
社員の生活環境が安定する	社員のモチベーションが下がる
労使関係を安定し円滑にできる	女性の労働機会が減少
社員を長期的に育成できる	長時間労働になりやすい
長期的投資がやりやすい	労働賃金が高騰する
技術を導入しやすい	景気の変動に柔軟に対応できない
雇用の安定が従業員に精神的安心感・モラル向上が期待できる	高年齢になると職務と能力の間に開きができる
従業員の会社に対する帰属意識・忠誠心が高まる	技術変化のスピードや新規事業に柔軟に対応できない
ノウハウ・情報が組織内に蓄積される	専門能力をもった人が育ちにくい
高い失業率を回避することから社会不安を軽減できる	役職に就けない人、役職をはずれた人の意欲が低下する

このように命題であるA〜Dの要因を正しく構成するためには、極めて経営戦略が重要な要因になるのである。経営戦略は、既存事業の縮小や撤退、事業構成の見直しや新規事業の導入など、企業の進むべき方向性を大枠で示すと共に、従業員の努力と利益の増大を共にした持続的成長という結果にも結びつけていくシナリオを経営者は描かなければならないのである。表7はそれらを目的として、会社の繁栄と社員の幸福といった命題に対してそれぞれのメリット（強み）デメリット（弱み）といった要因を分析したものである。

表7　複合した命題要因分析（筆者作成）

	メリット（強み）	デメリット（弱み）
会社の繁栄	株主の拡大	投資に対する経営ダメージ
	資産の拡大	効率だけを求める
	緊急の投資が容易になる	競争社会の中で利益を出すようになる
	株価が上がる	悪意的ビジネスの普及
	経営者の保身が可能になる	協力会社へのコストの締め付け
	金融機関からの信用の向上	利益のためには手段を択ばない
	企業の計画的な拡大が可能	不良行為や不良商品をも社会に送出させる
	不測の資金需要に早期に対応できる	景気の変動に柔軟に対応できない
	技術を導入しやすい	技術変化のスピードや新規事業に柔軟に対応できない
	長期的投資がやりやすい	株主訴訟の可能性が大
社員の幸福	生活環境が安定する	社内の不協和音が送出される
	労使関係を安定し円滑にできる	社員のモチベーションが下がる
	雇用の安定は精神的安心やモラルの向上となる	女性の労働機会が減少
	帰属意識・忠誠心が高まる	専門能力をもった人が育ちにくい
	ノウハウ・情報が組織内に蓄積される	社員の給与が上がらない
	長期的に育成ができる	長時間労働になりやすい
	楽しく働ける	高年齢になると職務と能力の間に開きができる
		社員のやる気を損なう

命題 ＼ 視点	会社の繁栄	従業員の幸福
A 絶対的な利益の追求	◎	○
B 高額な投資の実行	◎	△又は×
C 株主への配当	△	×
D 社員の長期雇用	○	◎

図9　一般的な会社の繁栄と従業員の幸福度（筆者作成）

　その為にも、経営理念を柱とした経営戦略が有用でないことが判明したり、状況変化などが生じた場合には、必要に応じて軌道修正を行い、場合によっては経営戦略を再策定したりする事が重要な要因なのである。またそれらは全て会社の繁栄と従業員の幸福を同時に実現させるよう、柔軟にそれらをカバーする付加的要因を加味してバランスを保つことが重要である。しかし、会社の繁栄と従業員の幸福は、図8のA〜Dの4つの命題を確認したところにおいても、決して対照的な結果とはならない。即ち、会社の繁栄だけでは決して従業員の幸福の実現とはならないのである。では、高井が実現しようとしている会社の繁栄と従業員の幸福の同時実現は本当に不可能なのであろうか。少し付加要因を加えた視点で図9を確認する。

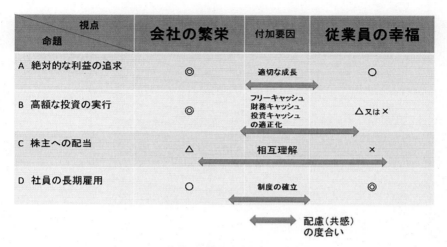

視点 命題	会社の繁栄	付加要因	従業員の幸福
A 絶対的な利益の追求	◎	適切な成長	○
B 高額な投資の実行	◎	フリーキャッシュ 財務キャッシュ 投資キャッシュ の適正化	△又は×
C 株主への配当	△	相互理解	×
D 社員の長期雇用	○	制度の確立	◎

配慮（共感）の度合い

図10　付加要因の配慮度合い（筆者作成）

　経営者である高井は人財の共育を柱として、明確な経営理念である『ネクスト・ユニーク一同は、お客さまの信頼に応えるため、技術をもって社会に貢献し、「人財」に挑戦します』の基に、社員を共振させることによって共有・共感を発生させている。それらは全て経営戦略の実現を可能とするために、経営組織と社員組織の均等なバランスを可能とさせるためなのである。経営の原点は人であることを決して深井は忘れることはない。したがって、経営には全てバランスが重要であり、それらについて総合的に判断を行った投資が、持続的成長を可能とする経営には重要な要因になる。

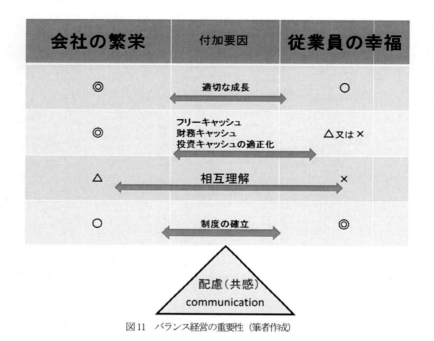

図11　バランス経営の重要性（筆者作成）

　図 10 は、会社の繁栄と従業員の幸福の命題を、同時に実現することを可能とする為に、A〜Dの命題に対して付加要因を加えたものである。即ち、絶対的な利益の追求は企業にとっては重要な要因であるが、従業員の労働環境等を勘案した適切な成長曲線を描くことにも経営者は配慮をしなければならないのである。また、高額な投資の実行は従業員の資質や、労働環境、自社の経営環境等を考慮したバランスの取れた投資に配慮しなければならないのである。株主への配当も経営努力によって得られたバリューは、決して株主や経営者の物だけではない事を十分に認識し、給与のベースアップやボーナス支給などの従業員の所得の向上にも十分に配慮しなければならない。また従業員に対して、経済の中心的な役割を保つ投資家の存在は、会社経営にとってなくてはならない存在であると認識することを目的とした教育制度を確立化し、従業員からも支持される投資環境を経営者は築くと共に、それらを社員と共に共有することが必要である。人財は会社にとって生命線である。人材から人財への成長には多くの時間と経費を投資しなければならない事実を経営者は認識しなければならない。従業員も自己のコンピテン

シーを如何に社会に対して、会社という媒体を介して貢献できるのかを真剣に考えなければならないし、会社に対するリスペクトも幾分必要な要因になる。常に会社の繁栄と従業員の幸福が均等になるようにそれぞれの要因を環境変化に対し細かく調整する必要がある。

《参考文献》

[1] 望月広愛 (2015)『「最良だから最強」な組織づくりの定石』生産出版

[2] 稲田将人 (2016)『PDCA プロフェッショナル』東洋経済,「長期にわたり成長し続ける秘訣」「PDCA を回すと得られるものは P16-P44」

[3] Think IT　表 10：リスクアセスメント手法一覧
　　https://thinkit.co.jp/cert/article/0607/11/1/table.htm?cv=1
　　（閲覧日：2018/11/28）

[4] クリストファー A. バートレット(著),スマントラ・ゴシャール(著),グロービス経営大学院(翻訳) (2015),『個を活かす企業』ダイヤモンド社「統合されたネットワークとしての組織 P108-P116」

[5] クリストファー A. バートレット(著),スマントラ・ゴシャール(著),グロービス経営大学院(翻訳) (2015),『個を活かす企業』ダイヤモンド社「統合されたネットワークとしての組織 P108-P116」

[6] クレイトン・クリステンセン(著)マイケル・レイナー(著)桜井裕子 (翻訳) (2013)『イノベーションへの解』翔永社

[7] 入山章栄 (2015)『ビジネススクールでは学べない世界最先端の経営学』日経 BP

4．B2B 大企業における新規ビジネスの見つけ方

1．ケースのねらい

　B2B[1]のトップダウン型大企業[2]をモデルに、企業が内包する課題を読み解きながら、新規ビジネス探索を実行するための方法を検討する。

　当該企業は特殊化学品を扱う化学メーカーである。競争の少ない安定した市場で長年収益を生んできたものの、市場の伸びは既に頭打ちだ。そのため用途開発を行い製品用途と市場の拡大を試みている。成功のカギは新規探索のための組織と仕組みの構築にある。こうした点を、ケースを通じて学習する。

2．ケース・クエスチョン

　　［1］大阪化学産業が「用途開発」と呼んでいる活動を3つの領域に分類せよ。

　　［2］大阪化学産業が用途開発を効果的に進めていく上で必要な組織や仕組みにはどのようなものが考えられるか。自動車マーケティングチームのマトリクス型組織を参考にして、事業部長の立場で説明せよ。

　　［3］大阪化学産業が今後、最も重点を置くべき領域は次のうちどれか。

　　①　既存市場／新規製品（既存顧客のニーズに対する新製品開発）

　　②　新規市場／既存製品（既存製品を使った新市場の顧客開拓）

　　③　新規市場／新規製品（新規製品を開発して新規市場を開拓）

　　また、その選択が重要と思われる理由と、どのように進めていくべきかの手法を考察せよ。

---

[1] B2B とは B to B とも記載される Business to Business の略で、企業間取引のこと。

[2] 本ケースにモデルとして登場する大阪化学産業株式会社は架空の企業である。記載内容は学術的見地を広く提供することを目的とし、特定企業の経営の巧拙を問うものではない。

プロローグ

　大阪化学産業マーケティング部・課長の宮崎は、次なる新規事務所開設予定の視察に向かうデトロイト行きの機内で、5年前の出来事を思い出していた。「あの時も新規事務所の立ち上げだったな……」

　2014年4月、大阪化学産業株式会社は、シリコンバレーに同社初となる事務所を開設した。プロジェクト責任者である副社長・中山の号令一下、事務所の立ち上げは急ピッチで進められた。立ち上げメンバーの一人として現地駐在の辞令を受けた宮崎は、営業担当として現地にいた。

　当時、宮崎のミッションは①既存製品の新規顧客への拡販、②新製品開発のための市場探索、の2つであった。実際のところ、前者①のミッションに対する進捗は上々であった。宮崎自身が苦労を重ね、ターゲットである新規大手顧客T社とM社に入り込み、次期量産モデルへの採用内定を勝ち取っていたからである。しかし駐在期間も半年が過ぎようとするころ、宮崎は本社の研究部門とのやり取りで当初の方針に対する認識に明確なギャップがあることを思い知るようになる。

　「T社やM社に製品採用が決まるのは当然やろ？うちの製品は市場シェアが高く、性能がいいのは間違いないんやから、黙っていたっていつか採用されたに決まってるやん。それよりもなんでシリコンバレーから新規市場ネタが上がってこないんや？」「新ネタなら日本へ定期的に上げているじゃないですか。」シリコンバレー事務所で連日連夜、本社の研究部門と電話会議を重ねながら、宮崎は毎回、説明に追われていた。「なんでこんな少額のネタばっかしなんや？」「それはまだ市場が存在していないからですよ。それに最初のお客さんでいきなり既存顧客と同じ売上を期待されても、無理なことは分かりますよね？それより本気でその市場を開拓するつもりなら、早く新製品開発を始めてもらわないと。」「なんやと？今年度内にいくら売上貢献できる言うねん？それもはっきり言えんのに、ないものねだりしよって。こんな小粒なネタに工数シフトできるわけないやろ。日本の研究かて今抱えている目先の仕事で手いっぱいなんや。」

（またか……）宮崎は天を仰いだ。宮崎の2つ目のミッションである新製品開発のための市場探索は、本社では短期の大型売上を前提とする製品化及び事業化だと認識されていたのである。

デトロイト行きの機内で休息を取るつもりであった宮崎だが、5年前のこうした出来事を思い出しているうちに、すっかり目が冴えて眠れなくなってしまった。（これから自動車市場に注力するということでデトロイトに新拠点を開設するのはいい。だが今度開く事務所では、うまく組織体制を作ってやらないと、また同じ事を繰り返すぞ。）

宮崎は過去の実体験を活かして、どうすればうまく新規市場探索を実践できるのか。そのための組織や仕組みをどう整備すべきか。一人、まんじりともせず考えていた。

会社概要

大阪化学産業は特殊化学品の専業メーカーである。原料を調達、様々な形に加工、生産し、それを特殊化学品材料として一次加工メーカーへ販売している。サプライチェーンでは材料メーカーとして最上流に位置するため、最終製品メーカーとの接点は基本的にない。同社の2017年度売上は1,800億円。名だたる世界の大手総合化学メーカーと比較すると売上規模は小さいと言える。また化学メーカーとして市場での認知度が低く、その企業名は産業界であまり知られていない。大阪化学産業が手掛ける特殊化学品の世界市場は2017年度の販売額で約7,400億円と推計されている。この中で大阪化学産業は米国競合企業に次ぐ世界第二位の販売額シェアを持つ。品目や対象市場によって同社の競争相手は若干異なるものの、主力製品である樹脂・ゴムの領域で競合するのが米国、フランス、ベルギーの各大手化学メーカーである。近年は中国メーカーの台頭が著しい。国内化学メーカーとも特殊化学コーティング剤の市場領域で競合している。

そうした競合関係の一方で、化学品市場では工程で使用する中間材料を他社から購入している場合も多い。製品が、ある市場で競合していても別の市場向けの製品ではその競合から原料を購入する協業関係になっている場合があったりするのだ。

また化学産業は装置産業とも呼ばれる。化学品製造には一定の生産規模が重要であり、そのための大型プラントや設備が必要となる。従って資本力が必要となるのである。大阪化学産業では、特殊化学品の原料採掘から製品の製造までを一貫して手掛けており、

他社と比較した際の強みになっていた。製造工程では危険な薬品を取り扱うため安全管理も非常に重要である。このように大型資本、製造ノウハウなど新規参入者から見た障壁の高さによって、特殊化学品製造とその市場は長らく安定した市場だったのである。

特殊化学製品とその市場

　大阪化学産業の持つ特殊化学製品はユニークな特性を持つ物質である。あらゆる元素と反応し、多様な化合物をつくる。ひとたび化合物になると化学的に安定し「熱に強い」「薬品や溶剤に侵されにくい」「水や油をはじく」「滑りやすい」といった特性を発揮する。原料から加工された特殊化学製品には、樹脂、ゴム、塗料などがあり、大阪化学産業は1,800種類にも及ぶ製品を市場に送り出している。具体的には半導体、自動車、通信、情報端末、新エネルギーといった産業で同社の製品が使用されている。例えば家庭用品であるアイロンや調理器具の表面処理材料。耐薬品性が要求される自動車の燃料ホース。耐候性が必要な建築物の外壁塗装剤などがその具体的な用途例である。

　大阪化学産業の特殊化学品はこうして幅広い産業に使用されている。時代によって成長性の高い産業分野は変遷を続けてきたが、多くの産業で特殊化学品が採用されてきたことによって、例え一つの業界が不振に陥ってもその他の業界でその不振を補うことができた。結果的に同社は長年にわたって安定した成長を維持することができたのであった。

市場の変遷

　しかし大阪化学産業にも利益額の減少が続く時代があった。米国ITバブルの崩壊、特殊化学品原料の価格高騰といった外部環境要因の変動が起こった2000年代初頭である。2008年のリーマンショックによって市場はさらに縮小、売上・利益は急減した。しかしリーマンショックの2年後から半導体、自動車市場の市況回復と共に特殊化学品の販売が復調の兆しを見せ始める。同時に化学コーティング剤のスマートフォン市場への販売開始、中国市場の伸長と同市場への製品拡販によって売上は回復傾向を見せた。しかし世界の特殊化学品需要は横ばいのまま、中国やインドメーカーが台頭。製品のコモディ

ティ化が進行すると売価は低下し、大阪化学産業の収益は再び減少に転じる。やがて AI[3]、IoT[4]化に伴うセンサー、半導体需要の急増、世界景気の拡大に伴う設備投資の増強がなされると、半導体向け特殊化学品の需要が伸び、2017 年度は会社として過去最高益を更新したのである。

とはいえ大阪化学産業を取り巻く根本的な問題が解決したわけではなかった。更なる成長のためには一層の用途開発・需要創造が必要とされた。特に特殊化学品の機能を補完するために他剤と組み合わせた「複合製品」。特殊化学品とは異なる材料を使用した商品展開の「脱・特殊化学」。サプライチェーンにおける「川下事業への拡大」。現在の立ち位置である川上から、加工も含む川下側へ事業領域を広げ、顧客への提供価値を向上させることが求められるようになっていたのである。

バリューチェーン

大阪化学産業の特殊化学製品は、幅広い産業の幅広い用途に採用されてきた。しかし一般消費者の目に見える形で特殊化学品が使われることは少ないこともあって、同社の認知度は低かった。また実際には同社が LAN ケーブルを作ったり、調理器具を作っているわけではない。同社はあくまで特殊化学材料メーカーであって、提供するのは特殊化学品の加工用原料だけである。つまり大阪化学産業はバリューチェーンの川上に位置している。特殊化学品が幅広い用途・製品で使用されるためには、バリューチェーン上に多くの関係者を必要とする。具体的には大阪化学産業の特殊化学品を購入し、それを樹脂やゴム、塗料に加工する一次加工メーカー。その一次加工メーカーから特殊化学品入りの樹脂、ゴム、塗料を購入し、部品の成形やコーティングをする二次加工メーカー。それら加工済み製品を購入し、最終製品に組み込む組立メーカー。それを完成品に組み込む完成品メーカーなどである。

大阪化学産業は材料メーカーの立場で直接の製品納入先である加工メーカーとは深い関係を築いている。特殊化学品の材料としてのユニークな性能を最大限発揮するためには、加工メーカー、処理メーカーにおける特殊化学品材料の加工、処理方法が非常に重

---

[3] Artificial Intelligence（人工知能）

[4] Internet of Things （モノのインターネット）身の回りのすべてのものがインターネットでつながること。

要となる。そのため研究部内にはテクニカルサービスと呼ばれる材料の加工技術を知り尽くした専門部隊が存在する。彼らは顧客の現場に入り込み、成形条件の最適化や、顧客の要求性能に合わせた材料のカスタマイズを実践する部隊である。特殊化学製品はシリコーンなど他の汎用材料と比べると製品コストも売価も高い。しかし競争は少なく、製品群によってメーカーごとの棲み分けがなされている。そのため激しい競争にさらされることなく、世の中の産業の伸長に合わせて安定的な商売を続けることができたのである。

新しい市場の開拓（用途開発）

大阪化学産業では市場成長率が毎年 2%前後という状況であった。そのためいずれ特殊化学品の需要が頭打ちになるであろうことは予測されていた。そこで同社内で広く言われたのが「用途開発」である。これは、世の中で特殊化学品が使用される領域をさらに広げることで市場全体のパイを拡大しよう。そのために既存用途以外の新しい用途を見つけ出そうという考え方のことである。この「用途開発」によって、大阪化学産業は 2020 年に全社経営戦略上の売上目標を 2017 年度の 1.5 倍に伸ばそうと目論んでいた。

用途開発のやり方には主として 3 つの方向性があった。第一は既存の大手主要顧客に深く入り込み、その顧客が抱える課題を発見、解決法を見出していくやり方。第二は既存製品の拡販で新規顧客を開拓し、並行してその顧客の課題をヒアリング、課題解決のための提案と新製品開発につなげる方法である。前者の手法は主として既存顧客を持つ営業部が、後者はマーケティング部が担っていたが、両者の活動領域は客先において重複する部分もあった。第三は特殊化学品の機能上の弱点を補完する材料を使って、顧客への提案価値を向上させようという考え方である。例えば他素材との組み合わせによる既存製品の性能補完がその内の一つ。もう一つは特殊化学品に近い性能を持つ異素材を探索し、両者のシナジー効果を発揮させよう、という考え方である。これが大阪化学産業内で「複合製品」と「脱・特殊化学」と呼ばれる製品開発手法であった。ここは主として研究部隊が他社との協業や産学連携を通じて材料の探索と開発・評価を実施していた。

用途開発は全社に課せられた使命でもあった。しかし、用途開発といっても具体的に何から始めるべきなのか、どう動くべきなのか、正直、従業員は皆よく分かっていなかっ

た。その上、用途開発に対する定義や認識が統一されていなかった。トップからの指示だけが一方的な形で現場におろされ、各人がばらばらに走り出している非効率な状態であった。

眼鏡からスマートフォンへの採用

なかなか大きな成長の種が見つからない中、大阪化学産業に転機をもたらした出来事は、2009年に特殊化学コーティング剤がスマートフォンに初めて採用されたことであった。それまでも同社のコーティング剤は、一般のメガネレンズ向けに採用され、販売されていた。メガネレンズの表面についた汚れをふき取りやすくする塗膜製品として世界最大手のメガネレンズメーカーに採用されていた。その機能に着目したのが某大手スマートフォンメーカーだった。頻繁に画面を触るタッチパネル式のスマートフォンで、指紋が付着しにくく、付着してもふき取りやすい特殊化学コーティングの特徴が、当時の製品開発担当者の目をひいたのである。

その大手メーカーはそれまで大阪化学産業の付き合ってきた顧客とはまったく異なる市場プレーヤーであり、設計に対して異なる考え方をもった企業であった。同社は自社の製品開発において、自分たちの決めたデザインや機能の妥協を一切しない。スマートフォンというハードウェアを企画、設計しているが、製品の加工、生産はすべて外注である。しかし、自社の製品ブランド、機能、デザインを守るために同社は製品に使用する材料の選定、加工工程、加工条件、全てにわたるサプライチェーンを管理・監督した。

材料メーカーである大阪化学産業にとって新しかったのは、このビジネスにおいて最終製品メーカーと直接の接点ができるようになったことである。最終製品メーカーと接点を持つことで得られる情報は大きかった。それまでは加工メーカー経由でしか把握することのできなかった市場情報やエンドユーザーの動向、さらには製品技術トレンドについての情報をダイレクトに得られるようになったからである。またスマートフォンメーカーのようなB2C[5]向けの情報端末メーカーと付き合うことは、変化の激しい一般消費者を顧客とする企業の新規開発スピードに大阪化学産業のようなサプライヤーもついていかなくてはならないことを意味していた。しかしこのことは市場の要求をつかみ、

---

[5] B2CとはB to Cとも記載されるBusiness to Customerの略で、一般消費者向け取引のこと。

新製品開発につなげていく「用途開発」を推進している大阪化学産業にとってはある種の福音だったといってよい。最終製品メーカーが新製品を開発する。その要求に応えて素早い材料開発を実施する。というサイクルを回していけば、大阪化学産業は必然的に市場要求にかなった製品開発ができる。しかもそこで得られた技術的知見を活かせば他のスマートフォンメーカー、もしくは別の市場向けの製品開発ができる。実際にそれが可能になれば特殊化学の市場がさらに広がり、同社の販売が拡大していくだろうとの期待が大いに高まったからだ。

　某スマートフォン大手メーカーの厳しい要求に応えるため、大阪化学産業では研究、営業、製造、品証の担当者を選任し、専門チームが結成された。実際、大阪化学産業内でもスマートフォン大手メーカー向けの製品売上は、2009年度の数億円から、2016年には数十億円規模にまで拡大していった。大手スマートフォンメーカーへの採用をきっかけに主要大手顧客に張り付き、日本の本社が主導して新製品開発を行う手法は大阪化学産業内部で「エンドユーザーマーケティング」と名付けられ、成功モデルとして喧伝され始めた。

成功の罠

　大手スマートフォンメーカーの出荷台数が世界シェアを伸ばしていくにつれ、特殊化学コーティング剤の売上も伸長していった。社内の専任チームは開発、量産、品質保証の全サイクル、全サプライチェーンに張り付きで対応を実施していた。同社の要望はどんな小さな内容でも100%答えることが専任チームの信条とされた。用途開発担当の副事業部長、小坂が自ら同社へ乗り込み、開発ニーズを聞き出すこともあれば、副社長の中山もトップセールスで日本から定期的に同社を訪問した。そうした甲斐もあってか、数年間は同社の表面コーティング剤については大阪化学産業が独占的なシェアを維持することに成功していた。深く付き合うことで、同社から競合メーカーに関する情報を入手することもできた。そのため、大阪化学産業は常に競合に先んじて製品性能の向上を実施することができ、スマートフォンメーカーにとってもより良い製品を入手できるというメリットがあった。大阪化学産業の社内でも、売上や利益に大きく貢献したプロジェクトということで、専任チームのメンバーは2012年から5年連続で社長賞を受賞していた。社内の成功モデルとして大きく取り沙汰され注目を浴びるようになったのである。

副社長・中山が先頭に立ってはっぱをかけ、社内では「スマートフォンチームを見習え」が合言葉となった。つまり、B2C 向け情報端末市場についていけるような業務対応スピードを身に着けろ。最終製品メーカーの要望を聞きに行って製品開発を行う「エンドユーザーマーケティング」を実践しろ。これこそが用途開発だ。ということである。従来、材料メーカーである大阪化学産業がこのように最終製品メーカーと直接やり取りをする事例はほとんどなかった。今までは直接の納品先である加工メーカーが営業相手であり、研究部隊や技術サポート部隊は加工メーカーを相手に製品技術の改良や、顧客の製造工程、加工条件で取り扱いしやすい製品の開発に注力するのが一般的であった。そうした改良要求の多くは非常に些少なものが多く、個別の顧客に合わせた製品カスタマイズが中心であった。そうした既存製品のマイナーな性能改良では、新規市場を開拓するには至らず、用途開発がなかなか進まない一因だと言われていた。

しかし大手スマートフォンメーカーとの取引は決して良い面ばかりと言えなかった。同社との関係は一方でいくつかの副作用も生み出した。まず副社長の中山が極端に肩入れしたことで、人材や投資のリソース配分が大手スマートフォンメーカーへ一方的に傾注することになったのである。その結果、ひとたび同社で問題が発生すると、専任チーム以外のメンバーも生産、研究、品質保証の人員は総出で駆り出され、何をおいてもまず100%の工数で問題解決にかかりきりとなり、他顧客への対応が後回しにされた。売上、利益は暗に大手スマートフォンメーカーがベンチマークとなってしまい、用途開発、新規案件発掘と言いながらその実、同社以外の顧客に対する開発対応リソースは大幅な工数削減となったのである。事業部内では事実上、大手スマートフォンメーカー中心の経営判断基準が形成されていった。その結果、エンドユーザーマーケティングと言いながら実際には大手スマートフォンメーカー以外の顧客要望には、市場の広がりが小さく利益が見込めない、という理由で初期検討の土台にも上げられないことが多くなった。

シリコンバレーオフィス開設

2014 年 4 月、大阪化学産業は、シリコンバレーに事務所を開設した。既存主要顧客である大手スマートフォンメーカーのサポートが最大の目的である。しかし同時に新規顧客開拓と市場開拓のための探索拠点となることが企図されていた。そこで、事務所開設

にあたっては日本のSBU[6]から宮崎に白羽の矢が立った。現地駐在の営業兼マーケティング担当者として、新規顧客開拓と新規市場探索の2つのミッションを命ぜられ、シリコンバレーに赴任することになったのだ。具体的には大手スマートフォンメーカー以外の顧客開拓と特殊化学品が使えそうな市場を探索するのが使命である。宮崎と同時期に派遣された事務所のメンバーは4人。研究が2名、宮崎と同じ営業・マーケティング担当者が1名、所長1名であった。いずれも本社から派遣された日本人ばかりで、現地採用者は一人もいなかった。宮崎と研究の蒔田以外は、いずれも大手スマートフォンメーカー対応を主要業務としていた。専任部隊である。事務所立ち上げのためには一刻も早く実験設備、評価装置を導入・稼働させる必要があった。そのため、研究の蒔田は設備導入と立ち上げにかかりきりとなった。市場探索は宮崎が候補案件を発掘し、物性評価や試験データを蒔田の空き工数で対応してもらう形で何とかやりくりしていた。

探索と活用の未分離

　「この半年間、お前は一体、何をしていたんや！」事務所開設から半年後、出張でシリコンバレーに立ち寄った副社長・中山は今までの活動経過をプレゼンしていた宮崎の説明を途中でさえぎり、突然、怒声を上げた。「お前が見つけてきた新規市場案件というやつは、たったこれだけか？しかもなんだ、この金額の少なさは。これをお前の駐在半年間の成果というつもりか？」「しかしお言葉ですが、副社長……」「あほか！言い訳すな！かたや大手スマートフォンメーカー担当の小津野はどうや。顧客と関係を築き、価値ある新規開発ネタをお前なんかよりもよっぽど見つけて来とるやないか。キャリアはお前よりもずっと若いのにな。少しは小津野を見習ったらどうや！」こうなると何を言っても無駄だった。宮崎は屈辱に震え、何とか救いの弁を求めようと所長の新屋を見た。しかし新屋は何も言わず、ただ押し黙っている。「宮崎なんかより、小津野みたいにもっと若い人材をここへ送らなあかんかったんとちゃうんか？」中山はそう言いながらじろりと会議室を見渡した。皆、下を向いて何も言おうとしない。「お前らもっとワイガヤ[7]して社内で議論をせんかい。ここはシリコンバレーやろ？AIがある。IoTもある。優秀な

---

[6] Strategic Business Unit（戦略的事業単位）
[7] ワイワイガヤガヤ皆で議論をすること。

大学だってある。イノベーティブな企業も山ほどある。ネタはいくらでもあるやないか。なんで新規案件が上がってこんのや。もっと斬新なアイデアをみんなで考えろ！」そう言い残すと、中山は椅子を蹴って立ち上がり、憤然として会議室を出ていった。

先端化学研究所

　大阪化学産業は5年後、10年後を見据え、世界No.1になるための技術開発と基礎研究を目的に、2015年11月、先端化学研究所を設立した。組織は事業部から独立しているが、同研究所には新製品開発に対する事業部の強い期待があった。新規開発が成功すれば新製品による新規用途開拓が可能になるからだ。

　研究者が新たな発想を生み出すために、同研究所ではオープンイノベーションの概念をとり入れた環境整備が行われている。専門分野の異なる技術者同士がお互い自由に意見交換をすることで相互に刺激しあう。その結果、新たな技術アイデアがシナジーを発揮する。また、社外の人々が自由に出入りし、大阪化学産業社員と活発な技術交流を行うことが可能である。技術交流を通じて市場にある技術やニーズから、新しい発想で製品を生み出すことがその狙いだ。

　同研究所は同時にグローバルR&Dのマザー拠点として、世界各拠点の開発テーマを統括し、製品開発の中心的役割を担うことが求められた。用途開発を推進していく複合製品、脱・特殊化学品の開発に注力することも方針として定められた。そのため同研究所は大学との提携、ベンチャー企業との協業も強力に推進していこうとしていた。

　そうした研究所内にあって、材料開発部・部長の松本は苦悩していた。他部門から材料開発部に対する批判の声が聞こえていたからである。事業部の営業、研究者たちからは「研究所の材料開発は何をやっているのかよくわからない。」「開発テーマを見ても方向感が見えず、材料開発部の研究者たちが好き勝手にやっているだけなのではないか？」という指摘。また海外の研究者からも、「日本の材料開発部隊はどんな仮説を持って開発にあたっているのか分からない。」「開発テーマに優先順位付けが見られない。総花的になんでもやっている。」「なぜそのテーマを選んでいるのか分からない。」と言った指摘が上がっていた。

　松本は改めて研究所と事業部の役割を整理してみた。まず事業部の製品化プロセスは

以下の6つのステップに分かれている。
①アイデア検証、②研究テーマ化、③技術検証、④事業性の検討、⑤量産化の検討、⑥製造移管・量産

　この中で材料開発部が担うのは上記①から③のステージまでだ。あくまでも製品化の初期段階、材料・技術の基礎研究を担う部分で責任を負う。③以降に関しては事業部の研究部門、製造部門、品質部門へと移管されていく。各ステップに案件を進めるためには、それぞれのステージでゲート管理を行い、そこで次の段階に進めるかどうかを関係者が集まって議論し、研究の副事業部長が判断を下している。最後の事業化判断、量産承認の部分は事業部長の決済である。

　研究テーマから技術検証へ進める際の判断基準の一つに「市場性」がある。ここでは一製品で年間10億円以上の売上額が見込めそうかどうか、というのを基準としている。見込み売上金額とはいえ、このハードルはかなり高い。アイデアが研究テーマとして上がってきても、この段階でほとんどの案件が振り落とされてしまう。既存製品の性能改良であればおおよその金額を読むこともできるが、全くの新規市場をターゲットとした製品の場合、市場性を見込み売上金額で判断することは、なかなか難しい。そのため最初から検証ステージに上げられない案件も多い。その一方、一度ゲートを通過した案件を中止する判断基準がない。社内で誰も案件の継続と中止の明確な判断を実施しないのである。そのためトップや上長の肝いりで開始された案件は、技術的な達成の見込みが低く、市場性が低い案件であっても研究テーマリストに居残り続けるのだ。社内の期待とは裏腹に新製品がなかなか生みだせずにいるのは、そうした案件ふるい分けの仕組みにも一因があるのではなかろうか。そう松本は考えていた。

将来に向けた今後の方向性

　大阪化学産業は同社の5か年計画の中で、既存の特殊化学品の拡販の他に、重点市場を定めその領域における用途開発の推進と、複合製品、脱・特殊化学の開発を加速させることを盛り込んでいた。重点市場は次の4つである。①自動車、②半導体、③通信、④情報端末（スマートフォン）、である。
　その上で、商品・技術戦略方針は次の4点に定められた。①成長領域での新規開発、

②既存の特殊化学品依存から脱却を図る川下事業の検討及び複合製品、脱・特殊化学品の研究開発、③既存商品を成長させるための技術開発、④既存製品の収益改善技術、である。特に自動車市場は次世代技術をターゲットに定め、電動化、自動化、軽量化といった技術トレンドに対し、どのような製品を開発し、エンドユーザーへどのような価値を提供していくのかが重要と考えられた。そのために他社との連携、提携もしくは買収という可能性も視野に入れられていた。またグローバルのマーケティングと開発力を強化するため、欧・米・中で新規に開発拠点を開設する動きが進められていた。デトロイト事務所の準備もその中の一つである。

　自動車市場が重点市場に定められた背景には、同市場が現在 100 年に一度と言われる大変革期を迎えていることにある。この分野では電動化や自動運転が次世代技術の中心と目されているが、そうした次世代技術には材料に対する要求トレンドも大きく変化していくだろうと予測されている。特殊化学品メーカーである大阪化学産業にとっても大きなチャンスと考えられた。

注力市場の開拓（自動車市場）

　自動車業界ではサプライヤーがターゲットとする OEM[8] の実車部品を分解、分析し、そこで使用されている材料の組成、性能を調べ上げるのがごく普通である。その上で他社を含む自社材料を評価し、自動車業界で用いられている一般的な試験基準を用いて徹底した比較検証を実施する。その後、ようやく OEM へ検証データ、実車搭載データ、評価用サンプルを準備して自社提案の優位性をプレゼンする。そのため、材料メーカーでも自動車メーカーへ深く入り込んで開発を実施している企業の中には、自社工場内に車メーカーと全く同じ評価設備を導入して実車同様の試験を可能にしているところさえある。そこまでしないと OEM に対して自社材料の優位性を訴求できないのだ。また、自動車のサプライチェーンにおいては最終製品メーカーである OEM の上流に Tier1、Tier2 と呼ばれるサプライヤーが存在する。材料メーカーが彼ら Tier1、Tier2 を中抜きして直接自動車 OEM にコンタクトをすることはまれである。自動車メーカーが製品を評価するの

---

[8] Original Equipment Manufacturing（相手先ブランド名製造）ここでは自動車メーカーのことを指す。

は完成品であって、材料そのものではないからだ。いくら優秀な材料でも、製品へ適用され、性能評価を実施し、しかるべきデータを持っていなければ何がすごいのか、どんなご利益があるのかOEMの立場では全く分からないからだ。つまり材料メーカーが自社の材料を自動車用の試験スペックで評価しデータ収集することは当然で、さらに自動車用の実製品に組み込んで、部品としての試験と性能データを他社との比較の中で、自動車メーカーに示さなければならないのだ。それが材料メーカー単体で実施できないというのであれば、川下のサプライヤーと組んで最終製品メーカーであるOEMに実製品として提案することを考えなければならない。

　欧州自動車マーケティングチームの責任者、アレック・ベネットは本社研究部隊の対応に困惑していた。電気自動車の開発に力を入れている某OEMの担当者と面談のアポを取ってほしいと日本の研究部隊から依頼されたのだった。しかしアレックが内容を確認すると、実際はサンプルはおろか評価データすらまとまっていない。製品の市場調査、ヒアリングが本社の訪問目的だったからである。実製品での評価が全てであるOEMに、徒手空拳でヒアリングのための面談を行うことほど嫌われることはない。アレックはその点をいかに日本側に理解してもらうかに苦労するのだった。

自動車グローバルチームの結成

　アレックは大阪化学産業が自動車市場の用途開発を世界規模で展開するための活動方針を事業部長に提案することにした。その内容は次のようなものである。
　①各地域（日、中、韓、欧、米）から責任者を1名ずつ選出し、用途開発に特化したグローバルチームを組成する。②自動車グローバルチームとしてのビジョンを設定する。③自動車市場のトレンド、技術ロードマップを作成する。④その中から当社が注力すべきテーマを設定する。⑤各地域のテーマ担当者を選定し、地域責任者が情報を取りまとめる。⑥サプライチェーンの川下顧客に注力する。⑦各地域にR&Dセンターを設け、顧客の要望を元に評価や試作の実施を最寄り化する。
　つまり用途開発に特化した地域横断型チームを作り、OEMからTier1、Tier2まで、テーマ別に対応する。情報の共有化は各地域の責任者を通じて行われ、現場でくみ上げた顧客の要望やアイデアを具体的な形に試作、評価できるR&Dセンターを各地に立ち上げよ

うという構想である。事業部長はこの構想に承認を与え、アレックをリーダーとする自動車グローバルマーケティングチームが早速発足することになった。

探索の階層性

　用途開発を進める上で重要なことは、まずその定義を明確にすることだ。研究も営業もマーケティングも、具体的に何をすればいいのか分からない原因の一つは、用途開発の定義が不明瞭で人によって解釈が異なることである。用途開発に明確な定義を与え、全員が共通認識を持った上で、セクションごとに具体的な探索活動を行う。それによってより効率的に案件を発掘することができるはずだ。

　次に問題となるのが、どの市場の、どの領域を探索するかを事前に特定してやることである。大阪化学産業の現状の探索手法は「犬も歩けば棒に当たる」式の行き当たりばったり戦法である。下手な鉄砲も数撃ちゃ当たるとばかりに、誰かの思い付きや、興味レベルの領域を全員総出で駆け回り、汗を流して調査することで満足しがちだが、それは組織に対して大変な非効率を生じている。そこにトップの人間が加わって上から指示を出すとなおさら現場が混乱するのである。案件探索が容易に迷走するのはそのためだ。

　アレックの場合、探索領域は事業部が注力していきたい「自動車市場」であるが、さらなるステップとして自動車のどの領域に焦点を当てて探索を実施するかを決めなければならない。自動車と一口に言っても構成部品は多く、それを支える基礎技術も多岐に渡る。少なくとも、100年に一度と言われる大変革期に当たる自動車の焦点分野はCASE[9]だが、大阪化学産業がフォーカスすべき領域はもう少し深い階層まで絞り込んだ方が良い。同社の技術的な強みは何か。技術の優位性を見極めて決定する必要がある。例えば電気自動車の普及に伴うリチウムイオン電池。中でも電解液における特殊化学材料の活用は最重要項目の一つである。技術探索には先端化学研究所での実験と試行錯誤も必要だ。特に自動車OEMと会話をするためには、自動車に適合する製品試験データや実車評価は必須だからだ。こうした活動をテーマごとに地域を横串で運営できる体制にする必要があった。

---

[9] Connectivity（接続性）, Autonomous（自動運転）, Sharing（共有）, Electrification（電動化）のそれぞれの頭文字をとったもので、自動車業界のトレンドを指す。

エピローグ

　「当機は間もなく着陸態勢に入ります。」デトロイト空港到着が近づくと機内アナウンスが流れた。フライトの間、結局、宮崎は一睡もできなかった。宮崎はマーケティング部の担当課長として、新規ビジネスを生み出すために今後の進むべき方向性を考えていた。

　大阪化学産業においてマーケティング手法と製品開発プロセスの2つに課題があることは明白だった。まず用途開発。エンドユーザーマーケティングといいながら既存の大手顧客へリソースが極端に偏ってしまうこと。狙うべき市場や目標が不明瞭であるため、常にトップの意向で方向性がぶれてしまうこと。そして新製品開発プロセスでは現場から上がってくるアイデアの数が少ないこと。一方で開発テーマを絞り込む明確な基準がないため主観的で非効率な開発を継続していること。などである。

　何より新規市場を積極的に探索するには新製品開発が必須だ。「エンドユーザーマーケティングで、顧客のニーズを聞いてこい。」「もっと各人が工夫をこらせ。」と言われながら、どれだけ頑張っても既存の製品群だけではやれることに限界がある。武器がなければ現場では顧客と会話にならない。それどころか最初に会ってさえもらえない。また、ここで特殊化学品にこだわっていたらおそらく自由な発想が出てこない。特殊化学品を売ることが目的化してしまい、顧客課題から見た解決策の提示が出来ない。結果、市場の真のニーズを見逃してしまうことにもなる。非効率な製品検討は客観的な基準を作り早い段階から見切りをつけるべきだ。自社の製品開発で時間や工数が足りないのなら他社との協業、連携、買収を活用する手がある。それも本気で会社が資金を投じる形にしなければならない。リスクゼロで果実を得ることは不可能なのだ。もちろん、そうした体制を取るには技術とビジネスの目利きができる人材が必要だ。新製品開発のための提携、連携相手を探索するのなら、製品の用途仮説や課題を設定してオープンイノベーション型で広く技術を募る方法もあるだろう。

　果たして当社はそうした思い切った手段を選択することができるのだろうか。我々がもたついている間、競合は果敢に事業売却や買収、投資を実行して通信、自動車などの成長分野で新規市場に入り込んできている。大阪化学産業を取り巻く環境も変化し続けている。

既存事業では環境問題による規制強化の動きが進む。新規材料探索に、AI を活用したマテリアルインフォマティクスの手法も業界で活用され始めた。人力で手間暇かけて汗をかく研究、マーケティングスタイルは時代遅れになりつつある。独占的に Win-Win の関係を築いていた既存の大手スマートフォンメーカーでさえ、ついに大阪化学産業に対する競合が出現し、次期モデルでの全面切り替えがささやかれ始めた。そんな状況下で既存の手法、考え方の延長はもはや立ち行かないのだ。大阪化学産業は次の 10 年に向けて大きく進化することが必要だ。

　眼下に広がる雲海を突き抜けると、機体はみるみるうちに高度を下げデトロイト空港の滑走路へと滑り込んでいった。

◆ 解説 ◆

ケース・クエスチョン 1 の分析と考察

用途開発の定義

　大阪化学産業では新規案件探索にあたり「用途開発」という言葉を使用している。自社製品である特殊化学品が採用される市場を新規発掘し、市場全体の規模を拡大させていくことが狙いである。しかし同社内で広く使用されていながら、実はこの「用途開発」の定義そのものが不明瞭なままである。いったい何をもって新規用途、新規案件と呼ぶのであろうか。営業マンが既存の担当顧客で新規案件を獲得したら、それは「用途開発」と呼べるだろうか？マーケティング担当者が既存製品を使って、従来は取引のなかった市場の顧客と対話を始めたら、それは用途開発だろうか？トップである副社長の中山でさえ、その点を理解していない様子がうかがえる。その状態で社員に対して「用途開発を推進しろ。新規案件の種を見つけてこい。」と号令しても、具体的な探索領域が明示されないために、どの領域で何を探索したらよいのか社員が混乱してしまう。そのため、組織の各部門が有する機能を発揮し、効率的に新規技術、新規市場探索を実行するために、ここで用途開発を定義して社内の共通認識を形成する必要がある。

　「用途開発」は複数の領域を内包する。それにはアンゾフのマトリクスを使って考えるとシンプルで分かりやすい（図1参照）。まず用途開発を「製品」と、その製品が使われる「用途」の2軸で分けるのだ。さらにここへ新規と既存の2軸を加えることで、4象限のマトリクスが作成できる。これによって4つの活動領域が定義される。

	①既存大手顧客への新規製品展開 ・エンドユーザーマーケティング ・既存大手顧客へ張り付き 　ヒアリングによる課題発見と新製品開発 ・現地ラボ活用による迅速な開発対応	**②新規製品による新規用途の発掘** ・「複合製品」、「脱・特殊化学品」 ・新規技術獲得による製品開発 　（提携・連携・M&A含む）
新規 **【製品】**		
	③既存製品の市場シェア拡大 ・通常の営業活動 ・既存顧客へ既存製品での提案	**④既存製品の新規用途への展開** ・川下事業進出による付加価値の向上 ・既存市場の成功手法を流用・展開 ・新規の販路開拓（提携・連携・M&A含む）
既存		
	既存　　　　　　　**【用途】**　　　　　　新規	

図1　用途開発のマトリクス

既存の営業、販売活動

　既存の営業、販売活動は③の領域。これは営業部隊による通常の営業活動にあたる。現有製品で、担当顧客の課題解決にあたる。既存市場での拡販、シェア拡大が主要業務となる。

エンドユーザーマーケティング

　本文に登場する大手スマートフォンメーカーのケースのように、既存の営業活動から一歩進んで大手顧客、それも最終消費者に最も近いメーカーに張り付いて常に課題を探索するのが①の領域である。ここでの新規製品とは顧客の要望に応え、課題を解決するため自社技術の性能増進によって開発がなされていく。ここで開発される製品は、エンドユーザーである既存顧客の声を反映したものになる。上梓される製品の主要顧客は既存大手である。しかし製品開発の中で培われる知見、獲得される技術やノウハウは、そのまま他の製品開発、その他の市場に流用、展開できる。

新規用途への展開方法

　上述エンドユーザーマーケティングの④領域における応用として、既存市場の成功パターンを他市場で流用するという方法が考えられる。例えばスマートフォン市場で成功した特殊化学コーティング剤を自動車市場のタッチパネル製品へ持ち込む。というような展開方法であり、本文ではシリコンバレーにいた宮崎がミッションの一つとして担っていた業務である。しかしこの方法には課題もある。エンドの顧客に対しては材料メーカーとしての明確な価値提示、大阪化学産業社内においては新製品開発プロセスにおける「市場性」判断基準の明確化、である。これらの課題点については後述する。一方、④領域での展開方法としては、他社との連携・協業・買収による販路拡大ということも考えられる。この場合は上述の課題へどう対処していくのかを明確にしてから、ということが前提となる。

川下事業領域への進出

　既存製品で新たな用途を探索するのが④の領域だが、ここで新市場、新用途を切り開いていくためには顧客に対して明確な付加価値の提示ができなければならない。これが前項で述べた課題の一つである。例えば、大阪化学産業は重点市場として自動車分野への注力を掲げている。自動車業界では OEM と呼ばれる自動車メーカーがバリューチェーンの最下流に位置し、その上流に Tier1、Tier2 と呼ばれる組立、加工メーカーが存在する。材料メーカーである大阪化学産業は最上流の位置づけだ（図２参照）。

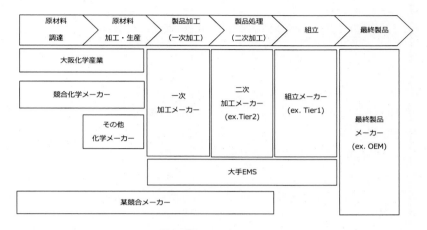

図2　特殊化学品のサプライチェーン

　その材料メーカーが、エンドユーザーマーケティングを振りかざして OEM に食い込んでいく困難さは、正にそこにある。材料単体の優位性を訴求しても、自動車メーカーから見たとき、それが車という最終製品の上でどんな効果を発揮するのか分からないからだ。そうなると、材料メーカーは Tier1、Tier2 と OEM の上流を遡り、そのレイヤーにいるメーカーと対話をする必要が出てくる。最終エンドメーカーに対する付加価値を提示するためだ。その対話において Tier1、Tier2 メーカーもその材料を使用するための明確な価値提示を材料メーカーに求める。つまり、「大阪化学産業の特殊化学品を採用したら、自分達にとってどんないいことがあるのか？」ということである。その際、これらのメーカーは大阪化学産業の競合にも目を向ける。もしここで材料のみならず、川下側の工程を自社の能力として取り込んでいるメーカーが存在するならばどうなるであろうか。バリューチェーンの川下にいるメーカーからは、より自分たちの使いやすい形で材料を提供してくれる競合の方が魅力的に映る。結果、大阪化学産業のような材料単体メーカーは、川下へ進出していくことで自社の提供する付加価値を高めていく必要に迫られるのである。

新製品開発による新たな用途開拓

　まったく新しい製品を開発して新規用途を切り開くのが②の領域である。大阪化学産

業では、特殊化学品の機能を補完するため別製品と混合させた「複合製品」と、まったくの異素材開発を目指した「脱・特殊化学」の二つの方向で製品開発を進めている。

　このようにしてアンゾフのマトリクスを使い、用途開発の定義を領域ごとに明確にすることで、ターゲットとなる担当分野が明らかになってくる。

営業部は③領域を通常業務として担いながら、担当顧客の①領域へ入り込めるように営業活動を展開していく。マーケティング部は、短期の売上を目標とする営業部のターゲットからは外れてしまいがちな①領域の顧客を担う。それ以上に主要業務としては④領域を開拓すべく、市場の情報収集と販促企画の立案を行う。先端化学研究所は②領域の担当だ。事業部の研究開発は①領域における製品開発に注力する。当然、顧客や市場は厳密に区分できないことがあるため、各領域は部門間である程度、重複して活動することもある。そして経営トップの至上命題である用途開発の推進は、最終的に②、新製品開発による新規市場の開拓の実行を目指すことにある。顧客の要求や見えないニーズを捉えた製品およびサービスの開発は、変化する市場の中で成長を維持するのに欠かせないからだ。従って最終的に開発のためのネタを各部門が連携し、相互にフィードバックできる仕組みが必要となってくる。

　最初のケース・クエスチョンに対する回答、大阪化学産業の用途開発における3つの領域とは、すなわち図1のマトリクス①、②、④領域のことを指している。

ケース・クエスチョン2の分析と考察

探索（新規）と活用（既存）を分けて実施する

　用途開発をマトリクス上に定義し、各領域の担当を明示してやるとともに、新規と既存の評価と検討は完全に分離して実施しなければならない。なぜなら新規用途案件の顧客は既存顧客と異なり、最初は規模が小さいからである。中山は宮崎を叱責するが、そもそもそれは用途開発の定義が不明瞭であることと、探索が必要な新規と既存技術の活用の違いを中山自身が理解しておらず、両者を混同していることに起因する。上述図1のマトリクスで言う①領域と④領域は明確に区別しなけなければならない。これを解消するには先ほどの用途開発の定義づけと共に、組織の上でも既存と新規を別々に扱う仕

組みを構築する必要がある。その意味で、アレック・ベネットの自動車マーケティングチームが新規用途探索のために組成したマトリクス型組織を参考に組織と仕組みを考えてみたい。

組織を見直す

　探索と活用を分離し、さらに新規製品開発のためのフィードバックをボトムアップで創発的に実施するためには、それに適した組織を構築する必要がある。ここでアレック・ベネットが組成したマトリクス型のグローバル自動車マーケティングチームを見てみる（図3参照）。自動車マーケティング全体の責任者をアレック・ベネットとし、各拠点にそれぞれマーケティングの地域責任者を置く。自動車にはグローバルで取り組むべきテーマが設定され、テーマごとに各地域の担当者を選出。テーマ担当者は地域横断で情報共有を行うが同時に自分がいる地域内でも情報を共有する。取りまとめ、集約は各地域拠点の責任者が実施する。テーマごとに選定されたリーダーは、テーマの探索において主導的にチームの情報を集約する。また、自動車マーケティングチームは既存と切り離して新規案件探索に特化することが前提であり、サプライチェーンの最終エンドであるOEMとTier1、Tier2までを探索対象に設定している。これによって対象市場の探索が効率的に実施でき、自動車マーケティングチーム全体で情報フィードバックが可能になる。大型組織の中で個別にサイロ化していた部門間の情報共有も、このようなマトリクス型組織の構築によって、可能になると考えられる。

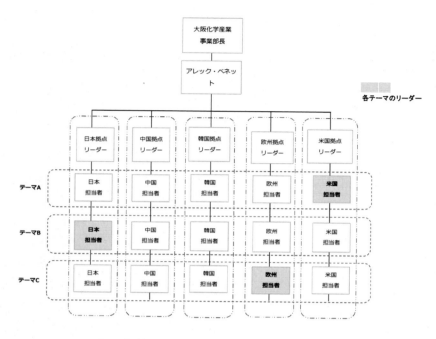

図3　自動車マーケティングチーム（マトリクス型組織）

探索領域を明らかにする

　組織の見直しを実行し新規探索のためのチームを構築したら、次はどの領域を探索するかを明らかにする。

柴田ら（2017）によると、探索には階層性という概念が存在する。探索活動の順番にはまず候補を広く調査検討する「広域探索」と、そこから対象を絞り込んでさらに深く掘り下げていく「局所探索」の2つの手順がある。広域から局所に絞り込んでいく手順が「焦点化プロセス」である（図4参照）。

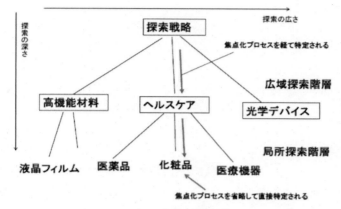

図4 探索の階層性（富士フイルムの例）

出典：柴田ら（2017）『探索戦略の迷走』赤門マネジメント・レビュー 16巻5号より抜粋

　大阪化学産業の場合、この広域探索階層に重点市場として4つの市場がフォーカスされている。自動車、半導体、情報端末、通信である。その中でも例えば自動車市場であれば、軽量化、電動化、自動化のようにいくつかのテーマに絞り込んでいく。ここから下の局所探索階層には特定の用途がある。例えばリチウムイオン電池の電解液、内装材向けコーティング剤などである。同様にして、技術探索も探索の焦点化プロセスを通って方向性を決める必要がある。

新製品開発プロセスの見直し

　新製品を生み出すのにも一定のプロセスが必要である。開発案件テーマ絞り込みのためにも選別の明確な基準が必要だ。現在の大阪化学産業には6段階の新製品開発プロセスが存在する。各プロセスから次のステージに案件を進めていくためにはステージごとにゲート管理を行い、DR[10]を実施して承認を得る仕組みになっている。しかし、このDRでの選考基準が不明瞭なのである。より多くの新製品を生み出すためには、①いかにして初期検討、アイデア段階の案件数を増やしていくか、と②真に優先度の高い案件を見極めて見込みのない案件を早めに切っていくことの2点が重要である。ケースの中で材

---

[10] Design Review の略で、開発品を複数の関係者でチェックする機会のこと。

料開発部の松本部長が疑問を抱いているのはまさにこうした点にあった。特にアイデア
をより多く出すために、「市場性」基準の緩和が考えられる。現状、新しいアイデアもし
くは顧客からの新規開発案件ネタが生まれたとしても、年間10億円以上の売上金額が将
来にわたって見込めなければ、最初のゲートである「テーマ審議会」において研究テー
マとして認められない。また、案件を次のステージに進めるか、ここで落とすのかの基
準も不明瞭だ。ケース内でもトップ肝いりの案件が、市場性や技術的優位性とは全く別
の論理で継続される様子が触れられている。このようにして本来、検討価値のない案件
までファネル上に残存しているのである。従って新製品開発プロセスの見直しで、まず
は案件選別の基準を「市場性」と「技術優位性」の観点から、現実的に意味のあるもの
へと見直すことが必要なのである。

ケース・クエスチョン3の分析と考察

　各選択肢における方向性とその手法、課題を表1にまとめた。どの選択肢を選ぶのが
正解というわけではない。しかしどれか一つを選んで注力しなければならないとするな
らば筆者は、③新規市場 / 新規製品を選択する。
　その理由として以下の点を挙げたい。
・　企業本来の目的は成長、発展の継続にある、との前提に立っている。大阪化学産業
　　もその例外ではない。
・　継続的成長、発展のためには社会の変化に合わせ、新たな製品、サービスを生み出
　　すことでそのニーズに応えていく必要がある。
・　しかし既存製品、既存性能の延長やその辺縁部、また自社のリソースや能力だけで
　　は多様な変化についていけず、新しい発想が生み出せなくなっている。そのために
　　顧客に対する材料メーカーとしての明確な付加価値を出しにくい状況に陥ってい
　　る。
・　組織や仕組みを見直し、自前主義を捨て、顧客へ明確な付加価値を提示していかな
　　ければならない。
　こうしたことから、すでに成長が頭打ちとなっている特殊化学品においては、既存市
場の拡大や既存製品の拡販だけでは将来の行き詰まりが明白だと考えられる。

表1　各領域における方向性と手法、課題

選択肢	領域	方向性	内容	手法	課題
①	既存市場 / 新規製品	エンドユーザーマーケティング	既存大手顧客への張付きサポート	既に信頼関係を築いている顧客の要望を聞き出し、製品開発を実施	・競合の技術キャッチアップによる性能、価格競争 ・リソースの偏り
②	新規市場 / 既存製品	既存市場の成功パターンを流用	既存市場で成功したやり方を他市場でそのまま実行	新市場でターゲットとなる顧客を選定	・材料メーカーとしての明確な価値提示 ・社内評価基準の明確化
		川下領域への進出	(1) 新規プロセス技術の獲得(加工、製造技術) (2) 新規ソリューション能力の獲得	(1) 川下メーカーとの提携・協業 (2) ベンチャーとの提携・協業 (3) M&A	・シナジーの創出 ・技術の目利き、評価 ・資金をどこで確保するか ・ノウハウ不足
③	新規市場 / 新規製品	新製品開発	(1) 既存製品の性能強化（複合） (2) 新規材料技術の獲得 (脱・特殊化学)	(1) ベンチャーとの提携・協業 (2) M&A (3) 用途仮設を設定し、広く協業相手を募る（オープンイノベーション）	・技術の目利き、評価 ・資金をどこで確保するか ・ノウハウ不足

《参考文献》

［1］沼上幹（2009）『わかりやすいマーケティング戦略』有斐閣アルマ

［2］クリストファーA.バートレット、スマントラ・ゴシャール、グロービス経営大学院訳（2007）『個を活かす企業』ダイヤモンド社

［3］望月広愛（2015）『最良だから最強な組織作りの定石』生産性出版

［4］ジョン・P・コッター、ダン・S・コーエン、高遠裕子訳（2009）『ジョン・コッターの企業変革ノート』日経BP

［5］クレイトン・クリステンセン、玉田俊平太監修、伊豆原弓訳（2001）『イノベーションのジレンマ』翔泳社

［6］クレイトン・クリステンセン、マイケル・レイナー、玉田俊平太監修、櫻井裕子訳（2003）『イノベーションへの解』翔泳社

［7］柴田友厚、児玉充、鈴木潤（2017）『二刀流組織からみた富士フィルムの企業変貌プロセス』赤門マネジメント・レビュー 16巻1号

［8］柴田友厚、馬場靖憲、鈴木潤（2017）『探索戦略の迷走』赤門マネジメント・レビュー 16巻5号

［9］経営戦略研究会（2013）『経営戦略の基本』日本実業出版社

5. 連続的なイノベーション創出

1. ケースのねらい

　本ケースの主な眼目は中外製薬の成長戦略である。中外製薬の歴史を振り返るとともに、その後の中外製薬の進む方向の一端に触れていくことで、革新的な製品創出、そのための連続的なイノベーション創出のための基盤づくりについて学習していく。主な内容は、新技術戦略（抗体医薬）、集中戦略（医療用医薬品への特化）、F. ホフマン・ラ・ロシュ社（ロシュ）との戦略的提携（開発品拡充、安定的な財務基盤の確保等）である。また、連続的なイノベーションを創出するために今後どのような成長戦略を選択するべきかを、新CEO が選択した三つの軸をもとに検討する。

2. ケース・クエスチョン

　※（1）（2）はケースA、（3）（4）はケースB を読み、クエスチョンを検討する。
　（1）2000 年時点、中外製薬のこれまでの成長戦略を述べよ。また、外部環境分析、内部環境分析を行い、中外製薬が直面している課題を述べよ。
　（2）連続的に革新的医薬品を創出するために、独立経営、M&A、戦略的提携のうち、あなたならどれを選択するか。双方の企業価値を考慮して実現性のある施策を述べよ。
　（3）2017 年時点、中外製薬は2002 年にロシュと戦略的提携を結んだが、戦略的提携は成功と言えるか。今後の中外製薬の成長戦略として、小坂は3つの軸を中心として考えている。あなたは、新規事業戦略（診断薬事業）、集中戦略（ゲノム創薬）、オープンイノベーション戦略（研究開発共同組織・提携）の全ての戦略を選択するか。それとも、反対か。考察せよ。
　（4）連続的なイノベーションを成功させる要因について、中外製薬のこれまでの意思決定をもとに考察せよ。

【　ケースＡ　】

革新的医薬品創生への意思決定

「この薬は化学合成ではつくれない、抗体でやろう」

中外製薬株式会社　四代目 CEO 永山治

2000 年 12 月、中外製薬の代表取締役である永山治は、翌年 3 月の取締役会議を控えて、海外視察の最終地であるスイスから日本へ帰国する航空機で、今後の成長戦略について承認を得ようと思索を巡らせていた。

客室乗務員から差し出されたナッツは、学生時代に留学していたイギリスで生産されており、ヒッチハイクをしながら旅をしていたことを懐かしく思い出した。当時は海外に行くことは難しかったが、日本にはない様々な文化や人の考え方に触れることができた。学生ながらに、国際的なビジネスの展開が日本にとって重要ではないかと考えていた。その時の経験は今も脈々と永山の中で生きており、研究開発型の製薬企業はグローバルインダストリーとならざるを得ない、高い山に挑戦しない限りグローバルの道はないと考え、中外製薬の歴史を振り返った。

中外製薬は 1980 年代に、二代目の社長の上野公夫と、その次の代の佐野肇の決断でバイオ創薬に乗り出した。その結果、「エリスロポエチン」「G-CSF」という 2 つの革新的な医薬品を生み出した。その後、1985 年に大阪大学元総長の岸本忠三が発見したインターロイキン-6（後のアクテムラ）というタンパク質を基にし、自己免疫疾患の薬にしようと、中外製薬は共同研究を始めていた。永山はこの研究開発を成功するには、従来の技術である化学合成ではなく、新技術（抗体）で開発する意思決定を下していた。[1]

中外製薬が舵を取ったバイオ創薬開発には数百億円の設備投資が必要となることが

このケースに記載された内容は当該企業の意見を代表するものではない。また、記載された事実関係、固有名詞、および数値等は議論のために偽装/匿名化されている場合もあり、いずれも当該企業の一次情報を提供するものでも、経営の巧拙を問うものではない。

[1] ACE No. 255/2017 年 4 月 1 日発行

分かっており、今後もバイオ創薬を進めていくにはこれまで以上の多額の開発費を要することが分かっていた。中外製薬は世界で38位に位置しており、バイオ医薬品でビジネスを継続・拡大していくには、バイオに強い会社同士が組み、技術・財務基盤の面で協力していかなければビジネスとして成り立たないのではないかと永山は考えていた。ただし、バイオに注力している企業は少なく、海外の企業は中外製薬よりも大きな規模となる企業であった。選択肢の一つとして、F. ホフマン・ラ・ロシュ社（ロシュ）との提携があり、その判断をするか否か、永山は判断に迫られていた。

医薬品創生の歴史

永山は医薬品創生の直近100年の歴史を振り返っていた。この100年を振り返って見ても、時代ごとに死につながる病気から軽傷の病気まで、患者の病気は大きく変わっており、克服しなければいけない点も変遷している。永山は元々医学関係の出身ではないが、創生されている製品にその時代の課題克服への挑戦が見られると考えていた。

永山は革新的な医薬品創生の歴史として、6つの転換点があったと考えた。一つ目に1900年代、初の構成物質（ペニシリン）により多くの人が感染症から救われたこと。二つ目に、1960年代、有機合成技術（当時の新技術）によるスクリーニングにより消炎鎮痛剤が開発されたこと。三つ目に、1970年代、生体内の受容体に着目した高血圧症や、H2ブロッカー（消化性潰瘍）により胃潰瘍の手術が不要になり、患者の負担を大きく軽減した。四つ目に、1980年代、ゲノム²技術（遺伝子組み換え等）の応用によるヒトインスリンインターフェロンにより、バイオ医薬品が安定的に供給されるようになった。五つ目に、1990年代、生体内の酵素に着目した高脂血症治療薬が日本で発見され、成人病予防に繋がった。最後に、2000年代、ポストゲノム技術の応用による抗体医薬・分子標的薬により、がんや免疫疾患にピンポイントで作用できるようになると考えられていた。

これらの医薬品創生の歴史における転換点に対して、永山は1970年後半に中外製薬に加入し、いち早くゲノム創薬への活路を開いていった。

---

² ゲノム：生物ごとに固有な全遺伝情報

バイオ創薬のキッカケ[3]

　薬剤費自体の高騰が、国家財政に大きな影響を与えるとされていた一方で、中外製薬は1980年代から、バイオ創薬に取り組み始めた。インターフェロンなど、高い有効性と安全性を示す、奇跡の治療薬の登場により「世の中全てバイオになる」というメディアの報道がなされた。しかし、実際にバイオ創薬に乗り出したのは協和発酵（現 協和発酵キリン）と中外製薬ぐらいであった。その他の国内企業は化合物合成（既存技術）によりビジネスを展開しており、バイオ創薬による多額の開発費用を鑑みて、バイオ創薬（新技術）への意思決定をしなかった。

　2000年6月に、当時のクリントン米大統領と、ブレア英首相の共同宣言で、ヒトの遺伝子情報は独占するのではなく、公開すべきだとされ、世界的な「ヒトゲノム計画」が動き始めた。翌年から21世紀になり、ヒトの病気は全て遺伝子研究から解明できるということで、「生命の世紀」と呼ばれるようになった。

　永山はゲノム創薬を開発する優位性と困難な点について考えていた。以前の医薬品開発では、化合物の合成および改変を起点として、細胞、動物レベルで効果を示すかどうかを確認し、医薬品へと開発を進めていた。ところが、ガンや難病など多くの病気は、遺伝子の作用や変異により引き起こされていることが分かっていた。

中外製薬の歩み

　1925年3月、上野十蔵（うえのじゅうぞう）により、中外製薬の前身となる中外新薬商会は東京都文京区（日本）で創業した。社名の由来は有名なドイツの製薬会社、ゲーヘ社の輸入代理店としてスタートしたことから、やがて日本の医薬品も海外に出したいとの想いを込めて中外新薬商会と名付けた。取扱商品は、強心剤「ジゴキシン」などが主なものであった。すでに医薬品業界には創業200年、300年という医薬品会社が存在しており、薬学士でなく商学士であった創業者にとっては険しい道のりであった。そのような厳しい経営環境の中でも、上野十蔵は医薬品開発に情熱を注ぎ、社会のために医薬品ラインナップの拡充に努めた。結果、当時としては独創的な医薬品を多数開発することに

---

[3] ACE No.255/2017年4月1日発行

成功した。新薬第一号としては、1928年に鎮痛・消炎剤「プロカノン」を世に出している。

　苦しい状態においても研究開発の手を緩めず、中外製薬は良好な企業成長を歩んでいたが、1960年4月の国民皆保険の実現に伴い、医家向製品の開拓が急務となった。当時、中外製薬の売上構成は医家向製品以外の医薬品が大きな比重を占めており、医家向製品は3割程度であった。医家向製品への傾向、大衆保険薬批判により、1965年には身を削るほどの赤字基調への転落を余儀なくされた。

　再び、厳しい経営環境におかれた中外製薬であったが、1966年4月に上野十藏の後任として二代目社長である上野公夫が就任し、社員共々必死の企業努力が行われた。まず、企業理念の確立（製薬企業のみが果たさねばならない固有の社会的使命を自覚した経営に徹すること。社会性の追求など。）を行い社員とのあるべき姿が示された。その後、大衆薬依存から、医科向医薬品の研究開発に注力する方針の徹底、営業体制の刷新等の経営戦略へ転換し、1967年、有力な医科向製品が開発成功することで、業績は好転していった（図1）。

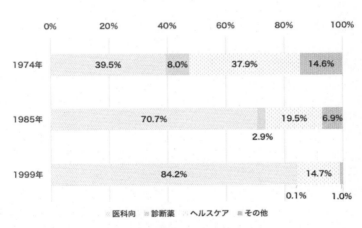

図1　中外製薬の事業別構成（年次推移）

上野公夫は経営危機からの業績回復を振りかえり、以下の点を社員に伝えていた。[4]

1. 「製薬企業の社会的使命を真に果たすためには、医薬品そのものの価値評価の再検討を迫られており、研究開発・生産・販売のすべての面において、より一層厳しい高度な科学性と倫理性を追求しなければならない」
2. 「企業の永続的進歩と発展を期するためには、企業内人間の育成、開発を第一主義とし、同時にその処遇の向上と適正化をはかり、絶えず構成員の働きがいとモラールの向上に努めなければならない」
3. 「その成果として生産性と経済性を向上させるためには、厳しい真剣な全社的企業努力を続けなければならない」

　永山は経営危機にあっても、企業のあるべき姿を提示する経営者の在り方を学ぶとともに、社員の必死の企業努力にも着目していた。イノベーションには何が必要なのか。社員の存在はイノベーションに挑戦する中外製薬の企業風土を気づかせてくれた。社員の心の中には何があったのか、エンパワーメント[5]なのか、エンゲージメント[6]なのか、中外製薬が今後スクラムを組もうとしている企業は、社員の一体感を生む企業風土があるのか。思いを巡らせていた。

中外製薬の四代目 CEO 永山治

　1978 年日本長期信用銀行から製薬企業への転身をした永山は、1985 年開発企画本部副本部長、1985 年取締役、1987 年常務取締役、1989 年代表取締役副社長を経て、1992 年代表取締役社長へと就任した異色の経営者である。
　永山は海外志向が強く、高校時代から、「ともかく海外に行きたい」ということを考え

---

[4] 中外製薬 75 年の歩み
[5] エンパワーメント：与えられた業務目標を達成するために、組織の構成員に自律的に行動する力を与えること。ビジネスにおけるエンパワーメントの特徴は、「自立性を促し」、「支援する」ことにある。
[6] エンゲージメント：社員の会社に対する「愛着心」や「思い入れ」を表すものとされる。「個人と組織が一体となり、双方の成長に貢献しあう関係」をいう。

る人物であった。白洲次郎（しらす　じろう）[7]が永山の父の仕事仲間だった関係から、幼少期よりイギリスや海外の話を聞いていた影響もあった。永山は、「イギリスに行くしかない」と思っていたことから、日本長期信用銀時代にロンドン駐在を希望・経験している。[8]

　1989 年、永山は大きな買収に成功している。更なる安定した財務基盤を得るための挑戦であった（表1）。それは、DNA（デオキシリボ核酸）の分析技術を持つ診断メーカーであるジェン・プローブ社の買収である。永山は同社の会長に就任し、懸命に経営に積極的に関与することにより、同分野での市場シェアを大きく向上させることに成功している。

表1　中外製薬の業績推移（連結ベース）単位：百万円

	売上高	経常利益	当期利益	資産の部		合計	負債・資本の部	
				流動資産	固定資産		負債	資本
1989年	129,259	16,703	7,135	119,304	78,925	198,230	93,512	104,717
1990年	130,091	7,405	524	106,267	88,020	194,287	89,978	104,309
1991年	140,328	8,816	2,125	112,148	89,219	201,500	96,241	105,258
1992年	151,513	14,632	4,852	124,092	93,117	213,312	104,967	108,345
1993年	159,456	17,145	6,911	147,907	98,369	241,026	126,786	114,239
1994年	171,396	20,078	8,210	185,979	100,345	284,351	163,505	120,846
1995年	181,539	22,555	9,814	185,924	100,345	286,271	156,095	130,175
1996年	185,654	25,059	11,575	209,579	111,111	320,692	181,413	139,278
1997年	185,774	19,954	9,750	173,958	121,761	295,719	149,614	146,105
1998年	189,555	24,728	8,049	180,277	124,792	305,069	153,807	151,262
1999年	195,506	28,936	8,760	185,788	135,299	321,087	150,115	170,972

　永山は中外製薬のこれまでの歩みを思い起こし、辛い時期を乗り越え今後の飛躍のためにどのような相手と成長戦略を組んで行くのかを思案していた。

---

[7]　白洲次郎　1902 年 2 月 17 日生まれ、1985 年 11 月 28 日没する。第二次世界大戦終戦後に当時の総理大臣である吉田茂の側近として連合国軍占領下の日本で活躍し、その後、中央事務局次長、経済安定本部次長、貿易庁長官を務めた。吉田政権崩壊後は、実業家として東北電力会長などを歴任した。
[8]　ACE No. 255/2017 年 4 月 1 日発行

中外製薬株式会社　創業者　上野十藏の信条[9]

（中外製薬株式会社の企業四原則の礎になっている。）

1. 製薬企業は、優れた価値ある医薬品をつくり出し、国の内外に安く提供して、人々の健康に奉仕しなければならない。
2. 人生も企業も現状維持ということは、即ち後退することに他ならない。進歩を望むなら、ただ前進あるのみ。
3. 汗を流して歩け歩け
4. 突撃また突撃

　永山にとって創業者 上野十藏の言葉は大きな羅針盤となっており、また、社員も同様に考えていた（表2）。

　イノベーションを創造する中外製薬の歴史（先代経営者の考え）、その考えに脈々と受け継がれてきた企業風土によりイノベーションの原点となる革新的医薬品は創出された。連続的なイノベーションにより、革新的な医薬品を世に提供するためには既存のビジネスモデルだけでは成り立たないことも分かっていた。永山は過去の中外製薬の歩みから中外製薬のイノベーションの源泉を考えていた。洋薬の輸入（海外からの製品輸入）、自社独自の技術開発注力、海外企業との技術提携など、中外製薬は幾度となく経営危機に陥ったとしても、時々に中外社員による想像により、革新的な医薬品が創造されてきた。今後も、革新的な医薬品を創出し、社会に貢献するために、中外製薬単独での自社開発に注力する選択肢もあれば、他の企業を買収して技術力を伸ばすことも選択肢にある。一方では、他の企業との技術的提携により自社の文化を壊さず、革新的な医薬品創出を目指す選択肢も考えられる。

　永山はこれらのことを考えながら、これまでの自社が選択してきたグローバル戦略を思い起こし、ロシュとの戦略的提携に考えを巡らせた。

---

[9] 中外製薬75年の歩み

表 2　中外製薬の経営理念の変遷

創業の理念（大正 14 年(1925 年)3 月)

　「人間の生命（いのち）と健康を護る薬を造ることに、一生を捧げよう」創業者　上野十藏は、大正 12 年 9 月、関東大震災で傷ついて倒れる人々、手当も受けずに死んでいく人々を目の当たりにして、このように決意した。

経営三原則調査の理念（昭和 43 年(1968 年)1 月)

　　①　製薬企業として本来的使命と社会要請にこたえることを、厳しく再認識すること。（社会性の追求）

　　②　企業内の人間の力を重視して、自覚とモラルを前提とする人間尊重、能力開発育成を企業成長の根幹とすること。（人間性の追求）

　　③　経営に、長期的計画化、合理化、効率化と近代化を押し進め、収益性の確立と企業体質の強化を図ること。（経済性の追求）

この三つの原則をいかに調和していくかを経営の基本方針とする。

企業四原則（平成 7 年(1995 年)1 月)

企業四原則の追求と調和をもって経営理念とする。

　　①　社会性

　　➤高度な科学性、倫理性、社会経済性に基づいた画期的製品・サービスの創造と提供を通じて、大きく変化していく医療・健康に関するニーズに応える。

　　➤地域社会や文化に対して貢献を果たすとともに地域環境に対しても考慮する。

　　②　人間性

　　➤一人ひとりの個性と能力を尊重し、多様な自己実現を可能とする場としくみを作る。

　　➤社員ならびにその家族の生きがいと福祉を充実させる。

　　③　経済性

　　➤価値創造性を高めるとともに、構造的な改革コストの効率化を通じて、国内外企業と競争しうる生産性を追求する。

　　➤永続的な発展のために、再投資に必要な適正な利益水準を確保するとともに、株主などに対して利益を還元する。

中外製薬の海外との関わり

1925 年、創業者の上野十蔵は、ゲーヘ社（独ドレスデン）の医薬品輸入販売会社として営業を開始した。1956 年、グロンサンの海外輸出（イタリア、スペイン）を開始し、1958 年、グロンサンのヨーロッパでの市場開拓を目的にシンメディック社との合弁会社 Chugai S.A（スイス）を設立した。1965 年、ホンブルグ社（西欧）とイルダメンの輸入契約を締結し、1974 年、ヒストブローカーデス社（蘭）との合弁会社として中外ブローカーデス株式会社を設立した。1986 年、Chugai U.S.A. Inc を設立し、1988 年、ジェンプローブ社（米）と DNA プローブ診断薬で提携、1989 年、ジェンプローブ社を買収した。1994 年、中外ファーマ・ヨーロッパ社（英）を設立し、1995 年中外バイオファーマシューティカルズ社（米）、上海中外製薬有限公司を設立している。

中外製薬の合併と提携に対する取り組み

永山にとってグローバル展開をしていくために必要と考えたジェンプローブ社の買収は中外製薬にとって大きな成長戦略の一つとなっていた。1989 年 12 月 15 日、永山主導により中外製薬はジェンプローブ社（Gen-Probe Incorporated）を買収している。ジェンプローブ社は 1983 年 8 月に Dr. D. コーン、Dr. T. H. アダムス、M. C. ブリンドルフ氏によりパートナーシップとして、診断薬の研究、開発、製造、営業を事業目的としてサンディエゴ（San Diego, U.S.A）に設立された。

2000 年 12 月現在、永山は国内・国外を問わずに今後共に成長戦略を歩んでいく企業を模索していた。共に進んでいく企業として、1999 年に世界 11 位のイーライ・リリーとは株式 50%ずつの対等な合弁会社を日本で設立しており、一方で、世界 10 位のロシュより販売提携の話が浮上している。

永山は中外製薬とイーライ・リリーの提携内容を振り返っていた。1995年、日本イーライ・リリー（株）と骨粗鬆症治療剤の共同開発契約を締結しており、1997年、イーライ・リリー社（米）から技術導入を行っている。1999年、中外 リリー クリニカルリサーチ株式会社（出資比率は中外製薬株式会社50%、日本イーライ・リリー株式会社50%）を設立している。イーライ・リリーは当時バイオ創薬に注力をしており、両社にとってバイオ創薬の新技術開発において大きなシナジーがあると考えていた。

　永山は世界展開をしていく上でイーライ・リリーとの関係を考えるため、同社の歴史と財務状況を検討した。

　イーライ・リリー（Eli Lilly and Company）は、エリ・リリー大佐により、1876年に米国のインディアナ州に設立された。従業員に対する彼の責任は、「ここで見つけたものをもって、それをより良くする」ことであった。

　1920年代、イーライ・リリーの研究者は、トロント大学のフレデリック・バンティングとチャールズ・ベストと協力し、当時死の病であり有効な治療法がなかった糖尿尿の治療薬開発を行った。同社は、1923年に糖尿病治療薬であるインスリン製剤（アイレチン）の発売に成功した。1940年代、イーライ・リリーは世界初の抗生物質（ペニシリン）大量生産手法を開発した会社の1社となった。本薬の登場により、感染症との戦いが開始された。

　その後も革新的な医薬品を創生したイーライ・リリーは、1990年代にはバイオ企業とのネットワークを充実させ、研究に力を注いでいた。

　1998年12月の決算では、92.4億ドルの売上高（1993年比で220%増加）、経常利益26.7億ドル（1993年比で380%増加）となっている。同社の主要事業部門は医療品であり売上は90%を占めている。薬効領域としては、中枢神経系治療薬、感染症治療薬、内分泌治療薬などがあげられる。研究開発費は、17.4億ドル（1993年比で230%増加）であった。日本イーライ・リリーは1975年に神戸市に設立されている。

　永山はイーライー・リリーと共に成長戦略を歩んでいく道に疑問を持っていた。イーライ・リリーは世界11位の売上規模を持つ企業、中外製薬は世界38位の売上規模であった。イーライ・リリーは中外製薬の約5倍程度の売上規模をグローバルで計上していた。合弁会社というビジネスモデルは、日本が世界第二位の市場規模を持つ魅力的な国であ

るため、両社に資金力、海外販売網など力関係の差があっても、日本においては対等な関係を構築できるが、いざ中外製薬がグローバル展開する場面においてはパワーバランスの差が大きな課題と考えていた。

　2000年夏の頃、後にロシュの会長兼最高経営責任者(CEO)となるフランツ・フーマーより、販売提携の話が永山にあった。フランツ・フーマーと永山は古くからの友人であり、「一緒にできることは何かないか」と考え、ロシュ・グループと中外製薬のシナジーについて思いを巡らせた。

　1896年、フリッツ・ホフマン・ラ・ロシュはスイスのバーゼルに製薬会社エフ・ホフマン・ラ・ロシュを創立した。ホフマンは、標準化された服用量と薬効を持つ薬剤の大量生産が人類の病との闘いにおいて、大きな前進であることにいち早く気づいた一人であった。同社の戦略は学術研究と自社の連携により新製品を開発することにあった。

　1914年までに、ロシュはバーゼル以外にミラノ、ニューヨーク、サンクトペテルブルク、ロンドン、横浜（日本ロシュ）に事業所を持つグローバル企業となっていた。[10]

　第二次世界大戦後、ロシュはビタミン事業への過度な依存を是正するために医薬品の研究開発に注力した。その結果、同社は抗菌薬ガントリジンと初の有効な結核治療薬の市場導入に成功した。

　1965年に、アドルフ・ジャンが取締役会長に就任した。ジャンは、これからの製薬は単に合成物質を用いたものだけでなく、それ以外の分野にも広がって行くはずであると考えていた。これを受けて、1967年、同社はニュージャージーにロシュ分子生物学研究所を、その翌年にはバーゼル免疫学研究所を開設した。これらの研究所は1970年代に、モノクローナル抗体の生産工程開発などの大きな成果を生み出した。1990年、ロシュは新興バイオテクノロジー企業であったジェネンテック株式の過半数を取得した。

　フーマーは、ロシュ製薬部門の責任者や最高執行責任者（COO）を経て、1998年にCEOに、2001年に取締役会長に就任した。そしてフーマーは、非製薬部門の売却、研究開発費の増加、中核薬や新薬パイプラインの管理などを通じて、イノベーション主導型事業に重点を置く戦略に着手した。フーマーの下、ロシュは多くの戦略的買収を行い、バイオテクノロジー、組織病理学、診断薬に携わる企業を買収した。

---

[10] HARVARD BUSINESS SCHOOL 9-214-J02 SEPTEMBER 28, 2011

フーマーは、「企業は得意分野に焦点を絞るべきです。ロシュの得意分野はイノベーションであり、患者が求めている画期的な医薬品や治療法の特定、開発、商品化です。」と述べていた。

　後の情報では、ロシュは2001年から2002年にかけて厳しい財務状態に陥り、2001年にはロシュと同じくバーゼルに本社を置く競合企業のノバルティスが、ロシュの議決権の21.3%を獲得していたとされていた。
　永山はロシュについての印象として、グローバル企業であり、1970年代からバイオ創薬（ジェネンテック含む）へ着目し、イノベーション主導型事業戦略を持っている企業であると考えていた。CEOであるフーマーとも顔見知りである点もより良いビジネスモデルを構築する上で有利な点であると考えていた。また、ロシュは、2001年厳しい財務状況であるが、苦しい状況であっても、イノベーションに対して積極的に挑戦する風土を持っていると感じていた。永山は自身が目指すあるべき姿、中外製薬の歴史を振り返ってもロシュとは大きなシナジー効果を示すのではないかと考えていた。

製薬業界における世界的な再編

　欧米の医薬品業界では1990年代中頃より、ノバルティスなどの大型M&Aが散見されていた。2000年代には、ファイザー、グラクソ・スミスクライン、ファルマシアなどのM&Aにより、医薬品の売上高が1兆円を超える企業が相次いで設立された（表3）。このような再編は、M&Aによりうまれた企業がさらにM&Aを繰り返す形となり、世界トップランクの医薬品メーカーの売上高は3兆〜4兆を超える規模となっていた。この再編のうち、数社では敵対的買収が散見され、時には買収する側が買収される側よりも企業規模が小さい場合もあった。日本の医薬品業界においても対岸の火事ではなく、同様の再編が1990年代より進んでいった。準大手以下であった4社の合流により国内製薬業界で大手クラスに浮上した例も存在した。

　再編がおこった背景には、製薬業界特有の理由がある。新薬の研究開発費が年月とともに高まったことが挙げられる（表4）。また、これまでのように研究開発費を自国の

市場だけで回収することが年々難しくなり、グローバル全体での売上を増加させるため販売網を構築する必要が出てきた。浮き彫りとなった課題に対して、製薬各社はM&Aで経営規模を拡大させることで、経営の効率化を行い、リソース配分を適正化することで、研究開発費と海外販売網の構築のための費用にあてる経営戦略を取るようになった。M&Aにより、自社が保有していない研究領域で新薬のパイプラインを保持していたり、自社がまだ進出していないグローバルでの販売網を持っている企業と組むことで、シナジー効果を創出していった。

表3　世界の医薬品企業売上高推移

順位	売上高順位 1985年	売上高順位 1990年	売上高順位 1995年	売上高順位 1999年
1	メルク（米）	メルク（米）：前1位	グラクソウエルカム（英）：前3位	メルク&Co（米）：前3位
2	チバ・ガイギー（スイス）	ブリストルマイヤーズスクイブ（米）：前9位	ヘキストマリオンルセル（米）：前7位	アストラゼネカ（英）：前15位
3	アメリカン・ホーム（米）	グラクソ（英）：前11位	メルク&Co（米）：前1位	グラクソウエルカム（英）：前1位
4	スミスクラインベックマン（米）	スミスクラインビーチャム（英、米）：前21位	ブリストルマイヤーズスクイブ（米）：前2位	ファイザー（米）：前8位
5	ファイザー（米）	チバ・ガイギー（スイス）：前断	アメリカンホーム（米）：前6位	ブリストルマイヤーズ スクイブ（米）：前4位
6	ヘキスト・ルセル（西独・仏）	アメリカン・ホーム（米）：前5位	ジョンソン&ジョンソン（米）：約8位	ノバルティス（スイス）：前10位
7	ジョンソン&ジョンソン（米）	ヘキスト・ルセル（西独・仏）：前6位	ファイザー（米）：前14位	アベンティス（米）：前2位
8	イーライリリー（米）	ジョンソン&ジョンソン（米）：前7位	ロシュ（スイス）	ジョンソン&ジョンソン（米）：前6位
9	ブリストルマイヤーズ（米）	イーライリリー（米）：前8位	スミスクラインビーチャム（英）：前4位	アメリカンホーム（米）：前5位
10	ロシュ（スイス）	バイエル（独）：前13位	チバ・ガイギー（スイス）：前5位	ロシュ（スイス）
11	グラクソ（英）	ロシュ（スイス）	ローヌ・プーランローラー（仏）	イーライリリー（米）
12	サンド（スイス）	サンド（スイス）	バイエル（独）	ワーナーランバート（米）
13	バイエル（西独）	ローヌ・プーランローラー（仏）	イーライリリー（米）	スミスクライン ビーチャム（英）
14	ベーリンガーインゲルハイム（西独）	ファイザー（米）	サンド（スイス）	アボット（米）
15	ワーナーランバート（米）	シェーリングブラウ（米）	アストラ（スウェーデン）	シェーリングブラウ（米）
16	アップジョン（米）	アップジョン（米）	ファルマシア&アップジョン（米）	バイエル（独）
17	アボット（米）	ベーリンガーインゲルハイム（独）	シェーリングブラウ（米）	ファルマシア&アップジョン（米）
18	シェーリングブラウ（米）	マリオンメレルダウ（米）	アボット（米）	武田（日）
19	スクイブ（米）	アイ・シー・アイ（英）	武田（日）	ベーリンガーインゲルハイム（独）
20	サイアナミド（米）	アボット（米）	三共（日）	モンサント・サール（米）
21	ビーチャム（英）	ワーナーランバート（米）	ベーリンガーインゲルハイム（独）	サノフィ・サンテラボ（仏）
22	アイ・シー・アイ（英）	サイアナミド（米）	ワーナーランバート（米）	アムジェン（米）
23	塩野義（日）	ウェルカム（英）	ゼネカ（英）	シェーリングAG（独）
24	ウェルカム（英）	武田（日）	サノフィ（仏）	三共（日）
25	武田（日）	シェーリングAG（独）	エーザイ（日）	大塚（日）
26	三共（日）	塩野義（日）	山之内（日）	エーザイ（日）
27	ローラー（米）	三共（日）	シェーリングAG（独）	山之内（日）
28	ローヌ・プーラン（仏）	サノフィ（仏）	大塚（日）	BASF（独）
29	スターリングドラッグ（米）	アストラ（スウェーデン）	第一（日）	メルクKGaA（独）
30	シンテックス（米）	藤沢（日）	塩野義（日）	第一（日）
31	プロクター&ギャンブル（米）	エーザイ（日）	藤沢（日）	アクゾノベル（蘭）
32	メレルダウ（米）	シンテックス（米）	モンサント・サール（米）	ノボノルディスク（デンマーク）
33	シェーリングAG（西独）	モンサント・サール（米）	中外製薬（日）	藤沢（日）
34	モンサント・サール（米）	大塚（日）	BASF（独）	塩野義（日）
35	サノフィ（仏）	山之内（日）	プロクター&ギャンブル（米）	ネスレ（スイス）
36	大塚（日）	第一（日）	メルクAG（独）	セルヴィエ（仏）
37	エーザイ（日）	スターリング（米）	ノボノルディスク（デンマーク）	ソルヴェイ（ベルギー）
38	藤沢（日）	プロクター&ギャンブル（米）	アクゾノベル（蘭）	中外製薬（日）
39	ロビンス（米）	ベーリンガンマンハイム（独）	小野（日）	バクスター（米）
40	第一（日）	BASF（独）	住友（日）	プロクター&ギャンブル（米）
41	ネスレ（スイス）	ネスレ（スイス）	セルヴェニ（仏）	吉富（日）
42	山之内（日）	セルヴェニ（仏）	レロラルサンテラボ（仏）	ムンディ（米）
43	アストラ（スウェーデン）	メナリニ（伊）	田辺（日）	田辺（日）
44	メルクAG（西独）	エルパモント（伊）	協和発酵（日）	マイラン（米）
45	アクゾ（蘭）	アクゾ（蘭）	ベーリンガンマンハイム（独）	デュポンファーマ（米）
46	エルパモント（伊）	メルクAG（独）	ネスレ（スイス）	メナリニ（伊）
47	田辺（日）	ソルヴェイ（ベルギー）	ミドリ十字（日）	小野（日）
48	ベーリンガーマンハイム（西独）	ファイソンズ（英）	ソルヴェイ（ベルギー）	フォレスト（米）
49	ミドリ十字（日）	ミドリ十字（日）	ツムラ（日）	チバ（イスラエル）
50	協和発酵（日）	ノボノルディスク（デンマーク）	明治製菓（日）	協和発酵（日）
51	マリオン（米）	53 住友（日）	53 日本	53 住友（日）
52 中外製薬（日）		**54 中外製薬（日）**	56 科研	55 明治製薬（日）

表4　世界の主要医薬品企業の売上高・研究開発費（1999年）

企業名	売上高（百万ドル）			医薬品研究開発費	
	総売上高	医薬品売上高	構成比	金額	対売上比
メルク（米）	32,714	32,714	100.0%	2,068	6.3%
アストラゼネカ（英）	29,841	24,485	82.1%	3,883	15.9%
ファイザー（米）	16,204	14,859	91.7%	2,546	17.1%
アベンティス（仏）	21,789	14,810	68.0%	2,202	14.9%
ロシュ（スイス）	18,351	14,491	79.0%	1,989	13.7%
ブリストルマイヤーズスクイブ（米）	20,222	14,309	70.8%	1,305	9.1%
グラクソウエルカム（英）	13,736	13,736	100.0%	2,053	14.9%
ノバルティス（スイス）	21,612	12,681	58.7%	1,659	13.1%
ジョンソン&ジョンソン（米）	27,471	10,694	38.9%	1,011	9.5%
アボット（米）	13,178	9,614	73.0%	872	9.1%
アメリカンホーム（米）	13,550	9,506	70.2%	1,221	12.8%
バイエル（独）	29,106	8,914	30.6%	734	8.2%
スミスクラインビーチャム（英）	13,559	8,479	62.5%	1,029	12.1%
イーライリリー（米）	10,003	8,375	83.7%	1,493	17.8%
シェーリングプラウ（米）	9,176	8,304	90.5%	1,078	13.0%
ワーナーランバート（米）	12,929	7,982	61.7%	777	9.7%
ファルマシア&アップジョン（米）	7,253	5,499	75.8%	1,087	19.8%
ベーリンガーインゲルハイム（独）	5,406	5,391	99.7%	878	16.3%

企業名	売上高（百万円）			医薬品研究開発費	
	総売上高	医薬品売上高	構成比	金額	対売上比
武田薬品工業	923,132	681,574	73.8%	77,200	8.4%
三共	589,732	456,240	77.4%	64,432	10.9%
塩野義製薬	400,280	369,786	92.4%	27,026	6.8%
山之内製薬	433,653	338,632	78.1%	54,821	12.6%
第一製薬	300,538	285,817	95.1%	34,204	11.4%
エーザイ	302,470	270,933	89.6%	46,703	15.4%
藤沢薬品工業	289,142	255,464	88.4%	45,565	15.8%
中外製薬	195,506	182,502	93.3%	39,993	20.5%
吉富製薬	199,156	180,602	90.7%	19,344	9.7%

世界トップクラスの製薬会社であるロシュとの戦略的提携案[11]

　　中外製薬は世界有数の製薬企業であるロシュとの戦略的提携契約に基づき日本ロ
シュと合併、ロシュは中外製薬の株式の過半数を取得する戦略的提携案を検討していた。
戦略的提携とは、自社が持たない技術や市場を獲得する時などに行われることが多い。
この戦略的提携により、中外製薬はロシュ・グループの一員として、様々なシナジーを

---

[11] 中外製薬株式会社ホームページ

生むと考えていた。中外製薬におけるメリットとしては以下が挙げられる。

1. ロシュからの製品導入を進めることができ、画期的な製品を効率的に国内で独占販売することができる。このことにより、中外製薬は製品ラインアップや開発パイプラインが拡大すると考えられた。例えば、がん領域では国内売上シェア No. 1 ポジションを目指すことが可能となると想定していた。
2. 中外が創製した製品をロシュの販売ネットワークを通じ、グローバル製品として成長させることが可能となる。
3. 研究開発をはじめとする各事業基盤、および、収益基盤が強化されることにより、革新性の高い独自技術や創薬への集中投資を可能とすると考えられた。

　一方、ロシュにとってのメリットは、革新性の高い研究に特化した中外製薬創製品をグローバル市場で販売することができる Win-Win の関係を構築できる点にある。

　ロシュは、戦略的提携の合意に基づき、中外製薬の発行済株式総数の過半数を保有することとなるが、中外製薬の東京証券取引所市場第一部における上場の維持に協力することに合意する契約案で話は進んでいる。両社では、中外製薬が自主独立経営を続けることがロシュ・グループに多様性をもたらし、その成果として生み出される医薬品が、患者・少数株主を含むすべてのステークホルダーへの貢献につながるものと考えていた。

　1999 年時の中外製薬の企業価値は約 2,850 億円であり、日本国内における順位も 10 位程度である。一方、ロシュは世界的にもトップクラスの製薬企業であり、企業価値は中外製薬をゆうに越えていた（表5）。

表5　中外製薬の株価

	発行済株式総数 （千株）	始値 （円）	高値 （円）	安値 （円）	終値 （円）	出来高 （10万株）
1989年	245,413	1,480	2,390	1,430	1,950	2,113
1990年	246,087	1,940	2,170	965	1,050	1,325
1991年	246,313	1,050	1,420	984	1,230	1,606
1992年	246,440	1,260	1,450	980	1,230	1,497
1993年	246,448	1,230	1,580	1,140	1,210	1,246
1994年	246,455	1,220	1,330	991	1,050	705
1995年	246,459	1,040	1,040	813	989	703
1996年	－	1,000	1,100	938	950	853
1997年	246,464	980	1,080	570	670	811
1998年	－	676	1,155	580	1,130	930
1999年	246,484	1,130	1,497	995	1,105	1,541

ロシュとの製品に関する取り決め[12]

1．中外製薬がロシュ製品の日本国内の開発・販売に関する第一選択権を保有
2．中外製品の海外での開発・販売については、ロシュが第一選択権を保有
（1）日本、韓国、台湾を除く全世界
（2）全ての品目につき early PoC（Proof of Concept：概念実証）段階でロシュ
　　　へオファー
（3）イギリス、ドイツ、フランスにおけるコ・プロモーション権を保持（中国に
　　　ついては製品毎に協議する）

ロシュと中外製薬のつながり

　ロシュとの取引は特許問題で接点があっただけで、取引は一切なかった。ロシュのフーマー社長は、元グラクソ（現グラクソ・スミスクライン）にいて、ライセンスの仕事をしていた。永山は、その当時に一度会っただけであったが、その後、世界の製薬会社のトップが年2回集まる国際会議で会う機会が増え、親しく言葉を交わすようになっていた。

永山が直面する意思決定課題に対する決断

　中外製薬の成長戦略領域として位置付けているバイオ医薬品の開発には数百億円の研究費用や設備投資が必要となることが分かっている。永山が取りうる成長戦略の選択肢としては三つの選択肢があったが、いずれも一長一短であり、杓子定規にあてはめるのは望ましい選択肢になるとは言えなかった。

　一つ目の選択肢は、単独での企業経営が考えられた。これまでと同様に中外製薬単独の経営陣によるリーダーシップを取ることができ、単一の企業文化として混乱がなく統一することが可能である。しかし、利益もリスクも中外に占有することとなり、グローバル販売網や開発ノウハウを得られないままとなる。

---

[12] 中外製薬株式会社ホームページ

二つ目の選択肢は、企業買収が考えられた。単独と同様に中外製薬単独の経営陣によるリーダーシップとなる。合併企業との戦略面での整合性に注力する必要があり、企業文化のマッチングがうまくいかなければ、パイプラインを購入したに過ぎず、多額の費用に見合うだけの利益を生むとは限らない。

　三つ目の選択肢は、戦略的提携が考えられた。戦略的提携とは、協働、共創が特徴であり、複数の経営陣によるリーダーシップとなる。企業買収に対して戦略的提携における契約交渉は柔軟であり、一般的には運営機関も限定的である。メリットとして、利益とリスクを双方の企業で共有することができ、自社が困難な状況においても事業パートナー同士により協調することにより、イノベーションを生むために必要な土壌ができると考えられる。また、定期的な業績評価や提携関係の見直しにより戦略面での整合性を意識した成長戦略を構築することが可能となる。

　中外製薬がバイオ医薬品でビジネスを継続・拡大していくには、バイオに強い会社同士が組み、技術・コスト面で協力していかなければビジネスとして成り立たない。永山は、中外製薬としてどのような成長戦略を選択するか、戦略的提携とした場合、その提携相手として中外製薬はロシュ社を選択するか否か、選択を迫られていた。

【　ケースB　】

　先代CEOの永山による成長戦略により、新技術開発（抗体医薬）、事業領域の選択（医療用医薬品への特化）、ロシュとの戦略的提携による開発品拡充（海外販路はロシュ、日本は中外とし、開発に注力する戦略）が選択され、中外製薬は戦略的提携以前、国内10位程度であったが、2017年現在ではトップ製薬企業へ迫りつつある（表7）。売上規模は約2,500億から約5,000億円となっていた（表7）。戦略的提携をしているロシュは世界2位の売上規模となっている（表8）。

表6　国内の医療用医薬品売上高別の順位（2016年）

順位	社名	売上高（単位：百万円）	前年比（%）
1	第一三共	506,600	2.4
2	武田薬品工業	504,700	▲6.8
3	アステラス製薬	452,700	▲6.3
4	中外製薬	395,100	1.7
5	大塚ホールディングス	387,900	0.5
6	田辺三菱製薬	314,200	2.0
7	エーザイ	272,000	3.7
8	小野薬品工業	214,000	45.5
9	協和発酵キリン	202,800	▲1.0
10	参天製薬	183,469	1.1

表7　中外製薬の売上高、開発中新薬数推移（ロシュとの戦略提携前後）

	2001年度	2015年度	変化率
売上高（億円）	2,117 1,651（医科向）	4,988	+202%
営業利益（億円）	267	907	+240%
営業利益率（%）	12.6	18.2	+5.6%
開発中新薬数（個）	13	34	+262%

表8　世界の医療用医薬品売上高別の順位（2016年）

順位	社名	本社所在地	売上高 （億円）	研究開発費 （億円）
1	Pfizer	米国	57,050	8,502
2	Roche	スイス	55,634	12,685
3	Novartis	スイス	52,399	9,762
4	Merck	米国	42,992	7,770
5	GlaxoSmithKline	英国	41,555	5,406

6	Sanofi	仏国	40,585	6,206
7	Johnson & Johnson	米国	36,141	9,823
8	Gilead	米国	32,821	5,506
9	AbbVie	米国	27,689	4,715
10	AstraZeneca	英国	24,842	6,361
参考	中外製薬	日本	4,917	867

　一方で、国内の後追い医薬品創製ビジネス、および、後発品推進による長期品ビジネスは安定的な収益モデルとしては破綻していた。

　2017年12月、中外製薬の五代目最高経営責任者（CEO）への昇格を内定した小坂達朗は、浮間（東京都北区）の事業所内に建設している大型ゲノム医薬品製造サイトの視察から、本社への帰路にあった。先代CEOの永山よりバトンタッチを受けた小坂であったが、今後の中外製薬の成長戦略について、2018年3月の取締役会で承認を得るために検討を行っていた。

　小坂は考えていた。「日本経済が成長軌道に乗り、右肩上がりを続けている時代には、あまり考えて工夫しなくても、それまでの経験に基づいて動いていれば、事業は拡大・成長していった。しかし、今日では右肩上がりの成長は止まってしまい、ものすごいスピードで社会が変化している。海外の企業や他業界に属する企業など、これまで競争の外にいた企業が競争に参入してくる。また、インターネットに代表される情報技術も、驚くほどのスピードで進化している。かつては安泰だった大企業が、ほんの数年前に設立されたばかりの企業にシェアを奪われてしまうこともある。」

　小坂は中外製薬の現状を分析し、成長戦略を三つの軸に絞っていた。第一の軸は新規事業戦略（診断薬事業）、第二の軸は集中戦略（ゲノム創薬）、第三の軸はオープンイノベーション戦略（研究開発共同組織・提携）である。革新的な医薬品を連続して生み出し続けるため、小坂は中外製薬の今後に思いを巡らせていた。三つの軸を同時に進めるべきか否か。

ロシュとの戦略的提携後の中外製薬

　中外製薬（東証一部上場、従業員7,245人）は日本に本社を置く製薬企業である。2016年12月期末の時価総額は1兆8,700億円となっており、ロシュグループとの戦略的提携時の2002年3月期末の時価総額3,670億円に対して、企業価値を約5倍に増加させている。この結果は、革新的医薬品創出への挑戦、連続的な挑戦をするための戦略的提携から生み出された。トップ製薬企業への道のりを日々挑戦し、歩み続ける中外製薬を業界では「バイオ創薬に秀でる企業」とされている。

　格付投資情報センター（日本）は、2017年11月16日に中外製薬の発行体格付をAA-としており、信用力は極めて高く、優れた要素があるとした。主な理由は、「既存技術（化学合成技術）に加えて最大の強みとなるバイオ医薬品（体内のたんぱく質や遺伝子などを利用した薬剤）で豊富な技術を有しており、がん、腎、骨・関節等の分野を戦略領域と位置付けている。中外製薬は世界的な医薬品メーカーであるスイスのロシュグループであるが、上場会社として経営の独立性が維持されている。ロシュグループであるため、格付はロシュの信用力を上限とし、中外製薬自体の収益基盤・財務基盤の評価をベースに織り込んでいる。」と安定的な評価がされている。また、積極的な研究開発投資を行っている。[13]

ロシュとの戦略的提携によるメリット

　ロシュと戦略的提携を組んだ結果、がん領域では国内売上シェアNo.1のポジションを獲得し、自社創製品をロシュネットワークにのせることが可能となった。59.8%の株を保有しているロシュは1869年にスイスで創業、世界有数の製薬企業であり、世界150カ国以上でビジネスを展開している。革新的な薬剤、疾患の早期発見や正確な検査のための診断関連機器・試薬などのソリューションを通じて、幅広い領域で医療に貢献する製薬企業である。

　小坂はロシュとの戦略的提携を振り返っていた。中外製薬は戦略的提携を締結する以

---

[13]　株式会社格付投資情報センター NEWS RELEASE 2017年11月16日

前より、あるべき姿を構築しており、バイオ創薬の創出力をより強くし、連続的に革新的医薬品を創出するという目的を持っていた。2017 年時点で小坂は目的通りに自社が強くなっていることを実感していた。バイオ創薬の技術をロシュ、ジェネンテックと共に高め合うと同時に、中外製薬は独自で FDA（アメリカ食品医薬品局）から画期的治療薬（ブレーク・スルー・セラピー）[14] に 3 つの医薬品が指定されていたからである。ブレーク・スルー・セラピー制度は、すでに市場にある治療法よりはるかに効き目があり、患者にベネフィットをもたらすと思われる新薬の場合、なるべく短期間で承認するという制度である。この指定をロシュは 14 の効能・効果で受けており、ロシュの指定数は世界最多である。開発分野を選択し、集中した研究ができたことで、強い技術開発力を中外製薬とロシュは手にしていた。

　中外製薬は、革新的医薬品を創出するイノベーションの原点、連続的なイノベーションの創出力を持っているが、組織の官僚化の可能性、破壊的イノベーションの存在に危機感を持っていると小坂は考えていた。中外製薬の今後の方針として、小坂は新規事業戦略（診断薬）創出、ゲノム創薬への注力、オープンイノベーション戦略について考えを巡らせていた。

第一の軸：新規事業戦略（診断薬）創出

　小坂は新規事業戦略の素案を作成していた。新規事業の概念はテーラーメイド医療が当てはまると考えていた。テーラーメイド医療とは、患者ごとに異なる遺伝子のタイプを診断して、もっとも適切な医薬品を投与する医療をいう。同じ医薬品を投与しても、効果や副作用が患者個々人で異なるが、そのような差は遺伝子の違いにあることがわかっていた。そこで、患者の遺伝子のタイプにより、もっとも効果が高く、副作用の少ない医薬品を選択し、治療効果を最大限にする医療がテーラーメイド医療である。このテーラーメイド医療の概念を確立するためには疾患メカニズムの解明をしなければならない。個人毎の全ゲノム情報解析を迅速なオミックス解析、次世代シークエンサー、医療情報の ICT・Big Data 活用により、遺伝子解析、たんぱく質発現解析、病態情報、治験・治

---

[14]　画期的治療薬（ブレーク・スルー・セラピー）：重篤・致命的な疾患や症状を治療する薬剤の開発・審査を促進することを目的とした FDA のイノベーション評価制度。

療情報を解析し、画期的な新薬のターゲットを発見することである。

　上記の概念を達成する技術を研究開発しなければいけないと考えていた矢先に、小坂はロシュがFoundation Medicine社（以下、FMI）を傘下としていることを思い出した。同社は2010年、米国マサチューセッツ州に設立し、2015年にロシュが過半数を取得している。300を超える癌関連遺伝子の網羅的解析を行っており、125,000例を超える実臨床下での測定経験をもとにした正確な結果のフィードバックができる体制を構築している。
　FMIの技術を活用する事により、網羅的がん遺伝子プロファイリングを可能とし、最適な治療を癌患者に提供できる。テーラーメイド医療の概念である。ロシュは積極的に世界でFMIの技術を活用しようと考えており、提案すれば話は加速度的に進むと小坂は考えていた。
　「これからは、AI（人工知能）や、全てのものがインターネットとつながるIoTの時代になっていきます。すると、医療の現場は変わるし、患者さんと医師の関係も変わってくるはずです。当然、医薬品業界のあり方も変わってくるでしょう。それをしっかり見極めることが必要です。また、これまでの薬は、同じ病気の患者さん全てに効果を発揮するわけではありませんでしたが、これからは、患者さんの遺伝子を調べることによって、その患者さんに効く可能性が高い治療薬を提供する個別化医療が可能になると思います。コンピューター技術も、ものすごいスピードで進化していますから、先見性を持って取り組んで行く必要がありますね。」（中外製薬 代表取締役会長　永山 治）

第二の軸：ゲノム創薬への更なる集中戦略

　小坂は新薬の開発状況および、ゲノム創薬の現状について目を向けていた。伝統的な化学合成の医薬品（低分子薬）はすでに多くの薬が開発されており、新しいものを生み出すのが難しい状況になっている。開発コストも、失敗率の上昇に伴い高まっていると考えていた。一方、1980年代から、バイオ創薬など高分子薬が登場し、その一つであるバイオテクノロジー[15]による抗体医薬品が普及し始めた。中外製薬は1980年代よりバ

---

[15]　バイオテクノロジー：バイオロジー（生物学）とテクノロジー（技術）を組み合わせた造語であり、生命工学と訳される。

イオ創薬への経営戦略の舵をきっていた。2005年には世界の売り上げトップ10にはバイオ医薬品は2つのみであり、残りは低分子医薬品となっていた。2016年は世界トップ10製品に変化がおこっており、7つのバイオ医薬品が上位を占めた。世界のバイオ医薬品売上比率は2004年14%から、2015年は30%を占めるようになっている。しかし、この開発にはとても大きなコストがかかることが分かっていた。また、2000年代以降、低分子医薬品、抗体医薬品、分子標的薬から、ゲノム解析による中分子医薬品[16]、細胞治療、再生医療[17]、遺伝子治療などの治療パラダイムの変化が起きている。

　小坂は手を抜くことなく、慢心せず、積極的にゲノム創薬の研究開発に投資をしていくことが必要だと考えていた。主に注力するモダリティとしては中分子医薬品への投資を考えていた。

第三の軸：オープンイノベーション戦略

　昨今の研究激化から医薬品業界における研究生産性が低下していると小坂は考えていた。小坂はゲノム創薬へ注力をするため、新たな研究手法を中外製薬の一つの軸とすることを考えていた。それはオープンイノベーション戦略である。

　小坂は他業界では、研究生産性向上に向けてオープンイノベーションの意義が掲げられているという情報をキャッチしていた。効果としては、創薬シーズの拡大・多様性、双方の高度な技術の活用、人材交流が挙げられている。過去の産学連携を振り返ると、オープンイノベーション推進の方向性として、アカデミアはアイデアの種を創出し、企業が実用化もしくは資金提供するような分担による一方通行型であった。小坂はこれからのオープンイノベーション推進の方向性は、アイデアの種に基づくプラン、コンセプト、解決すべき課題、必要技術相互利用を双方で行い、強みを活かした協業が必要となると考えていた。アカデミアによる疾患原因分子の研究と、中外製薬の持つ抗体改変技術、低分子創薬技術に中分子創薬技術を加え、疾患ターゲットへの最適なアプローチを可能とすることができ、革新的な医薬品の創出を目指せるのではないかと考えていた。

---

[16]　中分子医薬品（RNA干渉薬）：抗体医薬の1,000倍の結合力があるといわれる医薬品である。

[17]　再生医療：再生医療とは、同じ遺伝子を持つ別の組織や細胞などを補って、破損した部位を修復する医療のこと。病気やケガで機能を失った内臓などの組織を、患者自身から採取した細胞を培養して修復する治療法である。

そんな中、小坂は研究所の所長より、大阪大学免疫学フロンティア研究センター（IFReC）が中期的な包括連携によるイノベーション創出を目指しているとの情報を得ていた。

IFReC は免疫学、生体イメージング、バイオインフォマティクス分野において世界最先端を走っており、創薬シーズの宝庫であることは調査済みである。一方、中外製薬は多様な創薬標的に対応できる革新的医薬品創製技術を駆使した技術ドリブンの創薬アプローチを保有している。小坂は中外製薬と IFReC が協業することにより、免疫異常を伴う疾患の病態メカニズムの理解につながり、革新的な新規標的分子の同定、画期的な新薬の創出につながるのではないかと考えていた。ただし、オープンイノベーション戦略は中外製薬では初の取り組みであり、検討は始まったばかりである。

中外製薬の新しい基盤づくり

中外製薬の CM のスローガン「創造で、想像を超える」を英語でいうと「Innovation Beyond Imagination」、この頭文字をとって「IBI18」と銘打った中期経営計画を、2016年から実行し、2018 年は最終の年である。新生中期経営計画の構築を前に、小坂は過去の経営者の言葉を思い出すとともに、中外製薬のあるべき姿である Mission Statement を読み返していた（表10）。

「革新的な医薬品とサービスの提供を通じて新しい価値を創造し、世界の医療と人々の健康に貢献します。」（中外製薬 Mission Statement）

小坂はこれからの企業経営は、10 年先を見据えて、そのために「今必要なことは何か」を見つけ出すことが重要になると考えていた。中外製薬が革新的な医薬品とサービスにより世界の人々の健康に貢献するためには、バイオ創薬で得た高い有効性の世界から波及した、診断および予防の世界への強いコミット、その診断技術に合致したゲノム創薬を創出する集中戦略、ゲノム創薬を連続的に成功させるためのオープンイノベーション戦略を推進していかなければ成り立たない。中外製薬の成長戦略として、三つの軸を同時に進めるべきか否か。小坂は選択を迫られていた。

表9　中外製薬のMission Statement

Mission（存在意義）
革新的な医薬品とサービスの提供を通じて新しい価値を創造し、世界の医療と人々の健康に貢献します。

Core Values（価値観）
・　患者・消費者を最優先に考えて行動します。 ・　生命関連企業として、常に高い倫理・道徳観に基づいて行動します。 ・　深い専門性と広い視野を持ち、失敗を恐れない革新的・挑戦的な社員を重んじます。 ・　良き企業市民として、世界の人々・文化の多様な価値観を理解し、尊重します。 ・　一人ひとりの個性・能力とチームワークを尊重する自由闊達な風土を大切にします。 ・　地球環境に配慮します。 ・　株主をはじめとしたステークホルダーの要請に応え、適正利潤を追求すると同時に適時適切な情報開示を行います。

Envisioned Future（目指す姿）
ロシュ・グループの最重要メンバーとして、国内外において革新的な新薬を継続的に提供する。日本のトップ製薬企業となります。

◆ 解説 ◆

ケース・クエッションの概要

Q1	分析材料	・製薬の強み（バイオ創薬技術）
2000年時点、中外製薬のこれまでの成長戦略を述べよ。また、外部環境分析、内部環境分析を行い、中外製薬が直面している課題を述べよ。		・中外製薬の弱み（財務基盤、グローバルネットワーク、パイプライン）
		・疾患の原因発見（遺伝子情報）、原因に基づく高い有効性と安全性を示すゲノム創薬（新技術）の存在
		・新技術開発戦略の選択（日本での競合は1社）
	分析骨子	・PEST、3C、5Forces、SWOT 分析
		・エピソード「上野公夫の経営危機からの振り返り」
		・エピソード「創業者　上野十藏の信条」
		・エピソード「バイオ創薬のキッカケ」
Q2	分析材料	・中外製薬の決断（中外製薬は、戦略的提携によりパイプラインを拡充し、財務基盤を安定にする。加えて、海外のマーケティング・チャネル、流通網を活用できる。ただし、自社の過半数の株式をロシュが保有する。その際、永山は自社の独立経営を維持する革新的なビジネスモデルをロシュと構築する。）
連続的に革新的医薬品を創出するために、独立経営、M&A、戦略的提携のうち、あなたならどれを選択しますか。双方の企業価値を考慮して実現性のある施策を述べよ。		
	分析骨子	・単独経営、M&A、戦略的提携の特徴
		・ロシュが株式の過半数を取得したジェネンテックのメリット
		・中外製薬とロシュの戦略的提携案
Q3	分析材料	・中外製薬の強み（バイオ創薬技術）
2017年時点、中外製薬は2002 年にロシュと戦略的		・中外製薬の弱み（財務基盤、CEO の交代、破壊的イノベーション）

提携を結びましたが、戦略的提携は成功と言えるでしょうか。今後の中外製薬の成長戦略として、小坂は3つの軸を中心として考えています。あなたは、新規事業戦略（診断薬事業）、集中戦略（ゲノム創薬）、オープンイノベーション戦略（研究開発共同組織・提携）の全ての戦略を選択しますか。それとも、反対しますか。考察して下さい。		・新CEO小坂の方針（新規事業戦略、集中戦略オープンイノベーション戦略） ・ロシュとの継続的な提携戦略
	分析骨子	・PEST、3C、5Forces、SWOT分析 オープンイノベーションの考え方 ・エピソード「第一の軸：新規事業戦略（診断薬）創出」 ・エピソード「第二の軸：ゲノム創薬への更なる集中戦略」 ・エピソード「第三の軸：オープンイノベーション戦略」
Q4 　連続的なイノベーションを成功させる要因について、中外製薬のこれまでの意思決定をもとに考察しなさい。	分析材料	・連続的なイノベーションの成功には、イノベーションの原点と連続的なイノベーションの関係が重要である。以下は連続的なイノベーションを成功させる要因を示す。 ・経営者の存在 ・企業風土 ・社員に内在するエンパワーメント、エンゲージメント ・危機への直面 ・安定した財務基盤
	分析骨子	・エピソード「創業者　上野十蔵の信条」 ・エピソード「意思決定課題に対する決断」 ・単独経営、M&A、戦略的提携の特徴

ケース・クエスチョン1の分析と考察

(1) 結論

①1980年代に新技術開発戦略（バイオ創薬）に乗り出しており、同戦略は日本では中外製薬、協和発酵の2つの企業のみが注力していた。当時は既存技術（化合物合成）による医薬品創生が主流であったが、有効性・安全性の観点から新技術の優位性は明らかであった。本薬剤は、患者や医療関係者から早期の開発が望まれていた。

②中外製薬は新技術開発戦略により、2つの医薬品を創生するが、今後も継続して研究開発を行うためには、莫大な設備投資が必要となった。新技術は品質管理が難しい点、生産施設の大型化が必要であることから、他社はフォロワーとして既存技術による製品開発をしていた。

③バイオ医薬品でビジネスを継続・拡大していくには、バイオに強い会社同士が組み、技術・コスト面で協力していかなければビジネスとして成り立たないのではないかと考えていた。

④1985年、中外製薬はビジョン「創造的・革新的new中外への脱皮による国際製薬企業としての基盤確立」を設定し、R&D優位基盤の確立をしていた。

(2) PEST分析

国内環境はバブル崩壊により、マイナスの経済成長率となっていたが、先進国は急速な高齢化により、医療への要望が高まっていた。世界的にヒトゲノム計画が開始され、バイオ創薬への機運が高まっていた。

Politics	Economy
・景気刺激策から財政再建へと政策転換が行われた。 ・成熟社会となることから、新たな社会システムの構築が課題となった。 ・世界的な「ヒトゲノム計画」の開始	・右肩上がり経済社会（バブル）崩壊を契機にマイナスの経済成長率となった。

Society	Technology
・がんや難病に対して、高い有効性、安全性を示す医薬品を望んでいた。 ・急速な高齢化、医療の高度化による医療費の増加	・ヒトゲノムの解明により、既存技術（化合物合成）から、遺伝子レベルでのバイオ創薬が検討される。 ・バイオ創薬は新技術開発の為に多額の研究費が必要

(3) 3C分析

　Customer はがんや難病に対して、高い有効性、安全性を示す医薬品を望んでいたが、Competitor は高い有効性、安全性を示すバイオ創薬への開発に足踏みを踏んでいた。一方、中外製薬はバイオ創薬への意思決定をしていた。

Customer	・がんや難病など、患者はより高い有効性、安全性を示す医薬品を望んでいる。
Competitor	・既存技術による網羅的な化合物のスクリーニングにより、創薬を進める企業が国内、国外共に多い状況である。 ・遺伝子レベルでの高い有効性、安全性を目指し、バイオ創薬へと成長戦略を選択した企業は国内では協和発酵、中外製薬のみであり、海外ではロシュ、イーライ・リリー、新興のバイオテクノロジー企業のみであった。
Company	・バイオ創薬開発への成長戦略を選択した中外製薬であったが、安定した財務基盤を必要としていた。 ・自社による革新的な医薬品の創生を行ったとしても、海外におけるマーケティング・チャネルや流通網を保有していない点で、今後大きな投資が必要になると考えていた。 ・連続的なイノベーションを起こし、革新的な医薬品を創生していくためには医薬品のタネとなるパイプラインが必要であり、豊富なパイプラインを保有する事により、他社に依存しない、自社で独立した財務基盤を築くことを考えていた。

(4) 5 Forces 分析

　中外製薬がバイオ創薬を選択し、今後も安定的に革新的医薬品を創出した場合には、市場独占的なポジションを有すると考えられる。

新規参入の脅威	高い
	・バイオ創薬は新技術であるため多額の開発費用を要する。
	・既存技術による医薬品創生をする企業が多数である。
売り手の交渉力の強さ	弱い
	・生産施設、バイオ創薬のための細胞等は自社内製化をする企業が大半である。
買い手の交渉力の強さ	弱い
	・がんや難病など、既存技術（化合物合成）では有効性、安全性に懸念があるのに対して、バイオ創薬は高い有効性・安全性を示しており、買い手は必要不可欠な医薬品となる。
代替製品の脅威の強さ	弱い
	・既存技術ではバイオ創薬の代替はできない。
	・外科的手術よりも非侵襲的である。
既存企業の対抗関係の強さ	弱い
	・日本国内においてもバイオ創薬での競合は1社（協和発酵）である。
	・海外でのバイオ創薬企業との合併、提携を行うことにより、他社にまねのできない強固な新技術基盤が構築される。

(5) SWOT 分析

　中外製薬は1980年代より培ったバイオ創薬技術を保有するが、財務基盤や海外への展開の点で弱みがあった。そのような課題に対して、海外のバイオ創薬注力企業からも声をかけられるようになっており、どのように成長戦略を取るかを思案していた。また、各国の医療制度へバイオ創薬が適合しない可能性を脅威と考えていた。

Strength	Weakness
・1980年代より培ったバイオ創薬技術 ・危機に陥っても、革新的医薬品（イノベーション）を創生しようとする経営者の存在 ・イノベーションを創生しようとする企業風土	・バイオ創薬（イノベーション）を創出するための安定した財務基盤に乏しい。 ・自社でバイオ創薬を行ったとしても、海外でのマーケティング・チャネル、販売網が不足 ・安定した財務基盤を築くための豊富なパイプラインを保有していない。
Opportunity	Threats
・バイオ創薬を行っていることから、海外のバイオ創薬へ注力している企業からは国内8位程度であったが声をかけられていた。	・バイオ創薬以上の高い有効性、安全性を示す医薬品の存在が技術革新により生み出される可能性がある。 ・バイオ創薬は高い開発費用を要することから、薬価も高くなることが想定され、各国の医療制度に適合しない可能性がある。

ケース・クエスチョン2の分析と考察

(1) 結論

①戦略的提携を行うことにより、自社が選択する成長戦略であるバイオ創薬を技術面からより確実に推進する。この関係を強固にするため、ロシュ社の傘下入り（中外製薬株の50.1%を保有）をするが、自主独立性を確保するため中外製薬の日本での上場を維持する。ロシュと中外製薬のパイプラインは共有し、海外市場はロシュ、日本市場は中外製薬とする。

②連続的なイノベーションによる革新的な医薬品を創出するためには、種々細かな挑戦を積み重ね、継続する必要があると考えられる。そのためには、経営者によるあるべき姿（革新的医薬品の創出）の提示を行い、企業風土としてあるべき姿が浸透していることがベースとなると考えられる。中外製薬の歴史を紐解くと、経営的な危機に陥っても、経営者はあるべき姿を示し、社員共々不断の努力で乗り越えている姿勢があり、イノベーションによる革新的な医薬品を創出するベースができていると考えられる。一方、連続的なイノベーションを狙うためには、時代毎の流れに自社の成長戦

略をビジネスシフトする柔軟さが基本の考え方として必要である。中外製薬において
は、バイオ創薬を連続して行うために、安定した財務基盤を持つことが必要である。
バイオ創薬を創出しても自社で海外に販売する販売網やマーケティング・チャネルも
必要である。安定した財務基盤を有する為には豊富なパイプラインが必要である。
③国内、海外ともに、多くの企業は自社を基盤とする単独経営を選択する。もしく
は、強い財務基盤の企業が財務基盤に乏しい企業を買収する戦略が選択されている。
財務基盤に強い企業のみが競争優位性を有するかといえばそうではない。財務基盤に
乏しい企業が、連続的なイノベーションによる競争優位性を保有するためには、時に
は自社の株式を相手に保有するという決断も必要になると考える。大切なことは連続
的なイノベーションをするためには、過去の成功体験や官僚主義的な思考ではなく、
市場が何を必要としているかを真摯に受け止め、柔軟なビジネスモデルを構築し、時
代の流れ（市場領域）にビジネスシフトする決断が必要であると考える。

(2) 単独経営、M&A、戦略的提携の特徴

　中外製薬は日本企業の国際化が重要と考えている。日本企業は海外に進出するが、海
外企業が日本企業に入ることに抵抗を示している。規模の格差があると日本企業は意見
が通らないと決めつけて物事を考えている風潮がある。単独では連続的に革新的医薬品
を創出するためには心もとない、M&A は規模が問題となる可能性がある。戦略的提携は
イノベーションを創出するために良好な方法であるが、資本の関係を持つことでより強
固な関係となる可能性がある。

	単独経営	M&A	戦略的提携
特徴	単一 リーダーシップ	単一 リーダーシップ	協働、共創
契約交渉	–	厳格	柔軟
運営期間	非限定的	非限定的	限定的
利益とリスク割り当て	占有	占有	共有

ガバナンス	単独の経営陣による統治	単独の経営陣による統治	複数の経営陣による統治
企業文化	単一の企業文化に統一	単一の企業文化に統一	事業パートナー同士による協調
戦略面での整合性	自社内での整合性	通常業務へ移行し、モニタリングを行う	定期的な業績評価、提携関係の見直し

(3) 中外製薬の状況

①売上高：2,000億円、純利益：150億円を計上

②売上高ランキング：世界38位、日本8位

③研究開発比率：20.5%と日本、世界でも高い割合

④企業価値（時価総額）：3,818億円

(4)ロシュの状況（中外製薬とロシュの戦略的提携後も記載）[18]

　1998年にロシュのCEOとなったフーマーはイノベーション主導型事業に重点を置く戦略に着手していた。フーマー主導により、ロシュは多くの戦略的買収を行い、バイオテクノロジー、組織病理学、診断薬に関わる企業を買収した。

　フーマーはロシュの戦略的地位の変化を以下のように説明した。

「イノベーションに焦点を当てたことが実を結び始めました。バランスシートは日ごとに改善し、我々は再び戦略的な柔軟性を手に入れました。これはロシュだけでなく業界全体が直面する新しい重要課題に取り組む上で欠かせないものです。」

(5)中外製薬の決断

　日本のトップ企業となるために成長戦略として、ロシュの傘下入り（中外製薬株の50.1%を保有）を決断した。ただし、一定の自主独立性を確保するため中外製薬の日本での上場を維持した。

(6)連続的なイノベーションへの考え方

---

[18]　HARVARD BUSINESS SCHOOL 9-214-J02 SEPTEMBER 28,2011

①企業が持続的に競争優位を実現しているケースはほとんどなく、米国では10年以上ライバルより優位な企業は2-5%程度である。多くの企業は優位を失ってもまた復活することで連続的な優位を獲得している。

②連続的なイノベーションを狙うためには、時代ごとの流れに自社の成長戦略をビジネスシフトする柔軟さが必要である。

(7) 中外製薬とロシュの戦略的提携案

①ロシュの意向として、当時日本市場に苦戦していた日本ロシュの点、中外製薬のバイオ創薬技術の観点からグループ企業であれば了承する。

②両社のメリット、デメリット

	中外製薬	ロシュ
メリット	・ロシュの海外販売網を有利に活用できる。 ・ロシュの持つバイオ創薬技術を吸収できる。 ・ロシュの豊富なパイプライン、グローバル開発経験を利用できる。	・日本市場の販売戦略を再構築できる。苦戦していた日本ロシュへのシナジーを生み出せる。 ・世界有数の日本市場でのプレゼンスを強化できる。 ・中外の持つバイオ技術を利用できる。
デメリット	・経営の自由度が損なわれる恐れがある。 ・ロシュのイメージ低下が起これば、ブランドが傷つく恐れがある。	・買収額に見合うだけのリターンが得られるかどうか不明である。

ケース・クエスチョン3の分析と考察

(1) 結論

①中外製薬とロシュとの戦略的提携は成功であると考えられる。中外製薬は戦略的提携を締結する以前にあるべき姿を構築しており、バイオ創薬の創出力をより強くし、連続的に革新的医薬品を創出するという目的を、2017年時点で達成していると考え

られる。中外製薬は、革新的医薬品を創出するイノベーションの原点、連続的なイノベーションの創出力を持っているが、CEO の交代や組織の官僚化の可能性、破壊的イノベーションの存在に危機感を持っている。中外製薬の今後の方針として、小坂は新規事業（診断）創出、オープンイノベーション、ゲノム創薬への注力をあげている。②新規事業戦略（診断薬事業）、集中戦略（ゲノム創薬）、オープンイノベーションの全ての戦略を選択する。

第一に、新規事業戦略（診断薬事業）は医療の高度化により、寿命はのびているが、更に治療効果を高めるための新技術である。この技術が確立されれば、予防的な治療も視野に入ってくるため、全ての人に望まれる可能性があると考えられる。

第二に、新規事業により抽出した患者集団に対して、合致するゲノム創薬を創出することで、更なる有効性と高い安全性を示すことができ、患者において有益である。結果、無益な患者への投与が減り、医療財政への負担を軽減することに繋がると考えられる。

第三に、ゲノム創薬は今後更に複雑で困難な開発環境になることから、より閉鎖的な空間による既存の研究開発手法に依存するのではなく、オープンイノベーションという産学官でのオープンなイノベーション手法を用いることにより、ロシュとの戦略的提携で得たゲノム創薬技術のように社内、社外を問わずに技術連携が可能となる。結果、連続的なゲノム創薬を創出するための一つの方法となると考えられる。

(2) PEST 分析

先進国を中心に医療財政が逼迫し、社会保障費の増加を抑えるため、薬価に対する厳しい評価体系が構築されつつある。先進国を中心に長寿化、少子高齢化が進むが、がん、難病などいまだに治療効果が満たされていない病気があり、製薬各社は新たなモダリティの開発、AI の活用による創薬、予防医療へのシフトを模索している。

Politics	Economy
・薬価制度の抜本的改革が決定（2018 年）、薬価を下げる方向となる。	・景気の拡大（高度成長期のいざなぎ景気を超え、戦後 2 番目の長さとなる。）
・社会保障費が限界となる程に増加し、政府は	・先進国を中心に医療財政を保つことに危機

医療費抑制策に着手する。	感を持っている。
Society ・少子高齢化社会（日本含む先進国） ・医療の高度化により、先進国では長寿化となる。（人生100歳時代へ突入） ・がん、難病など、いまだに治療効果が満たされていない病気がある。	Technology ・新たなモダリティの出現（中分子創薬、遺伝子治療薬など） ・AIの業界での活用（AI創薬、リアルワールドデータの解析など） ・治療から遺伝子診断による予防の世界へ医療・医薬が広がりを見せる。

(3) 3C分析

　医療の高度化による長寿化、病気の治療から健康に人生を過ごすことへ医療の視点が転換している。技術の開発により、治療から予防へと患者の期待は変化している。中外製薬は今後も強みとなるゲノム創薬の創出をロシュグループとしてシナジーを持って行っていくことを考えている。また、予防に対する新たな新規事業への着手も考えている。

Customer	・医療の高度化により、長寿化が進んでいることから、病気の治療から、健康に人生を過ごすことへ着目点が変わっている。 ・ヒトゲノム解明、ゲノム創薬出現により、治療効果は飛躍的に高まった。治療から事前に診断し、予防する医療へと患者の期待は変化している。
Competitor	・既存技術（化学合成）では必要とされる病気への治療薬を開発し尽くした。 ・既存技術を中心にしていた企業も、ゲノム創薬や遺伝子治療薬を研究開発しなければ存在価値が無くなる状況へ迫られていた。 ・新興のバイオテクノロジー企業が爆発的な売上高をあげ、世界の医療用医薬品の上位に食い込むようになった。
Company	・ロシュとの戦略的提携後、中外製薬の売上高は約2倍（5,000億円）となり、日本国内ではトップ企業へ迫っている。

	・バイオ創薬の技術をロシュ、ジェネンテックと共に高め合うと同時に、中外製薬は独自で米国の医薬品承認機関（FDA）から画期的治療薬（ブレーク・スルー・セラピー）[19]に3つの医薬品が指定された。 ・研究開発では産学官連携を含めたオープンイノベーションを推進している。 ・治療から病気になる前の診断（遺伝子診断）を行い、予防を見据えた新規事業の立ち上げを行うことを考えている。

(4) 5Forces 分析

2000年時点の5Forces分析に対して、懸念事項は各国の医療財政の逼迫があげられる。ゲノム創薬は開発費用が高いため、開発費用を回収し、連続した医薬品の創出をするために、高薬価となっている。今後も先進国を中心に社会保障費が増加することが想定されており、高薬価が問題となれば、患者の医療費負担の増加や、薬価を下げる政策が行われる危機感をバイオ創薬各社は感じている。

新規参入の脅威	高い ・バイオ創薬、遺伝子治療薬は新技術であるため多額の開発費用を要する。2000年前半に比べて開発費用は更に高くなっている。 ・M&Aや他社との提携が活発にされているが、自社内にバイオ創薬を創出するシステムができていないため連続的な創薬には時間を要する。
売り手の交渉力の強さ	弱い ・生産施設、バイオ創薬のための細胞等は自社内製化をする企業が大半である。
買い手の交渉力の強さ	弱い （各国の医療財政の逼迫により、患者の医療費負担が増加すると、強くなる可能性あり。） ・がんや難病など、既存技術（化合物合成）では有効性、安全性に懸念が

---

[19] 画期的治療薬（ブレーク・スルー・セラピー）：重篤・致命的な疾患や症状を治療する薬剤の開発・審査を促進することを目的としたFDAのイノベーション評価制度。

	あるのに対して、バイオ創薬は高い有効性・安全性を示しており、買い手は必要不可欠な医薬品となる。
代替製品の脅威の強さ	弱い ・既存技術ではバイオ創薬の代替はできない。手術などの外科的手術よりも非侵襲的である。 ・診断（予防）に対する開発を加速している企業はまだまだ少ない状況である。
既存企業の対抗関係の強さ	弱い ・ロシュグループでのバイオ創薬に対するプレゼンスは世界でもトップクラスである。2016年から2017年にかけて、FDAの革新的医薬品（ブレーク・スルー・セラピー）にロシュグループとして1/3（33%）が指定されている。

（5）SWOT 分析

革新的医薬品を創出するイノベーションの原点、連続的なイノベーションの創出力を持つ中外製薬であるが、CEOの交代や組織の官僚化の可能性、破壊的イノベーションの存在に危機感を持っている。中外製薬の今後の方針として、小坂は新規事業（診断薬）創出、オープンイノベーション、ゲノム創薬への注力をあげている。

Strength	Weakness
・革新的医薬品を連続して創出するバイオ技術を持っている。（FDAブレーク・スルー・セラピーに3つ指定されている。） ・ロシュグループでのバイオ創薬に対するプレゼンスは世界でもトップクラスである。 ・イノベーションを連続的に創出する経営者・企業風土がある。	・グローバル製薬企業となるための財務基盤を構築する必要がある。 ・イノベーションの原点であった経営者である永井から小坂へCEOがバトンタッチしたことは未知数である。（ただし、小坂はロシュとの戦略的提携を実務の面で推進した経験があり、大胆な一面がある。） ・トップ企業への道筋が見えてきたことにより、組織に官僚的な一面が伺える。

Opportunity	Threats
・新規事業（診断）は、市場や患者からも求められている技術である。 ・産学官でのオープンイノベーションによる創薬は次代の開発手法であり、本手法による成果は各業界、各国で確認されている。	・アプリなどで認知症を治療するなどのコンセプトが提案されるようになっており、中外製薬が予期せぬ破壊的イノベーションの存在が脅威であると考えられる。 ・ロシュによる完全株式取得の可能性、戦略的提携の解消などが考えられる。

(6) 参考：オープンイノベーションの考え方

	オープン・ イノベーション	クローズド・ イノベーション
人材	優秀な人材は必ずしも必要ない。 社外の優秀な人材と連携すれば良い。	最も優秀な人材を雇う。
体制	外部の研究開発によって価値創造可能。自社の研究開発は価値の一部を確保するために必要である。	社内で研究開発しなくては利益が得られない。
領域	必ずしも基礎から研究開発をする必要はなく、他社と連携して儲ればよい。	独力で基礎から研究開発し、1番にマーケットに出る。
重要点	優れたビジネスモデルを構築する方が重要である。	イノベーションを最初にマーケットに出すことが重要である。
アイディア	社内と社外のアイディアを有効に利用できたものが勝つ。	業界でベストアイディアを創造したものが勝つ。
知財	他社に知的財産権を使用させて利益を得る。他者の知財も利用した、自社のビジネスモデル発展が重要である。	知的財産権により他社を排除する。

<u>ケース・クエスチョン4の分析と考察</u>

(1) 経営者の存在

①イノベーションを成功させるためには、企業が進む方向性（あるべき姿）を明確に持つ経営者の存在が必要である。中外製薬には、革新的医薬品（イノベーション）を創生しようとする経営者の存在があった。（イノベーションの原点）

「厳しい経営環境におかれた中外製薬社であったが、1966年に上野十藏の後任として二代目社長である上野公夫が就任し、<u>社員共々必死の企業努力が行われた。</u>まず、<u>企業理念の確立（製薬企業のみが果たさねばならない固有の社会的使命を自覚した経営に徹すること。社会性の追求など。）</u>を行い社員とのあるべき姿が示された。その後、大衆薬依存から、医科向医薬品の研究開発に注力する<u>方針の徹底</u>、営業体制の刷新等の経営戦略が構築されることで、1967年、有力な医科向製品が開発成功することで、業績は好転していった。」（ケース参照）

②イノベーションの原点を連続的にするためには、経営者として身を呈してでも挑戦する気構えと、既存のビジネスモデルを革新する柔軟な思考を持つことが必要である。四代目CEOの永山はその二つを持っていた。既存の企業は自社主体の契約や買収を中心に物事を考えていたが、それでは財務基盤など企業間でのパワーバランスが物を言う。小さい企業が連続してイノベーションを生んでいくためには、自社株の過半数を戦略的提携により取得されたとしても、パイプラインの拡充による安定した財務基盤、海外のマーケットを獲得するため中外製薬には不足していたマーケティング・チャネルや流通網の取得など、新たなイノベーションを起こすために必要な時代の波に乗る柔軟さが必要である。「永山にとって創業者 上野十藏の言葉は大きな羅針盤となっており、また、社員も同様に考えていた。<u>イノベーションを創造する中外製薬の歴史（先代経営者の考え）、その考えに脈々と受け継がれてきた企業風土によりイノベーションの原点となる革新的医薬品は創出された。連続的なイノベーションにより、革新的な医薬品を世に提供するためには既存のビジネスモデルだけでは成り立たないことも分かっていた。</u>永山は過去の中外製薬の歩みから中外製薬のイノベーションの源泉を考えていた。洋薬の輸入（海外からの製品輸入）、自社独自の技術開発注力、海外企業との技術提携など、中外製薬は幾度となく経営危機に陥ったとしても、時々に中外社員による想像により革新的な医薬品が創造されてきた。<u>今後も、革新的</u>

な医薬品を創出し、社会に貢献するために、中外製薬単独での自社開発に注力する選択肢もあれば、他の企業を買収して技術力を伸ばすことも選択肢にある。一方では、他の企業との技術的提携により自社の文化を壊さず、革新的な医薬品創出を目指す選択肢も考えられる。」（ケース参照）

(2) 企業風土

経営者による企業のあるべき姿の提示により、イノベーションを創生しようとする企業風土を築く必要がある。社員と経営者による必死の企業努力は連続的なイノベーションに不可欠である。上野公夫は経営危機からの業績回復を振りかえり以下の点を社員に伝えていた。（ケース参照）

① 「製薬企業の社会的使命を真に果たすためには、医薬品そのものの価値評価の再検討を迫られており、研究開発・生産・販売のすべての面において、より以上厳しい高度な科学性と倫理性を追求しなければならない」

② 「企業の永続的進歩と発展を期するためには、企業内人間の育成、開発を第一主義とし、同時にその処遇の向上と適正化をはかり、絶えず構成員の働きがいとモラールの向上に努めなければならない」

③ 「その成果として生産性と経済性を向上させるためには、厳しい真剣な全社的企業努力を続けなければならない」

(3) 社員に内在するエンパワーメント、エンゲージメント

経営者の存在、企業風土を持つ企業が今後も連続的にイノベーションを起こしていくためには、時代の波にあった社員のエンパワーメント、エンゲージメントを構築することが必要である。中外製薬には、社員の必死の企業努力があり、社員が自律し、企業とともに成長していく姿があると考えられる。

「永山は経営危機にあっても、企業のあるべき姿を提示する経営者の在り方を学ぶとともに、社員の必死の企業努力にも着目していた。イノベーションには、何が必要なのか。社員の存在は中外製薬のイノベーションに挑戦する企業風土を気づかせてくれた。社員の心の中には何があったのか、エンパワーメント[20]なのか、エンゲージメント[21]なの

---

[20] エンパワーメント：与えられた業務目標を達成するために、組織の構成員に自律的に行動する力を与えること。ビジネスにおけるエンパワーメントの特徴は、「自立性を促し」、「支援する」ことにある。

[21] エンゲージメント：社員の会社に対する「愛着心」や「思い入れ」を表すものとされる。「個人と組織

か、中外製薬が今後スクラムを組んでいく企業に社員の一体感を生む企業風土があるのか。思いを巡らせていた。」（ケース参照）

(4) 危機への直面

　組織が官僚主義であったり、前例主義であれば、イノベーションを連続的に創出することは困難である。自社が市場で絶対的な競争優位であったとしても、機会に対して積極的に挑戦していなければ、ライフサイクルの点からも企業は衰退を余儀なくされる。慢性的な企業が危機に直面することで、組織は変革しなければいけないという状況に迫られ、企業に残った一部の社員による必死の努力がなされる。結果的にはイノベーションを創出する機会に対して積極的に挑戦する組織ができ、連続的な時代の波に乗るための企業となると考えられる。

　中外製薬においては、過去に多数のリストラクチャリングをする経営危機に迫られた経験があり、ロシュも同様に財務危機に陥った経験を持っている。両社は危機に直面しながらも、多額の費用を必要とするバイオ創薬開発へと経営戦略の舵取りをし、危機に向き合い、企業としてのあるべき姿を目指し、イノベーションを創出した。イノベーションの原点であると考えられる。イノベーションの原点を知っている両社は、現在においても、自社が直面する危機に対して敏感であり、危機に対して挑戦する風土を基盤としている。

　米国の社会学者マートンは、官僚制には深刻な機能障害（逆機能）があるとしている。杓子定規で融通のきかない対応、責任回避、自己保身、権利主義、セクショナリズムなどの行動様式は、官僚制組織が無能であるためにおこるのではなく、資本主義による効率最大化による場合が多いとも考えられる。そのような官僚制のある組織には危機へ直面することがイノベーションを創出する一つの方法であると考えられる。

　「永山はロシュについての印象として、グローバル企業であり1970年代からバイオ創薬（ジェネンテック含む）へ着目し、イノベーション主導型事業戦略を持っている企業であると考えていた。CEOであるフーマーとも顔見知りである点もより良いビジネスモデルを構築する上で有利な点であると考えていた。また、ロシュは2001年厳しい財務状況であるが、苦しい状況であっても、イノベーションに対して積極的に挑戦する風

───────────────

が一体となり、双方の成長に貢献しあう関係」をいう。

土を持っていると感じていた。永山は自身が目指すあるべき姿、中外製薬の歴史を振り返ってもロシュとは大きなシナジー効果を示すのではないかと考えていた。」（ケース参照）

（5）安定した財務基盤

　安定した財務基盤は、機会に対して挑戦しようとしている企業にとって重要な因子である。イノベーションを創出するためには、機会に対して、挑戦を数多く行い、方向修正を行っていけるだけの心の幅（余裕）が必要である。安定した財務基盤は組織においても、社員においても心の幅を持たせる。中外製薬はイノベーションを連続的に創出する為に、安定した財務基盤を必要としていた。その為には、大が小を取り込むのではなく、小が大に入り、パイプラインや技術を相互に交換し、安定した財務基盤を構築する経営戦略を選択していると考えられる。

①バイオ創薬開発への成長戦略を選択した中外製薬であったが、多額の研究開発費に安定財務基盤を必要と考えていた。（Q1参照）

②自社による革新的医薬品の創生を行ったとしても、海外におけるマーケティング・チャネルや流通網を保有していない点で、今後大きな投資が必要になると考えていた。（Q1参照）

③連続的なイノベーションを起こし、革新的な医薬品を創生していくためには医薬品のタネとなるパイプラインが必要であり、豊富なパイプラインを保有することにより、他社に依存しない、自社で独立した財務基盤を築くことを考えていた。（Q1参照）

《参考文献》

［１］中外製薬株式会社ホームページ　　https://www.chugai-pharm.co.jp/index.html

［２］F.ホフマン・ラ・ロシュ社　https://www.roche.com

［３］Genentech 社ホームページ　https://www.gene.com

［４］Eli Lilly and company 社ホームページ　https://www.lilly.com/who-we-are

［５］ロシュ・ダイアグノスティックス株式会社ホームページ
　　　http://www.roche-diagnostics.jp

［６］大滝俊一(2005)編『医薬品業界 知りたいことがスグわかる!!』こう書房

［７］クレイトン・クリステンセン、マイケル・レイナー著(2003)
　　　『イノベーションへの解 利益ある成長に向けて』翔泳社

［８］中外製薬株式会社(2000)発行『中外製薬 75 年の歩み』

［９］株式会社日本リサーチセンター(2017)制作『ACE No.255/2017 年 4 月 1 日発行』

［１０］日経ビジネス ON LINE 2009 年 6 月 23
　　　　http://business.nikkeibp.co.jp/article/person/20090619/198063/

［１１］HARVARD BUSINESS SCHOOL 9-214-J02 SEPTEMBER 28, 2011
　　　　『ロシュによるジェネンテック買収』

［１２］HARVARD BUSINESS SCHOOL 9-609-J01 MAY 17, 2005
　　　　『グラクソ・スミスクライン:医薬品探索の再編成(B)』

［１３］2015 年度　将来展望講座　　『医薬品産業から見た世界のビジネスとこれからの日本』
　　　　https://www.hs.keio.ac.jp/course/vision/pdf/course_nagayama.pdf

［１４］株式会社格付投資情報センター NEWS RELEASE 2017 年 11 月 16 日
　　　　https://www.r-i.co.jp/index.html

［１５］グロービス経営大学院 MBA 用語集
　　　　https://mba.globis.ac.jp/about_mba/glossary/

［１６］日本の人事部
　　　　https://jinjibu.jp/keyword/detl/176/

［１７］堀江湛(2007)編　　『政治学・行政学の基礎知識』一藝社

［１８］文部科学省(2017)『平成 29 年版科学技術白書』

［１９］Answers News『2016 年製薬会社 世界ランキング』2017 年 5 月 18 日
　　　　http://answers.ten-navi.com/pharmanews/9102/

6. 「両利きの経営」導入の考察

1. ケースのねらい

　本ケースでは、「既存の知識やノウハウ、経験などを活用して事業の改善を図ること（知の活用または深化）」と「不確実性の高い新規事業を探索すること（知の探索）」の両方をバランスよく追及する「両利きの経営」をテーマとしている。両利きの経営を行っている企業では、イノベーションを起こしやすく、パフォーマンスが高くなる傾向であることを、多くの経営学の実証研究が示している[1]。

　ネット専業銀行[1]の草分け的存在として爆発的な成長を遂げた「名商オンラインバンク」[2]は、「相次ぐ新規企業の参入」及び「長引く国の低金利政策」により、近年収益が停滞し始めていた。本ケースでは、会社の中間管理職の立場から、如何に「両利きの経営」体制を構築し、パフォーマンスを高めていくべきかを考察する。

2. ケース・クエスチョン

（1）月山が課長時代に実施した新規事業創出の試みが失敗に終わった原因は何だったと考えられますか。整理してください。

（2）執行役員の一人である月山の立場から、名商オンラインバンクに「両利きの経営」を導入する場合、どのような戦略・組織作りが考えられるでしょうか。ケースに示された「両利きの経営」のエッセンスや月島の懸念、及び（1）の回答を参考に、自由に議論してください。

---

[1] 営業上最小限必要な店舗のみを有し、インターネットや電話などの通信端末を介した取引を中心とする銀行のこと。

[2] 架空の企業であり、特定の企業を想定したケースではない。

ケース本文

ネット専業銀行の苦境

　日本初のネット専業銀行である「ジャパンネット銀行」が 2000 年 10 月に開業して、約 20 年の歳月が経過した。月山信二（つきやま　しんじ）執行役員が勤める「名商オンラインバンク」も、2001 年 4 月に開業した老舗のネット専業銀行である。

　名商オンラインバンクは、実店舗が少ないために人件費や店舗運営コストを小さく抑えることができていた。その結果として、安い手数料、高い預金金利を武器に、短期間で 100 万口座を達成するなど、銀行業界の中では好調な成長を遂げていた。しかし、ここ数年、本業界も大きな転換期を迎えつつあった。「相次ぐ新規参入」（表 1-1）と「長引く国の低金利政策」である[2][3]。この 2 つの影響を受けて、収益が停滞し始めていた。

　名商オンラインバンク開業後、同種のネット専業銀行が次々と参入し、顧客を取り合う状態となっていた。また、イオン銀行やセブン銀行などの流通系銀行が、ATM の数や流通との連携で勢力を伸ばしていた。最近開業した GMO あおぞらネット銀行は、新規技術で顧客開拓を目論んでいた。

　また、日本では超低金利が長く続き、預金と融資の利ザヤが縮小し、銀行は本業で稼ぎにくくなっていた。

　月山は、かつてない危機感を抱いていた。現状を打開するため、住宅ローン/有価証券の運用により収益をあげるという従来の事業を核としつつ、スマホ決済など新たな事業を立上げる。その二刀流で収益の向上を目指す方針までは頭の中で決めていた。しかし、執行役員という中間管理職の立場（図 1-1）で、新規事業を、既存事業との相乗効果を踏まえどのように立上げ、発展させるか。その方策について思案していた。

表 1-1　相次ぐ新規参入[3]

名称	口座数	残高	特徴
ジャパンネット銀行	377 万件	7,503 億円	日本初のネット専業銀行。預金を集め、それを住宅ローンや有価証券で運用する。
名商オンラインバンク	268 万件	4,349 億円	ジャパンネット銀行と同様のビジネスモデル。
イオン銀行	605 万件	3 兆 0,538 億円	ローン利用者はイオン店舗での買い物を割り引くなど、流通との連携を強化している。
セブン銀行[4]	200 万件	6,227 億円	ATM 設置台数(2 万 4,392 台)で他を圧倒。ATM 手数料を収益の柱としている。
GMO あおぞらネット銀行	不明	不明	2018 年 7 月サービス開始。目的別に 10 口座まで使い分けできるバーチャル口座など、独自のサービスを提供。今後、AI やブロックチェーン技術にも対応予定。

---

3 複数のサーバーで台帳を管理・監視する技術。決済（お金の移動の記録、ユーザー間で直接お金の取引）、証明（取引内容と日付を永久に残せる）などに使用される。

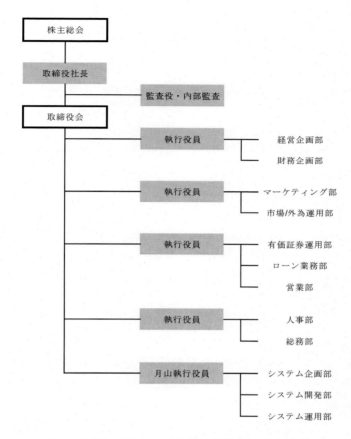

図1-1　名商オンラインバンク　組織図（[5]を参考に著者が作成）

新規事業創出の苦い思い出

　新規事業の創出に関連して、月山には苦い経験があった。かつて月山がシステム開発部門の課長だった時に、これを試みて失敗したことがあったのだ。当時の直属の上司であった三留隆之（みとめ　たかゆき）部長から、各課にて新規事業案を検討し、報告せよとの指示が下った。目の前のことばかりを実施するだけでなく、将来のことも考えて

いかなければと日々考えていた月山はこの話に乗り、課内でメンバーを募り、新規事業検討チームを立ち上げた。

　新規事業検討チームのメンバーは、若手・中堅のエンジニアが前面に出るように構成させた。リーダーには中堅エンジニアの浜島未沙（はまじま　みさ）をアサインした。彼女はもともと新しい技術を自ら進んで調査して習得し、課内で共有することを好んで行ってくれていた。きっと本件に関しても適任に違いないと、判断した。浜島より上のベテランエンジニアには、彼女らの活動のサポートやアドバイスを行う立場を任せた。課員全員が何らかの形でチームに関わるようにした。

　事始めに、月山は1週間後に行われる「オープンイノベーションシンポジウム」というイベントを若手に紹介し、参加者を募った。月山が課長であった当時にはすでに「オープンイノベーション」という考え方がビジネス書にも登場していた。関連書籍には、「オープンイノベーション」とは「企業内部と外部のアイディアを有機的に結合させ、価値を創造すること」とある。新事業をテーマにするのであるから、社内でのアイディアだしはもちろんのこと、外部の技術やアイディアを取り込もうという意見が課内でも多数を占めた。その意見を汲み取り、月山は主に若手エンジニアを中心として新事業関連のイベントに積極的に出張させたのであった。出張から帰ってきた若手に状況を訊くと、みな「普段触れることのないアイディア、技術に触れることができた」、「社名の入った名刺を渡したら、われ先にとスタートアップ企業が営業をかけてきて、自分の会社が注目されているようだった」などの感想を口々に述べていた。

　オープンイノベーションのイベントに参加し、俄然やる気になった浜島以下のメンバーは、ブレーンストーミングによるアイディアの創出、関連する技術調査などを自主的に取り組み始めた。月山は、Google や 3M で成功したといわれる「15%ルール」を適用するよう課員に指示した。「15%ルール」とは「業務時間のうちの15%を、普段の業務とは異なる業務にあててよい」という制度である。Google はこのルールにより、Gmail などの新しいサービスを生み出している。これを導入すれば、各メンバーは一定の時間を確保でき、新事業の検討が可能なはずであった。

しかし、本ルールを導入してしばらくたった後、若手とその上司が、既存事業の作業スケジュールを囲んで言い争いをする場面が多くみられるようになった。残業時間の削減が社会的な動きとなる中、若手が限られた労働時間の中で、如何に新事業検討のための時間を確保するかについてもめているようだった。しかし、部署のトップである月山が指示したことであり、あとは当事者たちで何とかすることができると考えていた。2週間後、当初多くの課員が参加していた進捗確認の場に、欠席するものが増えてきた。参加するよう促すも、既存事業の仕事を理由に断ってきた。

　そのような中でも、浜島以下一部の社員は定期的に集まって進捗を確認しあい、決められた期日前に成果をまとめて月山の下へもってきてくれた。内容を確認すると、新サービスについての概要、それを実現するための技術の選定結果であった。月山がベテランエンジニアのレビューを受けたのか尋ねると、浜島は受けた、と答えた。しかし、ベテランエンジニアたちは普段の業務ほどは真剣に見てくれた様子はなかった。また、新規事業の提案にもかかわらず、報告は技術内容に終始していた。新規事業を提案する際の参考書を月山はあらかじめ浜島に渡していたが、技術以外のことになじみのないメンバーだけでは、その内容を理解し提案書を作成することは難しかったようである。しかし技術的には非常に興味深い内容であったため、月山は、彼女らの成果を承認した。

　1週間後、三留部長が報告会を開催した。各課の検討結果を報告しあう場である。そこには部長だけでなく、高城啓子（たき　けいこ）次長、天沼弘明（あまぬま　ひろあき）次長も参加し、計3名が審査側に回った。月山も参加したが、どの課の結果も技術的には大変興味深いものであった。しかしいくつかの発表を聞いたのち、次長たちから、検討内容が粗いという指摘が挙がった。

　「スタートアップ企業となぜうちが組む必要があるのか。」、「前例はあるのか。」「みたこともない技術で、本当に実現可能なのか。」などといったコメントが相次いだ。はじめは自信をもって発表していたエンジニアたちも、やがて声が小さくなり、質問にも答えられずに発表を終えてしまった。最後に、次長たちが予想外に批判を始めてしまったため居心地の悪くなった部長が、当たり障りのない講評を述べて、その場は終了した。アイディアに優劣をつけることもなく、採用するという話もなく、報告会を行ってこの活

動は終了してしまった。

　もともと優秀であった浜島は、彼女の立場でさまざまなプレッシャーに耐えながら自律的に活動を導き、報告書までまとめあげた。しかし、この結果に失望した彼女は、辞表を提出した。彼女は、新規事業や新規技術を生み出して行くような仕事がしたかったということだ。だから今回のチームも何よりも優先して行ってきたのに、このような結果になり残念だと話した。この部署の風土ではやりたいことはできない、そのような判断をしていた。月山は、主力事業でも実績を残しているので、何もやめるまではないと説得した。しかし、彼女の意思は変わらず、結局その1か月後に退職した。優秀な人材を放出することになったと、月山は上司から責められることになった。

　その次の年の同じ時期に、またも三留部長から同様の指示があった。同じように課内に通知し、参加者を募った。しかし、誰一人として手を挙げようとするものはいなかった。指名しても、別業務を理由に断るものばかりであった。部門内での他の課においても全く状況であることを各課長にも聞いた。そこで月山は、既存事業が多忙であることを理由に、部門内の課長の総意として今年度は実施すべきでないことを部長に提案した。部長はしぶしぶこれを了承した。その年で部長人事が変わったため、その後同様の指示が下りてくることはなかった。

　そのときはたまたま、月山は既存事業の方で好成績を上げることができたため、本件が悦ばしくない結果になってもその後の評価や昇進に影響することはなかった。そのため、当時は失敗要因やその対策について改めて考えることなくそのままにしてしまっていた。今は、本気で事業化を考え主導する立場になった。当時を反省し、今回は絶対に失敗しないようにしなければならない。

両利きの経営

　ここで月山は、部下である常石慎太郎（つねいし　しんたろう）を呼んだ。常石は、ビジネススクールにて技術経営（MOT）やイノベーションを専門とする教授の下で経営学を学び、最近、経営学修士号（MBA）を取得したという。彼に、既存事業を行いながら、

新規の事業を生み出し、軌道に乗せるためのすべがないか尋ねた。

　常石は少し考えたのち、ビジネススクールで学んだ「両利きの経営」という考え方について紹介してくれた。常石によれば、「両利きの経営」とは、「まるで右手と左手が上手に使える人のように、『知の活用』と『知の探索』について、高い次元でバランスをとる経営」のことであるそうだ。ここで、「知の活用」とは、今所有しているノウハウやコアコンピタンスを使って事業を行うこと、「知の探索」とは、現在の能力や技術を拡張し新技術・新サービス・新事業を打ち立てることを言うそうだ。この、「知の活用」及び「知の探索」を同時に実現している企業ほど、イノベーティブな製品を生み出しやすく、業績が良いという傾向がある。これは、イノベーションの本質である「知と知の組み合わせにより新しい知を生み出せている」ことが理由であると考えられる。

　しかし、企業組織はどうしても「知の活用」に偏り、「知の探索」は怠りがちになる傾向が本質として備わっている。そもそも人や組織には認知に限界があり、毎年の予算を立てないといけない企業が目先の収益を高めるには、いま業績のあがっている分野の知を「活用」させることの方がはるかに効率良い。他方で、「知の探索」は手間やコストがかかる割に、収益に結び付くかどうかが不確実で、敬遠されがちである。短期的にはいいが、結果として知の範囲が狭まり、企業の中長期的なイノベーションが停滞してしまう。企業は組織として、「知の探索」と「知の活用」のバランスを保つような戦略、体制、ルール作りが必要である（表1-2）。

　ここまで聞いて、月山は「両利きの経営」というものに興味を持った。常石の言葉を借りれば、「知の活用」である有価証券/ローン事業を推進しながらも、「知の探索」である新事業に進出するときにぴったりの考え方だと思った。しかし一方で、常石の言う通り、企業組織がどうしても「知の活用」に陥りがちになるということも理解できた。いったいどのようにすれば、うちの銀行に「両利きの経営」を取り込むことができるであろうか。常石によれば、「両利きの経営」は近年注目され始めた概念であり、一般的に適用できるルールは、まだないとのことである。ただし、「両利きの経営」を導入した企業の例や、なぜうまく行ったかを考察する研究は進んでいるらしい。月山は常石にその事例を紹介してもらい、そのあとに、「なぜうまく行ったのか」、「名商オンラインバンクに導

入する際の課題は何か」について議論することとした。事例は、USA TODAY（事例①）、富士フィルムとコダック（事例②）、そして、焼津水産化学工業（事例③）の３つであった。

事例① : USA TODAY

　アメリカの全国紙 USA TODAY は、1982 年に Gannett Corporation の一部門としてスタートした。赤字続きののち 1992 年にようやく利益を出せたこともつかの間、インターネットの普及による若年の顧客層離れや、印刷費の上昇により苦しい経営を強いられていった。 USA Today の社長兼記者であるトム・カーレイ氏は、強力な成長と利益を維持するために同社が伝統的な印刷事業を超えて拡大しなければならないと認識していた[6]。

　『・・・カーレイ氏は USA Today のメディアプロジェクトの総責任者で、新聞事業の財務部門に所属していたロライン・チコスキ氏を USAToday.com というオンラインニュースサービスの責任者とすることにした。 彼女は、新聞事業とは異なる組織体制を敷き、インターネットの使用が爆発的に増加していった外部環境に順応できるよう努めたが、期待していたほどの成果に繋がらなかった。

　カーレイ氏は、オンライン事業と新聞事業が独立しており、既存のリソースを有効に活用できなかったことが今回の失敗の原因と考えた。 チコスキ氏は役員の一人だったが、他の役員からの支援を受けることはほとんどなかったのである。 彼らからすれば、新聞事業の競合であるオンライン事業へ支援するモチベーションが起きないことも無理はない。 USA TODAY 社内では、新聞事業が資金や人財を取り込み続ける一方で、オンライン事業はそれらを有効活用できないという状況が続いていた。』

　常石は、USA Today が導入した両利きのエッセンスを整理してくれた。組織の形態を「職能別組織」、「職能横断型組織」、「独立組織」、「両利き組織」（図 1-2）と分類した場合、USA TODAY が今回採用した組織は、活用部門と探索部門を分離した「両利き組織」であったという。 この組織体制であれば、新設の探索部門は活用部門からのマイナスの影

響（活用部門の文化や評価基準）を受けにくい。また、活用部門は探索するプレッシャーから解放され、目の前の仕事に専念できる。

　両利きの経営を導入した場合、探索部門と活用部門が、何らかの影響を受けあうであろうことを月山は予想がついていた。同じ人間に探索と活用の両方の業務を担当させた場合、活用部門の事業で何等か緊急の仕事が発生した場合に探索部門の業務を中断してでも活用部門の業務を優先させることは目に見えていた。月山自身にもその経験は多くある。ただ、部門を完全に分離してしまって大丈夫であろうか。新しく行おうとしている事業は、まだコアコンピタンスも持っていなければ主要顧客も確保できていない。そんな状態で独立させて、組織として成り立つのだろうか。また、活用部門のリソースが得られなくなるが、それでよいのだろうか。このような視点が抜けていたから、USA Todayでも期待していたほどの成果が得られなかったのではないだろうか。

常石は続けた。
『・・・カーレイ氏は会社として統合した経営が必要と考えるようになった。 1999年、USA Todayは3つのプラットフォーム（新聞、USAToday.com、Gannettの21の地方テレビ局）でニュースコンテンツを共有する「ネットワーク戦略」を採択することにした。』

　両利きの組織を主導するリーダーは、活用部門と探索部門を包含するビジョンを明確に示している。USA Todayでいうところの「ネットワーク戦略」がそれにあたる。これにより、活用部門及び探索部門がお互い衝突する存在ではなく、互いに協力してそのビジョンを実現しようと団結できる組織となる。
これには月山も同意した。やはり銀行として目指すべきところを明確に示すことは重要と考えていた。さて、名商オンラインバンクに適したビジョンは何だろうか。

『・・・オンライン事業とテレビ事業の両方の組織は、独特のプロセス、構造、文化を維持しながら、新聞事業とは独立していた。一方で、カーレイ氏は3つの事業が緊密に連携していくよう役員に求めた。 USA Todayの編集者、カレン・ジュゲンソン氏と一緒に、オンライン事業とテレビ事業のトップは、記事や課題をレビューし、アイディアを共有し、他の潜在的なシナジーを特定するために、毎日の編集ミーティングを設定した。

カーレイ氏は組織管理の方法にも大きな変更を行った。 彼は、ネットワーク戦略への異を唱える上級幹部を解雇し、一貫したメッセージを全従業員に伝えるようにした。 また、役員の業績評価を、事業固有の目標を3つのメディア全体の成長目標に結びついた指標に置き換えた。 人事については、事業間の異動を経験するほど評価される仕組みに変更した。

　その一方で、3つの事業組織の独立性は慎重に管理されていた。各事業は物理的に隔離されたままであった。守備範囲も異なり、オンライン事業や新聞事業の記者たちは、テレビ事業のスタッフよりも話題をより深くカバーすることに重点を置いていた。

　その結果として、USA Today は魅力的な全国広告主を続ける同社の能力と収益性の高いUSAToday.com 事業により、6000万ドルの収益を得ることができた。』

　活用部門と探索部門を統括するリーダーの立場は、General Manager や社長、CEO が責任をもって務めることが多い、と常石は言う。USA Today の例でも、社長自らがリーダーの立場を担っている。

　また、リーダーは、探索部門を惜しまずサポートしている。彼らは探索部門のリーダーとの打ち合わせを綿密に行う。マネージャークラスには、活用部門・探索部門双方が成功しなければ報酬が得られないシステムを構築している。

　これらのエッセンスを聞いて、月山は少し非現実的ではないかと感じた。リーダーに求めるものが多すぎる。今まで既存事業しかやってこなかった。急に両利きの経営体制にするからと言って、両方の部門をうまくハンドリングできる人材がいるだろうか。また、組織のトップがリーダーをやるということは、おそらくはトップの決意を部下に示すなどという意味合いがあるのであろうが、万一失敗したときのサポーターがいなくなってしまうのではないだろうか。これらの課題を、個人の力量だけでなく組織の組み方で補うことができないだろうか。USA Today の例に、そのヒントが隠されているような気がした。

事例②：富士フィルムとコダック

　次に常石が紹介してくれた事例は、富士フィルムとコダックだった。かつて写真フィルム事業を営んでいた多くの企業は、デジタル化の波に直面し、撤退かあるいは経営破たんした。そのなかで富士フィルムはかつての写真フィルム事業から大きく事業領域を変換して生き延び、現在はトータルヘルスケアカンパニーを志向している[7][8]。

　『・・・富士フィルムの企業変貌プロセスは2段階のステージで行われた。第1ステージは、押し寄せるデジタル化への対応である。特に写真フィルムとの共食い関係にあるデジタルカメラの探索に早い段階から取り組んだ。独自のCCDを搭載したデジタルカメラFinePix4700Zで初期の成功を収め、2000年には世界市場で22パーセントのシェアを占めた。しかし、写真フィルムを主力事業としていた富士フィルムにとって、写真フィルムを必要としないデジタルカメラの台頭は脅威であり、その意味で、デジタルカメラ事業と富士フィルム事業は共食いになっていた。また、フィルム事業に従事している従業員にとっては、デジタルカメラの台頭は自分がこれまで蓄積してきたノウハウや技術の価値を毀損することを意味したため、デジタルカメラの開発は決して歓迎すべからざるものであったに違いない。

　第2ステージにおいては、急速に減少する写真フィルムの構造改革を行うと同時に、デジタルカメラ以外の医療や化粧品等へ事業の多角化を加速していった。そのために、R&D統括本部を設置して研究開発の統合化を図ると同時に、機能分化も図った。2004年前後、富士フィルムはヘルスケア領域を新たな事業領域として選択したが、ヘルスケアを言ってもその範囲は実に広い。その中で富士フィルムは具体的に一体何をやるのか、そして何をやるべきなのかを、棚卸した基礎技術の応用可能性を検討しながら探索した。当時、肌のハリ弾力の元であるコラーゲンが、実は写真フィルムの主原料であることがわかっていた。写真フィルム事業で蓄積した基礎技術が、化粧品にも応用できそうだと考えたのである。このように富士フィルムは、技術で差別化された機能性化粧品を探索し、製品化にまでこぎつけた。』

このエピソードから得られる示唆は、同じ両利き組織でも、活用部門と探索部門の扱う製品やサービスの間で代替性が高い場合と低い場合では経営課題が異なるということであると常石は言った。代替性が高い場合の課題（例：フィルムカメラとデジタルカメラ）の課題は、既存事業からの反発を回避することである。代替関係にある技術への転換をスムーズに進めるためには、現場の関与と納得を得ることが意味を持つ。代替性が低い場合（例：フィルムと美容品）の課題は、如何に両者でシナジーを生み出すかである。組織、リソースを適切に配分することでこれを実現する。

　代替性の高いか低いか、という観点では、当行の狙いを鑑みると、低い方に当てはまると月山は考えた。そうだとすると、探索部門と活用部門のシナジー効果を発揮するような組織体制や運営ルールの整備が必要である。USA　TODAY の例で見た「両利き組織」をそのまま利用したら、両者は分断してしまう。どのような運営ルールを組めばよいのだろうか。

　『・・・富士フィルムと同時期に、ライバルであるコダックもまた同様の動きを見せている。コダックはデジタル技術のR&D に 1993 年までに 50 億ドルを投資した。1975 年コダックの開発技術者であるスティーブ・サッソンが、世界初のデジタルカメラを発明したと言われている。しかし、この時の画素数は 10,000 ピクセルに過ぎなかったために画質が非常に悪く、フィルムカメラの代替としては使えなかった。そのためカメラとしてではなく、撮影した映像をテレビに映してみるという使われ方をした。いずれにしても富士フィルムもコダックも、早い段階からデジタルカメラ関連技術の探索を行い、その商品化に取り組んだのである。

　また、コダックも富士フィルムも医療機器と医薬品分野を当初有望な新規事業候補とみなして技術探索を開始した。探索領域と探索の開始時期のいずれにおいても、両社の間に大きな違いは見られない。しかし、その後の展開は全く異なるものになった。富士フィルムは 2000 年代以降に急速に医療関連の技術探索を加速させて最終的に事業の軸足を医療分野にシフトさせつつあるのに対して、コダックは医療関連分野からは撤退したのである。』

このエピソードのもう一つの示唆は、探索には「広域探索」及び「局所探索」という2つの階層があるということだ。探索活動には「広域探索」から「局所探索」するパターンと、決め打ちで範囲を決めて「局所探索」するパターンに分けられる。前者は探索範囲の網羅性、後者は探索スピードの速さが利点であるということである。富士フィルムとコダックの結果は、全く異なるものになった。この違いは、企業がどのようにして範囲を絞ってゆくのかという探索プロセスの違いによってもたらされた可能性がある。富士フィルムは広域探索から局所探索へと探索プロセスを遂行しながら階層を降りてゆき領域を絞り込んでいった。その過程で現場を巻き込みながら組織的に探索プロセスをすすめたのである。他方コダックは、外部から招聘したCEOが主導して、トップダウン的に探索領域を決めていった。その過程でCEOの出身事業や過去の成功実績などが、探索領域の選択に影響を与えた可能性が高い。

　この2つ目の示唆については、月山はとても共感できた。たしかに、月山一代限りで新規事業が軌道に乗るかは不明であり、長期的に今回の戦略を採る必要がある。つまり今回、コダック同様「トップダウンによる局所探索」を行うことになる。一般的に日本の大企業というのは階層の強い組織で成り立っている。そうであるならば、富士フィルムのように現場中心で探索プロセスを進めることは難しそうである。一方で、一般的に大企業の幹部は3〜5年で交代することが予想される。新技術/新事業の立上げから軌道に乗るまで、同一人物が役員にいられるか不明であった。役員が変わる為に探索領域が変わってしまったら、コダックの二の舞である。この件については、どのような対策があるだろうか。

事例③：焼津水産化学工業

　最後に、ある中小企業の例も紹介してくれた。焼津水産化学工業（YSK）は焼津市内で発生する大量の残滓（ざんし）[4]処理を主目的として焼津市内の中小水産加工業者が共同出資する形で設立された。この事業は成功したが、化学調味料が全盛期であった1970年代半ば、当時の社長の果断により、新事業のカツオの煮汁などを原材料とした「天然

---

[4] 水産物を加工した結果発生する残りかす

調味料事業」へ大きく事業転換した。さらに 1980 年代後半には、天然調味料事業から順調に利益を得続ける中、独自技術を駆使した N-アセチルグルコサミン（以後、NAG）の開発および事業化に成功した。これが、現在の二本柱のひとつである「機能食品事業」である[9]。

『・・・NAG の開発が始まったのは、天然調味料事業が非常に好調でそれが YSK の大きな収益源となった 1975 年頃のことである。いかに現在好調でも、天然調味料事業だけではいずれ事業成長は止まるという当時の社長の危機意識も大きな契機となっていた。開発開始から 1987（昭和 62）年に実験室レベルでの NAG の製造が可能になるまで、およそ 12 年かかった。当初は全くの未知の分野への進出であった。当初は作り出したい利用価値や商品特性などへの具体的なビジョンがあったわけではないが、「何かあるだろうから、まずは物をつくる技術を固めておこう」「とにかく何か新しいものを作り出したい」という技術に対する開発責任者の強い探究心を牽引力に、大学・研究機関と積極的に交流し、時に苦しみながら一歩一歩、必死の試行錯誤で開発を進めていった。

それに対して会社からは、探索活動への許可や、「失敗は会社の栄養」「困ったら引き出しの中」という一定の枠内での失敗を許容する組織文化といった、間接的な支援が中心だった。だが、全くの新規事業ということもあり、社内の既存事業からの具体的な応援・協力はほとんど得られなかった。開発のための主な情報収集や技術協力は、前述のような外部の専門組織や専門家との交流で賄われた。さらに、開発と営業が協力しての用途開発が実り、NAG の工業化・量産化が果たされるのは約 13 年後の 2000 年まで待たねばならなかった。もともと明確なビジョンがあって新素材の開発を進めてこなかったことが響き、用途開発が全く進まなかったためである。

会社全体では天然調味料事業の安定した収益があった。また、経営側が新事業の創出を不可欠と捉え、長期にわたる忍耐的な経過見守りの姿勢を示していたことは、NAG の営業や開発を担当する社員たちの心の支えとなった。だが、その実態は特別扱いや甘やかされたという表現とは程遠いものであった。社内からは「いつまでやっているのか」との批判に晒され、もっとも厳しい時期には 5 名で開始した開発部は 2 名にまで減員されてしまった。

好転の初めの一歩は1990年、学会発表で企業名を知ったという健康食品メーカーからの問い合わせだった。だが当時、YSK はそれを一過性のビジネスとして捉えるのみだったため、大きな設備投資もせず、委託生産で対応するに留めていた。だがそうした会社の予想に反して需要は続く。特定保健用食品制度が開始されたことが健康ブームを後押しした。約5年ごとに新事業の可能性を感じさせる出来事が続くようになった。ここに至ってようやく YSK の営業担当者たちも、「これはいけるかもしれない」「こういうものが今売れるらしい」と、将来需要の大きさをうっすらと認識するようになったのである。その結果として、2000 年に NAG の事業化は実現されたのである。』

　このエピソードからは、両利きの経営の初期段階では、活用部門に対しては十分な組織資源投入を行う一方、探索部門に対しては、主として個人レベルを対象に最低限の資金配分しか行えないことがわかる。また、それゆえ不足分を充当するために個人が外部の組織資源を積極的に求めるということが言えるそうである（表1-3）。

　実に興味深い話だ、と月山は思った。USA TODAY の例では、どのように両利きの経営組織に移行するかがよくイメージできなかった。探索部門では資金もノウハウもないため、初めから探索部門と同等の規模の部門とすることは困難であるに違いない。はじめは探索部門を小規模にして、使用するリソースも外部との共同研究などからスタートし、コアコンピタンスを確立する。そのあと次第に、活用部門と同等の規模に拡大し、サービス開始を考えればよいのではないだろうか。

　常石を戻した後、月山は常石から聞いた話を整理した。大きく分けて、両利きの経営を導入する際のポイントは、「両利き経営体制への移行の仕方」、「同体制でのトップの振舞い」、「同体制の維持方法」にありそうだ。これらを十分に検討して、新事業を立ち上げなければならない。

表1-2　両利きの経営の概念[10]

	知の活用事業	知の探索事業
戦略意図	コスト、利益	革新、成長
重要課題	オペレーション、効率、持続的イノベーション	適応能力、新製品、破壊的イノベーション
行動特性	オペレーション能力	企業家的能力
組織構造	フォーマル、機械的	適応的、緩やか（ルース）
統制、報酬	マージン、生産性	マイルストーン、成長
文化（カルチャー）	効率、低リスク、クオリティ、顧客ニーズの重視	リスクを恐れない、スピード、柔軟性、実験の重視
リーダーシップの役割	権威型、トップダウン型	ビジョナリー、参加型

両利きのリーダーシップ

ビジョンと価値観の共有化、評価の工夫による統合を
通じて、２つの事業の相反する適合条件が両立できる
ようになる。

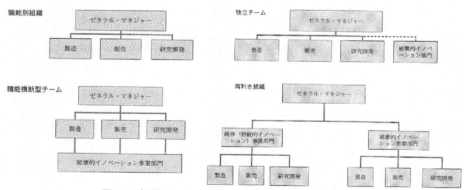

図1-2　破壊的イノベーションを実現するための組織編制[10]

表 1-3 両利きの経営の学習メカニズム[9]

	技術開発段階	用途開発段階	事業化段階
組織学習の種類	探索（セル 1）	探索（セル 1）	活用（セル 4）
期間	約 12 年間 （1975–1987 年）	約 13 年 （1987–2000 年）	2000 年から現在
学習主体	主に、個人レベル （研究開発者など）	個人およびグループレベル （開発・営業部）	組織レベル（製造、工場など全社的に連携）
学習主体への 組織の資源配分	・探索活動の許可（＋） ・研究開発者の能力向上支援（＋） ・枠内の失敗を許容する組織文化（＋） ・協業組合への出資（＋） ・第 2 研究室の設置（＋） ・既存事業からの人的支援、協力はなし（－）	・長期にわたる経営側の忍耐的な経過見守り（＋） ・開発から営業への柔軟な人員配置の許容（＋） ・社内からの厳しい評価や批判（－） ・成果が上がらない状況を反映した開発・営業担当者の減員（－）	多くの資金や人員を投入した積極的な支援（＋＋）
外部環境に関する 特記事項	外部の専門組織や専門家からの協力	健康ブームの到来と市場の後発的な成長	NAG 配合のヒット商品の誕生

◆　解説　◆

　各ケース・クエスチョンについて、「(1)ケース・クエッション設定の目的」、「(2)検討
方針・検討方法」、「(3)分析と考察」、「(4)回答（例）」の順番に整理する。

ケース・クエスチョン1の分析と考察

(1)ケース・クエスチョン設定の目的
　本クエスションは、ケース・クエスチョン2の「両利きの経営」の導入方法を検討す
る前段階として、典型的なイノベーションの失敗事例についてその要因を整理すること
を目的とする。ポイントは、「意思決定バイアス」（参考文書[11]）や「集団力学」（参考
文献[12]）などがイノベーションを阻害するところにある。これがあるために、環境認
識やそれに基づく意思決定は偏った傾向に支配されてしまう。

(2)検討方針・検討方法
　まず事実の整理として、①三留部長、高城次長・天沼次長、月山課長、浜島の上司・
チームメンバーの上司、浜島及びチームメンバーが行った行動を整理する。次に、②そ
れぞれの行動がなぜイノベーションの失敗に繋がったかを参考文書[12]に示されたイノ
ベーションの阻害要因（集団力学、確証バイアス、アンカリング効果、自己正当化）に
対応させて分析・考察する。なお、ここで示す方法は1例であり、論理的な考察がなさ
れて類似の回答に至れば方法は問わない。

(3)分析と考察
　まず、各登場人物が行った行動を整理すると、表2-1の通りになる。

表2-1　各登場人物がとった行動の整理

登場人物	行動の整理
三留部長	・各課に、新規事業案を検討せよと指示を出した。 ・報告会を開催した。報告会では当たり障りない講評を述べた。 ・次年度も同様の検討を指示した（しかし、取りやめとなった）。
高城次長 天沼次長	・報告会に参加し、前例や自身の経験を基準とした審査を行った。
月山課長	・部長指示により、新規事業検討チームを設立した。 ・オープンイノベーションイベントに配下社員を参加させた。 ・「15%ルール」の適用を配下社員に指示した。 ・新規事業提案の教科書を浜島に渡し、参考とするよう指示した。 ・浜島の上げてきた事業案に特段の助言をしなかった。
浜島の上司 チームメンバーの上司	・主力事業の仕事進め方でメンバーと対立した。 ・積極的なサポートは行わなかった。
浜島、 チームメンバー	・オープンイノベーションイベントへ参加した。 ・ブレーンストーミングによるアイディア創出、関連する調査を行った。 ・厳しいスケジュールの中で活動を推進した。 ・技術視点に基づく事業案を作成した。

次に、イノベーションの試みが失敗に終わった原因を、参考文書[12]に示されるイノベーションを阻害する要因に基づき以下(a)～(d)に示す。

(a) 集団力学

　集団力学とは、「日々の業務活動を通じて暗黙の慣習や価値観が形成され、そのように形成された慣習や価値観の集積としての組織文化が更なる集団レベルの行動を規定する制度的要因」と説明されている。ケース中では、まず、技術部門の社員のみで新規事業の検討をしていることが問題である。類似の思考回路や経験を持つ一部署だけでのブレーンストーミングでは、新たな発想が生まれる可能性が低くなる。特に技術者は、日々の開発業務で経験を積むことで、「ある問題に対しては、このような解決法がいい」とい

う論理的に考える問題解決型の思考となっている。その結果として、現実的ないつもの
アイディアになってしまう。なお、ケース内ではその事態を解決するために月山がオー
プンイノベーションイベントに配下社員を参加させ、彼らの発想を豊かにしようと試み
ている。これは「集団力学」を乗り越える手段としては有効であると思われる。

　また、集団力学により、従来型の仕事のやり方にとらわれ評価を恐れて失敗を避けて
しまうこと、また、新しいものへの取り組みを苦々しく感じて排除してしまうことも考
えられる。本ケースでは、「15%ルール」を適用するよう月山が周知している。しかし現
場の若手・上司の関係において、既存事業の仕事がある中で若手が自主的に新規事業を
考える時間を確保することは相当難しい。なんとか時間を確保してまとめた報告も、大
した評価をされることもなく終了している。次の年には、頑張っても同じことが起きる
ことがわかってしまっているために、誰も参加しようとしなかったのである。これは、
行動経済学上、人はリスクと利得のバランスを均等に判断できず、リスクは重く見てし
まい、利得は小さく感じてしまうからだと考えらえる。だから、現状維持を好むと考え
られる。

(b) 確証バイアス
　確証バイアスとは、「自分の意見の正しさを確認する証拠ばかりを集める『確証バイア
ス』という傾向」と説明されている。ケース中では、最終報告会に向けた資料を月山が
技術者としての興味のみで評価しており、事業計画を立てる教育を放棄している（参考
書を浜島に渡すだけとしている。技術部門の課長の立場でも事業計画の立案方法がわ
かっていなかった可能性も高い)。また、部長主催の報告会においても、次長たちが今ま
で成功した既存事業の価値観に基づくと推定される視点からの指摘を行い、発表者が元
気をなくすシーンが見られる。ここでは、あらかじめ報告会の主催者（つまり部長）が、
評価基準を明確にするべきであったと考える。課長や次長がよりどころにした技術の面
白さ、既存事業の比較だけでは新規事業の評価は難しいと考える。

(c) アンカリング効果
　アンカリング効果とは、「はじめに規定された基準点や参照点に意思決定が影響を受け
る効果」と説明されている。ケース中では、まず担当者が技術者ばかりで事業計画を立

てるすべがなく、意思決定者が判断するために必要な情報を提供しきれていないことが挙げられる。一方、主催する部長も、判断能力がない又は判断する権限がなかった可能性がある。冒頭のオープンイノベーションイベントであるが、スタートアップ企業は既存企業のリソースを使って自社の技術やアイディアを発展させていこうとしているためであり、若手が「反応が良かった」という感想を残すのは至極当然であると考える。反応がよいのは企業に対してであり、事業に対してではなかったと考える。そのような状況であるので、当該イベントへは、若手だけでなく、実際にスタートアップ企業と協力関係を結べる立場にいる上司が同行すれば、次へのステップを築くことができた可能性がある。

(d) 自己正当化

自己正当化とは、「直面する環境変化を自分の都合のいいように解釈すること」と説明されている。本ケースでは、想定顧客の調査や市場の反応などを試す行為が全く行われていない。

(4) 回答(例)

(3)の分析結果とまとめると、回答案としては以下の通りになる。
登場人物それぞれの立場でイノベーションを起こそう努めたが、「意思決定バイアス」や「集団力学」などの阻害要因となりうまく行かなかった。具体的には、表2-2の通りの整理となる。

表2-2 イノベーションの阻害要因と分析・考察結果

阻害要因	分析・考察結果
集団力学	技術部門の社員のみで多様性のないチームを結成した。また、「15%ルール」は口だけで徹底されていない。アウトプットが正しく評価されず、活用先も決まっていない。
確証バイアス	技術的興味、過去の事例に基づく評価。事業評価基準が未制定である。
アンカリング効果	意思決定者に投資判断するために必要な情報を提示できていない。また、上位者に判断する能力がない。

自己正当化	想定顧客の調査や市場の反応などを試す行為が一切行われていない。

ケース・クエスチョン2の分析と考察

(1)ケース・クエッション設定の目的
「両利きの経営」のエッセンスを学ぶ。ポイントは、組織の中間管理職の立場で、「同体制でのトップの振舞い」、「同体制の維持方法」、「両利き経営体制への移行の仕方」を具体的に考察する点である。

(2)検討方針・検討方法
　ここでは、ケースに書かれた事例・示唆及び月山の懸念に対して、懸念を解決する策を検討する。それらをまとめて、回答案としては、マッキンゼーの7Sフレームワーク及び組織図を用いて整理する。7Sフレームワークは戦略や組織の仕組みを7つの要素に分けた上で、各要素の整合性を評価することで組織の有効性を判断し、組織の改善につなげていくフレームワークである（参考文書[13]）。ここでは、このフレームワークを組織の構成要素を整理するために使用する。

(3)分析と考察
　ケースにて常石が示した示唆(a)〜(f)に対して、月山の懸念を踏まえた対応策を整理する。（ケースの引用部分を*斜字*で示す）

(a)「*職能別組織、職能横断型組織、独立組織、両利き組織のうち、最も両利きに適していた組織は両利き組織である。新設の探索部門は活用部門からのマイナスの影響を受けにくい。同時に、活用部門は探索するプレッシャーから解放され、目の前の仕事に専念できる。*」

　どの会社も人は限られている。事例や示唆に示されるように完全分離ができればよいが、いきなりそのような組織を作ることは困難であると考えられる。また、いきなり探索部門に配属が決められた社員は、戦える（売れる）技術/事業も持たずに仕事を進めることは難しいと推測される。まずは、小さな探索部門を作り、少しずつコアコンピタン

スを育て、だんだんと大きくしていくべきと考える。また、こういった組織上で両部門を分断することを「構造的両利き」と呼ぶのに対し、個人の作業の中で両者を行うことを「文脈的両利き」（参考文献[14]）という。同じ専門分野であれば、活用部門と探索部門両方において活躍できる人材もいると考えられる。しかし、この場合でも、ある程度業務範囲に境目をつけなければ個人の中で作業の優先順位などで混乱をきたすと考えられる。

(b)「*両利き組織を主導するマネージャーは、活用部門と探索部門を包含するビジョンを明確に示す。それによって、活用部門、探索部門がお互い衝突する存在でなく、互いに協力してそのビジョンを実現しようと団結できる組織となる。*」

　立場（活用部門、探索部門）が違っても、会社としての対立を回避するために、同じビジョンを共有することは有効であると考える。

(c)「*両利き経営を主導するマネージャーは、General Manager や社長、CEO が責任をもって務めることが多い。*」

　なぜ両利き経営を主導するマネージャーが社長や CEO なのか、この話だけではわからない。しかし、社長や CEO が担当するメリットとしては、会社の決意を配下社員や社外ステークホルダー、経営陣に決意を伝えることができることが挙げられる。一方、デメリットとして、失敗したときのサポーターがいないことや、いかに執行役員と言えど今までやったことのない経営スタイルを行ってすぐに結果を出すことができるか不明であることなどが挙げられる。これらのことから、失敗が許されないことを考えると、今回、月山の立場で管理可能な範囲の組織の中で、月山自身が両利き経営のマネージャーになることは、得策ではないと考えられる。

(d)「*両利き経営を主導するマネージャーは、探索部門へのサポートを惜しまない。探索部門のリーダーとの打ち合わせを綿密に行う。また、マネージャークラスには、活用部門・探索部門双方が成功しなければ報酬が得られないシステムを構築する。*」

両利き組織のリーダーには、活用部門及び探索部門両方が成功することで評価する指標を導入し、ボーナス額を査定する。社員はKPI（Key Performance Indicator）に従って行動をすると考えられることから、この指標を両利き経営のリーダーに適用することは妥当と考えられる。ただし、今回は月山の立場で管理可能な組織を対象としている（月山は、会社全体の組織を変更できる立場にない）。月山の上司を両利き組織に取り込むことが難しいと仮定すると、月山がリーダーになると、その仕事ぶりを上記の考え方で評価する立場がいなくなる。よって、月山自身が両利き組織のリーダーになることは適切でない。月山直下の部下が両利き組織のリーダーになるべきであり、月山はその活動を支援する立場であるべきであると考えられる。

(e)「同じ両利き組織でも、代替性が高い場合と低い場合では経営課題が異なる。代替性が高い場合の課題は、主力事業からの反発を避け、対立を回避することである。代替関係にある技術への転換をスムーズに進めるためには、現場の関与と納得を得ることが意味を持つ。代替性が低い場合の課題は、如何に両者でシナジーを生み出すかである。組織、リソースを適切に配分することでこれを実現する。」

　活用部門、探索部門に分けた後も、仕事に直接関係に技術交流会や勉強会などを定期的に実施して、シナジーを生み出す運営を行うことが有効であると考える。

(f)「両利きの経営の初期段階では、活用部門に対しては十分な組織資源投入を行う一方、探索部門に対しては、主として個人レベルを対象に最低限の資金配分しか行えないことがわかる。また、それゆえ不足分を充当するために個人が外部の組織資源を積極的に求めるということが言える。」

　探索部門では資金もノウハウもないため、初めから活用部門と同等の規模の部門とすることは困難である。はじめは小規模にし、使用するリソースも外部（大学）との共同研究からスタートさせる。コアコンピタンスが育ってから、活用部門と同等の規模に拡大し、事業を開始する。

(4)回答（例）

　これらの考察を踏まえ、回答を 7S に沿って整理すると、表 2-3 の通りとなる。Strategy（戦略）としては、今回は「両利きの経営」を目指すことにする。Structure（組織構想）としては、(3)(a)(f)で考察したように、いきなり完全独立すると新規事業が成り立たない可能性がある。そのため、小さな探索部門を作り、少しずつコアコンピタンスを育て、だんだんと大きくしていくべきと考える。System（社内のしくみ）としては、(3)(d)で考察した通り、両部門を統括する立場は、両部門の指標とも向上した場合に評価を受けるルールを敷く。また、活用部門より探索部門のサポートを密にするために、事業部内の定例会議の回数を探索部門の方が多くなるよう設定する。また、(3)(e)で示した通り、シナジーを生み出すために技術交流などを定期的に開催する。Staff（人材）としては、(3)(c)(d)で考察したように、両利き経営のリーダーを月山直下の部下として、月山はそのサポート及びさらに上位との調整役に回る。リーダーのサポート及び次世代リーダーを教育するため、部長格の人材を両利きチームに配属させる。Skill（スキル）、Style（スタイル）については本クエッションでは対象外とした。Shared Value（共有価値）については、(3)(b)にて議論した通り、活用部門と探索部門が対立しないように、両者がともに目指せるビジョンを設定する。

表2-3　7S フレームワークによる整理

項目	内容
Strategy	既存事業を軸にフィンテック分野における新規事業創出のための両利きの経営
Structure	はじめは小さな探索部門を作り、少しずつコアコンピタンスを育て、だんだんと大きくする。最終的には、活用部門と探索部門を完全独立させる。
Systems	リーダー+両利きチーム： 活用・探索部門双方の売上を評価指標とする。 会議： 事業部会議（月山+リーダー+両利きチーム：月1回） 活用部門会議（リーダー+両利きチーム+活用部門トップ：月2回） 探索部門会議（リーダー+両利きチーム+探索部門トップ：月4回） 両部門間での交流会の開催
Staff	月山：リーダーのサポート。 月山直属の部下：両利きリーダー。 両利きチーム：次期リーダー候補として、間近でリーダーが OJT を行う。 活用部門・探索部門：各部門に専念する。
Skill	N/A
Style	N/A
SharedValues	銀行業を包絡するビジョンを提示する。

《参考文献》

［１］チャールズ・A・オライリー，マイケル・L・タッシュマン(2019)，両利きの経営 「二兎を追う」戦略が未来を切り拓く，東洋経済新報社

［２］平木恭一，奥沢敦司(2014)，最新 金融業界の動向とカラクリがよ～くわかる本[第4版]，秀和システム．

［３］筑紫祐二他(2018)，会社四季報 業界地図 2019年版，東洋経済新聞社

［４］セブン銀行ホームページ(2019/5/26閲覧)，
https://www.sevenbank.co.jp/ir/finance/service_data/

［５］ソニー銀行ホームページ(2019/5/26閲覧)，
https://sonybank.net/corporate/orgchart.html

［６］O'Relly, Tushman(2004), The ambidextrous organization, Harvard Business Review.

［７］柴田友厚，児玉充，鈴木潤(2017)，二刀流組織から見た富士フィルムの企業変貌プロセス，赤門マネジメント・レビュー，16(1).

［８］柴田友厚，馬場靖憲，鈴木潤(2017)，探索戦略の迷走 - 富士フィルムとコダックの分岐点-，赤門マネジメント・レビュー，16(5).

［９］安藤史江，上野正樹(2013)，両利きの経営を可能にする組織学習メカニズム -焼津水産化学工業株式会社の事例から-，赤門マネジメント・レビュー，12(6).

［１０］興那原健(2015)，ダイナミック能力と両利きのマネジメント，琉球大学経済研究，89，p49-63.

［１１］Simon H.A(1947), Administrative behavior: a study of decision-making processes in administrative organization, New York: Macmillan.

［１２］一橋大学イノベーション研究センター(2017)，イノベーション・マネジメント入門 (第2版)，日本経済新聞社

［１３］Bradach, Jeffery J(1996), Organizational Alignment: The 7-S Model, Harvard Business School Note, No.0-497-045.

［１４］Ian P. McCarthy, Brian R. Gordon(2011), Achieving contextual ambidexterity in R&D organizations: a management control system approach, R&D Management, 41(3).

7. オープンイノベーションを目指した
組織変革とリーダーシップ

1. ケースのねらい

　本ケースの主な眼目は、ノリッシュファーマの企業変革とイノベーションを喚起するリーダーシップである。本ケースから、ノリッシュファーマが創業期から事業拡大を経て現在に至るまで、外部環境の圧力に耐えながら生存してきた戦略と企業改革の成功・失敗要因について、フレームワークなどを使用して分析し、課題を導き、企業の持続的価値創造の在り方について、検討し議論いただきたい。

　時代ごとに4つのステージ、1）創業・黎明期、2）成長・拡大期、3）停滞・混迷期、4）脱出期に分けられる。読者は、価値創造企業としての企業理念、特定課題への対処、自社製品開発プロセス、イノベーション創出、ターゲットとする疾患領域に注力するプロセス、ライセンスインアウト、組織体制の大改革、さらには、リーダーシップスタイルの観点から分析し、議論できる。外部環境の変化に応じた事業計画の実施もさることながら、自社内の改革に伴う社員のマインドや組織構造が企業活動に甚大な影響を及ぼしていることについても議論を願う。

　最後に、21世紀初頭から半ばに向かうにあたり、従前の事業戦略や組織体制が通じるのか、新たな変革が求められているのなら、どのようなビジネスモデルや企業変革のシナリオがありうるのか、そして、変革後に創造する価値は何かを読者に問いたい。

2. ケース・クエスチョン

　（1）ノリッシュファーマの研究開発と事業活動が成功した理由をリーダーシップの観点から述べよ。

　（2）2010年以降に売上を減少させ、低迷が続いている。競争環境の変化に対して適切に対応できなかった理由はどこにあるか。

　（3）ノリッシュファーマが今後、製薬業界で生き残っていくにはどのようなビジネスを展開すべきか、事業戦略と組織改革の観点から述べよ。

序論

　ノリッシュファーマ株式会社の三代目、伊地知文博 CEO は、2016 年度通期決算説明会の準備に追われていた 。ここ数年は、ブロックバスター[1]の特許切れに端を発した企業業績の落ち込みから抜け出すために、利益の上がらない事業の売却、社内組織構造の大改革、他社との提携、そして、新たなビジネスモデルの構築について、精力的に実行してきた。その甲斐もあり、2016 年度の業績は、幾分上向き、飛躍への下地が整ってきた。しかし、伊地知文博が気掛かりなことは、自社が新薬開発とその新薬の価値最大化を実現できる企業文化の醸成を行えるような状態ではなかったことである。

　伊地知文博は、一刻も早く、事業改革を行い、戦略を一新することに加え、イノベーションを生み出せる組織にするための抜本的な社内改革を行う必要に迫られていた。

Ⅰ．時代と共に成長する
黎明期のノリッシュファーマ株式会社

　ノリッシュファーマ株式会社（以降、ノリッシュファーマ）の歴史は、1900 年代初頭までさかのぼる。当時、日本国民が栄養不足により欠乏していたビタミンを補おうと、ビタミン剤の研究開発を行い、国産ビタミンＣを誕生させた。戦時中の主要な収入源は、これらビタミン剤や日本軍へ提供していた携帯食（乾燥食糧）だった。医薬品事業というより、日本軍の食糧工場として事業活動を行っていた。その後、圧倒的な知名度となるヒット商品、レモンドブランドの第 1 号『レモンドⅠ』を発売した。当時は、現代のような治療薬がなく、『レモンドⅠ』は、夜盲症や皮膚乾燥症、そして、小児の栄養障害などに幅広く用いられた。戦時中に、軍需産業の一つとして駆け出し、着実に成長したノリッシュファーマは、日本社会全体が激動の時期となる高度経済成長時代を迎えようとしていた。

---

[1] 治療体系を覆す薬効、圧倒的なシェアや新規市場の開拓、莫大な売上（約 1000 億円以上）を達成した製品の総称である。

高度経済成長期の製薬業界とノリッシュファーマ

　高度経済成長期は、国民の生活が豊かになり、人々の生活習慣が大きく変わった時期だった。それは翻せば、貧しい時代に流行っていた病気が克服され、これまでにかかったことがない疾患が増えてきた時代でもあった。また、経済が右肩あがりだったことから、製薬企業としては、ひたすらモノを作ってどれだけ売れるかで利益が決まるため事業計画も容易だった。製薬企業の営業担当者は、当時プロパー（現在の営業担当）と呼ばれ、自社の薬が採用されるならば、医師への接待も可能で、会社からいくらでもお金を出して良いような時代だった。「銀座に良く行き、週末は、ゴルフ三昧だったよ。」と良く昔話を語る社員は多く、営業の特徴もどちらかというと、饒舌で医師からの要求はなんでも引き受けるタイプが好まれた。

　ノリッシュファーマも他社と同じようにプロパーによる営業活動を行っていたが、現在では一般的になっているプロダクトマネージャーの導入を他社に先駆けて行っていた。プロダクトマネージャーは、新製品の価値を最大化させるための活動を行うことを役割として、専門医とともに会合を企画し、診断や治療の普及に励んでいた。当時の日本の社会情勢、労働環境から、営業部隊に限らず、皆が目標に向かって一致団結し、社員一丸となって昼夜問わずに働いていた。

　海外メーカーの技術力や成長規模を目のあたりにしてきた初代、伊地知文博の祖父が、自社を省みて、危機感と事業拡大の必要性を感じ、全社計画として、経営基盤を強固にするべく、社員一丸となり事業展開した結果、存在感のある医薬品メーカーとしての地位を確立するに至った。同時に、事業体制の基盤確立を着実に行い、財務的な健全性も兼ね備えた末に、株式上場を果たした。さらに、大型設備投資も積極的に行い、研究・生産能力を世界水準へ押し上げるために、1980 年に「相模原工場」（神奈川県）、1981 年に「神戸研究所」（兵庫県）、1982 年に「ノリッシュファーマバイオ」（千葉県）を設立した。これら最新設備を備えた施設群は、今後の新薬ラッシュと海外での生産販売、成長戦略を支える資産であり、飛躍への下地となった。

II．知識創造企業
神戸研究所から生み出されたイノベーション

　1960年以降、日本の高度経済成長期を経て、20世紀後半に至るまで、多くの製薬企業は、自社で研究所を保有し、自社で薬を生み出す研究開発体制を主軸として事業展開していた。ノリッシュファーマも、自社製品の上市は純粋に研究開発力という観点で他社と競争状態にあった。ノリッシュファーマは、1981年に研究開発力を強化するためにノリッシュファーマ神戸研究所を創設した。創業者一族の伊地知文博（現在のCEO）が神戸研究所所長として、研究所を管轄する立場に就任した。就任後すぐに、組織内改革に着手した。神戸研究所の組織を、専門領域別に第一室から第五室まで分け、そして、若手の研究員を増やした。伊地知文博は、この組織構造から、研究員たちが、お互いを意識して、切磋琢磨できる環境を生みだそうとした。伊地知文博の思惑通り、研究員は皆、気合が入り、夜遅くまで仕事をし、他社に追いつき追い越せと精を出していた。当時の神戸研究所は、近隣にある競合他社の研究員から"ノリッシュファーマ不夜城"と恐れられ、各室のリーダーたちは「夜9時前に帰るな」「土曜日曜も出勤せよ」と、嫌われながらも若手に渇を入れていた。さらに、午後9時過ぎになると、研究所廊下奥から、ドシッドシッと足音が聞こえてくる。伊地知文博の出番である。伊地知文博は、毎晩、必ず激励に各室を訪問することを日課としていた。上意下達でありながらも、皆他社に追いつき追い越せと一丸となり、精力的に研究開発活動を続けていた。研究所内人材の交流は、勉強会が頻繁に行われ、研究面だけでなく、精神面でも、深められていた。

　中島徹は循環器グループの合成系を率いる立場にあった。循環器グループは、主に合成系と評価系に分担されていたが、それぞれに所属する研究員の間で、日夜、喧々諤々の議論が繰り返されていた。中島らは多くの候補化合物を合成していたが、それらを評価系に持っていくと、候補化合物の数が多すぎ、スムーズに評価が進まずに、お互いの不満があふれ、エネルギーがぶつかりあうのは、日常茶飯事だった。また、中島は、部下・チームの仕事を無駄にさせまいと、しつこく関係各所に測定などの依頼に廻っていたため、若干煙たがられていた。それでも担当者は、中島の熱意に押され、依頼を引き受け、データを取得し、研究開発が進んでいった。

　このような神戸研究所において、1983年に、ついに神戸研究所が創製した初の新薬となる、高血圧治療薬『セラタック』の開発に成功した。セラタックは、ノリッシュファー

マ独自の製品として、医療機関へ積極的に売り込める絶好の製品となった。さらに、1990年代になると、神戸研究所から生まれた新薬が次々と上市に成功した。その中には、後にブロックバスターとなり、ノリッシュファーマの収益の屋台骨となる、脂質異常症治療薬『スタコック』や、解熱鎮痛剤『リシックス』があった。一人ひとりが全力で役割を果たしたのはもちろんだが、革新的な創薬を生み出すためには、個人個人の力だけでなく、恐れずにぶつかり合って、個性を発揮するチームワークが必要だった。また、スタコックに限らず、その他いくつか市場で大型商品になった薬は、それらの研究開発段階ではむしろほとんど冷ややかに見られ、「こんなもの作っても売れないよ、こんな難しいものは開発に成功しない」という声が多かった。しかし、経営陣や周囲が、陰に陽に支えてくれていたのである。中島が率いていたスタコックの研究開発も、同様に、周りから冷ややかに見られていながらも、伊地知文博らトップ陣営陣が温かい目で見守ってくれていた。伊地知文博は、研究員同士の衝突を奨励しつつ、チームの活動に口出しすることはなく、伊地知文博自身は、自ら改革を手掛けた神戸研究所の活動を最大化するために、対外的な活動に重きを置いていた。このような研究員が切磋琢磨できた環境こそが次々と革新的な薬を生み出し、新たなイノベーションを生み出す源泉であった。

ノリッシュファーマの知識創造活動

　伊地知文博は1985年、38歳でノリッシュファーマの社長に就任した。バトンを受けた伊地知文博は、会社を経営していくうえで、軸となる精神が必要であり、それが何かと考える日々を続けていた。当時、多くの製薬企業は、医師を顧客とし、ノリッシュファーマも積極的に医師へのアプローチを行っていた。しかし、伊地知文博は、薬は患者に使われる製品であることから、「患者の気持ちがわからなければならないのではないか」と考え、企業活動のメッセージとして「患者を顧客として、事業を展開する方針を打ち立てていくこと」を計画した。勘がいい伊地知文博は、時代の流れや、社会情勢、人々の意識の変化を感知していたが、このことは社員にはまだ伝わっていないとも感じていた。神戸研究所時代と同じように、就任直後から社員へ意識づけるような改革に取り組んだ。
　1987年、伊地知文博はヘルスケアの主役が患者とその家族、生活者であることを明確に認識し、そのベネフィット向上を通じてビジネスを遂行することに誇りをもちたいという「ノリッシュファーマ・イノベーション宣言」を発し、社員一人ひとりに意識改革

を促した。この精神を一言に集約したものが、"ビジョナリー・ソーシャルケア"であり、1990 年に企業理念として制定した。このマインドに対する姿勢を対外的にも示すために、宣伝広告に積極的に使用した。グローバルに展開することを常に意識していた伊地知文博は、この企業理念に込められた想いが海外の社員にも理解され、共感され、覚えられやすい共通のメルクマールになると考えた。以降、この理念は脈々と受け継がれているノリッシュファーマの DNA となり、精神的な拠り所になり、2004 年には定款に企業理念として注入された。

グローバルマインド

　ノリッシュファーマは、国内事業が軌道に乗ると、高度経済成長の波に乗り、海外進出を目指した。もともと伊地知一族には、グローバリゼーションに対する意識が根付いていた。それは、それぞれが、それぞれに海外に触れながら経験を積み、人生を歩んできていた。そのグローバル展開における心得は、3 世代に受け継がれたグローバリゼーションへのコミットメントであった。

　国内製薬企業の海外進出戦略としては、主に、自社製品を海外製薬企業に導出する形態が主流であった当時、ノリッシュファーマは、源流である研究から生産までを自らの手で行う「自前主義」にこだわり、海外展開を試みていた。将来を見据えて整備してきた日本、カリフォルニア、ロンドンの 3 研究拠点を基軸とすることにより、研究開発と各国の販社における製造販売物流体制を有効に機能させることができた。いち早く日米欧に研究開発拠点を確立し、グローバルブランドの創出に取り組んできたし、その自負もあった。その結果として自社ベースで研究開発、自主独立路線を貫きつつ、二桁の増収ペースを実現した。

　2000 年には、グローバルにおいて、売上目標を達成し、ノリッシュファーマは世界の医薬品メーカーのランキングで、上位に入った。「5 ヵ年戦略計画」の最終年度に実った成果であり、伊地知文博だけでなく、社員がこの勢いを続けて事業を展開しようと活気づいた。翌 2001 年もこの勢いが続き、海外事業が飛躍的に成長し、ついに海外売上高の比率が 50％を超えた。立て続けに世界展開を続け、ヨーロッパ各国に販社を広げ、成長戦略を継続した。さらに、2005 年度から中期戦略計画を始動させた。その真髄は、2004 年に自ら定款に明文化した企業理念であり、真のグローバルなビジョナリー・ソーシャ

ルケア企業となること、すなわち理念の実践を目的としていた。アンメットメディカル
ニーズ（未だ満たされていない医療ニーズ）に資源を集中し、社会・患者・家族が求め
ている領域へ事業を展開し、価値創造を図ろうとした。日本を含む先進国が高齢化社会
に突入する中で、ニーズの高まりが見られる、慢性疾患領域に本格的に参入する方針を
打ち立てた。また、成長が見込まれる新興国に向けては、「必要とされる医薬品を一つで
も多くお届けし、一人でも多くの方の希望をつくりたい」という思いのもと、医薬品ア
クセス向上に向け、製造販売体制を整備し、低コストによる製品供給の実現や官民パー
トナシップ強化を通じた新しいビジネスモデルによる取り組みを打ち立てた。

ガバナンス構築

　伊地知文博は、事業拡大に伴い、コーポレート・ガバナンスの透明化にも非常に積極
的に取り組んだ。この背景には、1990 年代以降に、世界的にコーポレート・ガバナンス
の重要性が増し、2000 年前後には、多くの課題や不祥事が国内外で露呈していたことが
ある。ノリッシュファーマは、1999 年 5 月から社外取締役を招聘し、2003 年からは経営
を監督する取締役会の過半数を社外取締役にしなければならない委員会等設置会社に移
行した。ただ、伊地知文博は、いわゆる粉飾決算のような不祥事を抑えるというような
視点ではなく、グローバル視点に立った時の最良の経営体制を取ることにより、一族経
営の弱点を克服しようとしただけでなく、将来を見据えた企業価値創造とステークホル
ダーとの関係構築までも射程に入れていた。

III. パテントクリフ
時間は買えたか

　製薬業界には「パテントクリフ（特許の崖）」という言葉がある。企業の主力製品とく
にブロックバスターの医薬品の特許が切れると、同じ有効成分で安いジェネリック医薬
品（後発品）が別の会社から販売され、売上が急減することを表現している。各社それ
ぞれの対策でパテントクリフを乗り越えようとしていた中で、ノリッシュファーマにも
ブロックバスターまで成長していたスタコックとリシックスの特許切れが迫ってきてお

り、何かしらの対策を講じなければならなかった。さらに、この当時、急速に進化を続ける医薬品の研究開発技術を背景に、医薬品自体の潮流も、すでにスタコックのような低分子医薬品から次世代のバイオ医薬品やゲノム医療へとシフトしていた。

　特許切れが迫りつつある 2006 年 11 月 9 日、伊地知文博は米国にあるセルジェンの買収を発表した。セルジェンは、ノリッシュファーマが保有していない次世代バイオ技術に特化し、かつ、ノリッシュファーマが投資を集中し研究開発を進めている慢性疾患領域に強みを持っていた。そのため、この買収は、ポートフォリオ構成の拡充になると判断し、踏み切った案件であった。しかしながら、今回の買収は、従前の自社内で研究開発から上市し、その後の販売活動までを担う、いわば自前主義のビジネスモデルとは異なる、時間を買う合併と買収の戦略を積極的に展開することを意味した。これは慢性疾患領域に限らず、今後進出していくことを計画した循環器領域における製品・新技術も時間をかけずとも獲得できることになる。この買収が成功した場合の皮算用では、今後 5-10 年間で 35％の成長を見込み、2000 億円弱の売上になることから、スタコック特許切れ以降の収益減少分を補うことができると推算していた。伊地知文博は、記者会見においても「中期戦略計画で掲げた米国市場での 2 ケタ成長を確実にし、2010 年度には、売上高 1 兆円に到達できる事業展開を実行する」と、セルジェン買収への意気込みと将来性を力説した。

　しかしながら、市場が反応したのは、買収に込めた伊地知文博のメッセージよりもその額だった。買収価格は 39 億ドル（約 4350 億円）、この額は、日本における製薬企業の海外買収案件として過去最大級であり、ノリッシュファーマの連結自己資本額が 6000 億円弱のときだった。案の定、市場は嫌悪感を示し、ノリッシュファーマの株価は急落した。もともと下落傾向だったところに、さらに、ふくろう証券による投資判断が引き下げられたため、しばらく売り優勢が続いた。市場からは、ノリッシュファーマの収益の屋台骨であるスタコックの特許満了後の落ち込みをカバーできるだけのポートフォリオ拡充にならず、妥当な買収案件とは言えない、と判断されたのである。また、市場は、買収の金額とともに、それらがのれんとして計上され、ステークホルダーから評価される企業価値にも興味を示していた。その企業価値の評価について市場をコントロールできるのは、長年培った一族創業家の信頼があったからであり、他社も 2010 年前後には特許切れを迎える製品を抱えていたが、手を出したくても真似しにくく実行に移しにくい規模だったからである。

買収額の大きさとは裏腹に、市場の予感と同じく、ノリッシュファーマ社内に明るい雰囲気はなかった。今回の買収の事実を知った社員は、ポートフォリオ拡充への期待感よりも、事業の方向性への不満を爆発させていた。「これまで自社製品にこだわるという方針で、投資を行なったし、そのモチベーションで働いていたのに」「社員の研究開発力やイノベーションに期待していなかったんだ、社内で言っていることと行動が合ってない」という声が多く聞かれた。スタコック以来、なかなか革新的な製品が上市できないことから、経営陣が、外部から次世代技術や買収先を探し、社員に期待していなかったのだと感じた社員が多かったのである。しかし、このような声があがっているにも関わらず、経営陣から、セルジェンの組織や技術をスムーズに社内に注入させるための方針は、いつまで経っても出てこなかった。結局のところ、この大型買収は、未来への投資手段として製薬会社による巨額買収時代の幕開けとなる予感を市場に示し、巨額買収の先鞭となった一方で、目の前にいる社員の日々の活動や心情を顧みず、方針やビジョンの不確かさを露呈し、研究所の存在軽視と捉えられてしまい、研究活動への投資削減にも至ってしまった。

開発生産体制の見直し

　「売上高1.23兆円」。この数字は、伊地知文博にとって、絶対に忘れられない。「スタコック」の収益により、2008年に1度だけ到達したが、その後は特許切れの影響が尾を引き、業績の低迷が長く続いてしまい、毎年の目標に掲げるも業績は未達になり、いまだ届いていない数字である。

　伊地知文博は、2009年9月28日中間決算説明会で、米国事業で利益率が向上したことに言及した。「パートナー依存度を低下させ、ノリッシュファーマの単独販売、マーケティング体制を強化したことが最大要因」、「スタコックの特許切れ後、米国事業の売上は落ちるが、収益性向上の傾向はさらに強まる」と発表した。自社販売の体制を強化しつつ、高収益体質を維持しながら、今後、開発中の薬が上市することで、売上の増加を狙っていた。しかし、市場にも社内にも、苦し紛れの説明に聞こえていた。この背景には、米国における営業部隊を3000人から10%減の2700人に削減し、事業体制の再構築を行っていたことから、スタコックの特許切れに対応するための人材削減であることは明らかだった。

さらに、伊地知文博は、現在のポートフォリオ構成を考えると、これまでに全力で駆け抜けてきたグローバル化と拡大成長戦略から、日本を含む世界規模での生産地の見直しと製品ごとの最適化が必要と考え、大きな体制改編を実行した。医療用医薬品の開発生産体制を再編したのである。

　まず、品質管理に高度な技術が必要な薬剤は、医薬原料を川崎事業所で生産し、最終段階にあたる製剤工程を米国に集約した。その米国の製造工程には、約200億円を投じて専用の生産棟を設け、自社に業務を集中させ、他社委託よりコストを下げ、かつ品質、製造管理体制を強化した。特に脂質降下薬は、現在、限られた疾患のみに使用できるが、ほかの疾患へも使えるように治験を行っており、リシックス、スタコックの特許切れ以降、外してはならない製品群という背景もあった。次に、後発薬との競合でコスト競争力を高める必要がある胃潰瘍薬などの治療薬や一般用医薬品は11年度中に製剤工程を移管し、インドや中国に生産拠点を移した。この移管では、新興国での医薬品に対する需要は、日本の高度経済成長期と似通っていたことから、現地のニーズを満たす役割も果たした。最後に日本には新製品の開発・生産の拠点とした。国内生産拠点は、医薬原料を生産する川崎事業所と製剤工程を担う神戸工場の二つの工場に集約した。特に現在、資源を集中している循環器領域や免疫領域の新製品の開発が進行しており、それら製品の生産拠点としての位置づけで体制強化を図った。

　ノリッシュファーマは海外販売比率が高くなっていたことから、生産と販売を同時にグローバル化する一方で、国内市場が医療費抑制などで伸び悩む中でも成長を維持しなければならなかった。しかしながら、伊地知文博や経営陣がパテントクリフを抜け出すために奮闘しつつも、このような人員削減や大々的な事業体制の変更は、社員がこれまでに経験したことが一度もなく、多くの社員が戸惑いを隠すことができなかった。それだけでなく、皆、少しずつ英気が無くなり、スタコックを勢いよく販売していた当時の職場で見られたような活気はもはや無くなっていた。

規制を取り巻く戦い

　伊地知文博は厳しい面持ちでこの日を迎えた。2011年1月11日、ノリッシュファーマは、2012年度の通期予想を下方修正した。売上高7000億円（前年度比15%減）、営業利益800億円（同25%減）に改め、減収減益を予想した2012年度業績をさらに下方修

正した。2009年に米国で発売した抗がん剤『シンクット』、次に、米国での発売を予定している高血圧治療薬『チェコール』などの他剤の売上でも追いつけないほど深刻だった。下方修正の理由は、だれが見ても明らかで、特許が切れた脂質異常症治療薬『スタコック』、消化性潰瘍治療薬『リシックス』の売上が想定以上に激減したことにあった。ノリッシュファーマは、恐ろしいほどに深刻なパテントクリフに直面していた。特に国民皆保険ではない米国においては、製薬会社が自由に薬の価格を決められるため利益を得やすい半面、特許が切れると、その年、もしくは、翌年には、90％以上が後発品に置き換わってしまうことが起きる。

　実は、業績悪化には、もう一つの大きな理由が起因して、この事態が起きていた。伊地知文博は、幾度も事業戦略の大きな意思決定を積みかねてきたが、さすがに今回は予想ができなかった。特許切れ後に米国で後発品に入れ替わる事態は予想できたが、今回の下方修正は想定外の事態が国内で起きていた。国民皆保険の日本においては、患者自身による医療費負担が軽減されるため、積極的に価格の低い薬を使おうとしない傾向になる。そのため、米国に比べると後発品の影響を受けにくいとされてきたが、スタコックに関しては、状況がまったく違った。巨大な市場を独占してきたスタコックに後発品メーカー44社がここぞとばかりに参戦してきた状況になった。これには、伊地知文博もなすすべがなく、後発品メーカーの攻勢を真っ向から受けざるを得なかった。

　さらに追い打ちをかけるように、規制強化が国の政策として打ち出された。薬価の引き下げである。国により決定される薬価は2年に1回改定され、古いものや価値の低いと判断された薬は価格が下げられる制度がある。特に、政府は、やがて来る超高齢化社会を迎える前に、ありとあらゆる医療費の削減を積極的に行っており、価格の安い後発品の普及を着実に、かつ急速に進めている。この政策で削減対象になるのが「長期収載品」と呼ばれる薬である。長期収載品とは、特許切れ以降に後発品が販売されている薬、すなわち、後発医薬品のある先発医薬品であり、スタコックも長期収載品であった。2012年度の薬価改定でスタコックは約17％も価格が引き下げられた。2012年度の薬価の引き下げ幅を他社と比較すると、山梨薬品工業やつくば製薬、ビオロ製薬などの他社が5〜6％台だったのに対し、ノリッシュファーマは12％と新薬メーカーの中では、際立つ下げ幅だった。さらに国は、追い打ちをかけるように立て続けに後発品よりも薬価が高い長期収載品の価格を下げようと、あらゆる手で新しいルールを策定していった。むろん、ノリッシュファーマは、対抗策などあるわけなく、薬価が下げられるたびに、影響を受

け続けた。

　伊地知文博は、このような厳しい状況においては、やはり、今後に上市するほかの新薬で勝負しなければならないと考え、そのためにも、早急に組織改編を行い、選択と集中を実行しなければならないと決心した。

組織改編の嵐

　2000年代初頭、国内製薬企業は、どこも大きな事業変革に迫られており、各々に舵を切り始めていた。その背景は、高度経済成長期以降に製薬企業がしのぎを削り合う間にも、関連するヘルスケア産業が著しく成長し、CRO[2] など治験業務を製薬メーカーと事業提携する企業もあれば、メーカーの領域を脅かす診断技術や再生医療に特化する企業まで台頭してきたことがある。また、20世紀の主要な疾患に対する薬は充足し、それら医薬品の特許切れが迎えつつあったこと、充足したことに伴うアンメットメディカルニーズに変化が出てきたこと、そして、海外企業による日本での活動および参入が活発になったことも背景としてある。国内製薬企業の改革をいくつか挙げると、例えば、山梨薬品は癌や糖尿病など、つくば製薬も癌や泌尿器などを重点領域とした。特に、つくば製薬は、合併時にサプリメント事業、OTC[3] 事業、そして、臨床検査事業といった関連分野を売却し新薬開発に特化し、選択と集中を進めていた。その過程において、削減・売却対象になった組織には、いわゆる営業部隊だけでなく、創薬の基盤であり、シーズの源泉となる基礎研究所も対象となり、多くの企業において研究所の事業縮小が相次いだ時期だった。

　ノリッシュファーマは、研究所の閉鎖や縮小こそ行わなかったが、診断薬事業など多角化で得てきた事業については積極的に譲渡し、大規模な組織改編を行った。それは一度にとどまらず、継続して頻繁に改編を行っていった。しかしながら、従業員は、このような変化に慣れておらず、家族的な企業文化にマッチしなかったこともあり、社内に大きな混乱をもたらしていた。社員の感情も大きく揺さぶられていた「また縮小し、組織改革か、組織改革してもシーズは出てこないよ、新しいことしてもどうせまた変わる

---

2 CRO：医薬品開発受託機関（Contract Research Organization）。治験を支援する企業である。多くの製薬企業から業務を請け負うことで経験が蓄積され、診断事業など時代に即して多角化している。
3 OTC：一般用医薬品（Over-the-counter drug）。薬局やドラッグストアなどで買える薬

んだから」、「うちの事業も売却対象らしいぞ、いつどうなることやら」、「大枚叩いて買っ
たセルジェンから何も出てきてないじゃないか」と。もちろん、この声は、伊地知文博
にも届いていた。しかし、自社の状況を鑑みると、血を流しても改革を行わなければな
らない状況だった。ある参謀は声をあげる、「やはり、CEOの方針通りに実行しなければ
ならない」と周囲に激を飛ばした。それでも現場は、今まで通りの行動やマインドから
変わろうとせず、危機感を覚えないばかりか、むしろ、冷めきった状態だった。そんな
社内の状況が見えてか、社外や投資家からは、こんな声が聞こえてきた。「もう現在の体
制は限界だな」と。

　2013年末、ノリッシュファーマは、過去に一度も手をつけていなかった日本における
希望退職者の募集をついに開始した。この希望退職の募集に、最終的には400人が応募
し、ノリッシュファーマを去っていった。この人数は、当時のノリッシュファーマ単体
全社員の約10%に相当した。従業員を家族のように大切にしてきた企業文化および経営
方針における「不文律」を破らざるを得ないまでに悪化していたことを物語っていただ
けでなく、改革に不安を抱いていた社員の経営陣に対する不信感をいっそう募らせる出
来事になった。

IV. 次の一手
夢を語る

　「スタコックの特許切れ」から7年が経ちながらも、いまだパテントクリフの真った
だ中だった。次の稼ぎ頭として期待していた製品が売れていないし、抗がん剤の「シン
クット」も結局のところ皮膚がんだけにしか使えず、ほかの癌に使えない薬になってし
まい、自社製品に頼れない状況が続いていた。このような状況においても、伊地知文博
は、「循環器病薬を届けたい」「長期視点の10年後を見据えた経営を心がけている」とメ
ディアに向け発信し続けた。循環器病薬については、この分野に特化しているアメリカ
の製薬企業のサイナックス社と共同開発を行っていることもあり、2016年9月の会見で
も「科学的仮説に基づいた新薬開発として自信を深めている」と発言した。そのうえで、
中期経営計画を示し、「循環器病新薬の発売を境にパテントクリフから抜け出し、2025年
3月期のROEは15%程度まで回復する」と強調した。循環器病領域においては、いくつ

かの競合他社による新薬開発が次々と失敗し、撤退が相次いでいたことから、市場では
この領域での新薬開発に対して雲行きが怪しいのではないかという雰囲気が立ち込めて
いた。社内外からも「なんの根拠があるのか」「買収のときのことがあるからどうなるか
わからない」と失笑やため息が聞こえてきた。

暗闇から抜け出すために

　伊地知文博は、循環器病薬の開発成功の夢をはせながらも、特許切れ以降、手を付け
られる限りの事業改革を実行してきた。その間にも外部環境は大きくかわり、競合他社
は、資源をアンメットメディカルニーズの高い領域に投資を集中させ、自社内外の戦略
を目覚ましく変革させていた。ノリッシュファーマも、いまだパテントクリフから抜け
出せないながらも、2015年2月に大規模な事業体制の改編を実施した。循環器領域とが
ん領域の二つのビジネスユニットに集約を図った。これまでにどちらの疾患領域にも資
源を集中してきたが、それぞれの領域ごとに、研究から開発、生産販売の機能を1つの
ビジネスグループとすることによって、シームレスに一元化し、それぞれが抱えるパイ
プラインの生産性向上を狙った組織改編だった。しかし、伊地知文博の狙いは、別なと
ころにもあった。伊地知文博は、あえて言葉として伝えはしなかったが、神戸研究所時
代のように、ビジネスユニット同士が切磋琢磨し、皆で競争してほしいと願ったのであ
る。もちろん思いを込めるだけでは、売上は上がらず、2015年度は減益になり、2016年
度も停滞する傾向が続くように見えた。

　2016年10月、ドイツのブリングマンファーマ本社から伊地知文博に一本の連絡が入っ
た。業務提携の話である。伊地知文博は、すぐに決断した。「絶好の機会だ」と、しかも
交渉のテーブルはこちらに有利な状況だった。交渉に長けた伊地知文博にとっては、得
意領域だったこともあり、ブリングマンファーマ社の担当者との駆け引きの末に、戦略
的提携に漕ぎつけ、この提携は財務面で極めて有利な状況になる見込みができた。この
突然かつセンセーショナルなニュースを聞いた大手製薬企業の経営幹部は「伊地知文博
マジックだな、土壇場で巻き返してきたね」と舌を巻いた。

　一方、ノリッシュファーマ社内に目を向けると、倦怠感から抜け出し、活気づいたよ
うに思えたが、提携の話を聞いた多くの社員は、株価ばかりに目が行き、業務に勢いが
ついているわけではなかった。活気づいている部署や社員は、この提携にかかわること

によって、社長に近づき、少しでもアピールでき、自らが評価される立場の社員だけであった。ほかの社員は、無関心であるか、仕事が増えると考えたり、むしろ、株価の上下を気にするばかりで、積極的に協力しようという雰囲気は見られなかった。

環境の構築

　伊地知文博は、もう一つ大きな弾丸を持っていた。ブリングマンファーマ社との提携を発表した同日2017年3月の定例記者懇談会において、循環器病のプラットフォームを創造することを発表した。現在、循環器病患者やその家族が、日々切実に感じ、直面していながらも解決できない多くの困難な課題が山積し、それらは社会問題になっている。超高齢化社会に向かうにあたり、それら課題がさらに深刻になってくることは想像に難くない。薬剤の開発にとどまらず、これまでに蓄積してきた循環器病関連データや診断技術などの情報や経験を利用し、将来に必要となるテクノロジーを融合したソリューション開発が必要と考えた。そして、そのソリューションを提供するために、医療業界に限らない異業種の企業と連携しながら技術開発や環境形成を行うビジネスを通じた"エコシステムプラットフォーム"を実現することを目指した。伊地知文博は、理念に通じるビジネスモデルとして、精力的に進めている脂質異常症の新薬開発だけでなく、薬が使われる環境自体の創造に挑んだのである。官民関係なく、すべてのステークホルダーを巻き込み社会が生態系として生きている中に自社の価値創造を描いたのである。そして、この事業部の部長に、36歳の息子の伊地知海斗を任命し、様々な部門から関連する能力を持ったメンバーで事業部が構成された。

　伊地知文博は、このプラットフォーム上で、様々なプレイヤーが集い、異業種間で独自のソリューションやプロバイダー同士がビジネスを展開することで生み出される活動から自社への収益獲得がなされる仕組みとして考えただでなく、プレイヤー同士の化学反応により、革新的なビジネスが創発されることも構想として描いていた。ヒントになった事業は、ITプラットフォームビジネスを展開している業種が企業価値を大幅に高めていたことから、日ごろから気にかけ、ヒントを得るに至った。エコシステムを創造させるために、いっそう循環器病領域に資源を集中しなければとも考えていた伊地知文博は、シンクットなど多くの薬を輩出したバーミンガムの研究所を閉鎖し、カリフォルニアに、新たな循環器病治療薬の創出を目指す研究所を新設することを計画した。カリフォルニ

アに移すことで、近隣の大学や研究所とオープンイノベーション活動も積極的に行えることに期待した。

　また、伊地知文博は、エコシステムの概念をほかの疾患にも広げ、循環器病のみならず、神経疾患、てんかん、リウマチ、がん、小児疾患のエコシステムを推進することを発表した。これらエコシステムは、超高齢化社会に突入する日本において、厚生労働省が推進している地域包括ケアシステムのコミュニティ活動と親和性が高い。そのため、患者から真のニーズを引き出し、薬剤からのベネフィットに限らない、患者や家族に必要なソリューションをすべてのステークホルダーと連携しながら提供できるプラットフォームを創造できると考えた。

2016年度通期決算説明会

　2017年4月、ノリッシュファーマの2016年度通期決算説明会が開催された。通期決算説明会において、伊地知文博は、2016年度までにパテントクリフから抜け出すためのできる限りの事業を展開し、そのうえで、2016年度は、実に11年ぶりに2桁の増収増益を果たしたことを力説した。伊地知文博は率直に「これについては本当にうれしく思っていますが、この2桁増益はしっかりと研究開発に資源を投入した結果と考えています」と発言した。売上は7000億円、前期比111%だった。ブリングマンファーマ社との戦略的提携による一時金の貢献もあって、売上総利益は前期比115%に拡大した。さらに、伊地知文博は、これを礎に「2017年度は、パートナーシップモデルによる増収増益をしっかりと確保して、株主価値の持続的な向上をはかっていく」と宣言した。アナリストや機関投資家は、昨年度までの停滞から脱却しつつあることを感じていたが、次なる新薬がないことは、十分に把握していたし、伊地知文博自身も切実に身に染みて感じていた、「早く新薬を出さねばならない」と。

Ⅴ．エピローグ
決算説明会を終えて

　今日の決算説明会は無事に終了した。しかし、社員は、ブリングマンファーマ社との

217

提携による収益拡大や株価の急騰に浮かれているばかりである。現実に立ち戻ってみると、次の新薬候補の開発が成功するかどうかは未知数だ。

　"このままでいいのだろうか。他社は、とっくに経営のバトンをパスし、経営陣の多国籍化を実現し、巨額買収まで行い、着実にグローバル化を進め、海外のメガファーマと対等に戦える規模、ポートフォリオになっている。一方で、うちの社員は、危機感もなく内向きのものばかりで、社員の士気は相変わらず上がらず、株価を日々気にしている社員ばかりである。自らが制定した理念やビジョンがまったく浸透していないではないか、社風を変えるにはどうしたらいいだろうか、私が長らく在任してきたためなら、いっそのこと身を引いて、誰かにバトンを渡すべきか。"

　伊地知文博は、これまでのノリッシュファーマの歴史を振り返り、さまざまな企業改革が頭をよぎった。

　"将来のバトンパスを考えたときに、息子の伊地知海斗が率いている循環器病の事業に、いっそのこと大きな権限移譲を行い、彼らの事業展開を起点に大きな組織改革を実行すれば、風土改革が行え、かつイノベーションを生み出す機会になるかもしれない。しかし、失敗したら、今の停滞したノリッシュファーマに戻ってしまうことになるだろう。

　むしろ、旧態依然とした体質の中に、強制的な評価制度を入れることによって、評価スキームを明確化し、その環境を受け入れ、成果を達成した社員だけが働く環境を作るべきだろうか。しかし、そのような強制下において、企業風土が変わり、イノベーションが起こるだろうか。社員が追いついてこれるだろうか。ストレスがたまり、不満が爆発し、風土悪化に至り、イノベーションどころか現在の事業自体に悪影響が出てしまうことが懸念としては大きいか。

　これらが難しいなら、いっそのこと、私からの指示をなくして、社員自らの発想のもとに事業活動を進めてみるか。やはり、最後は全社員の力を全面的に信じることが、イノベーションを生み出す大きな契機になるかもしれない。しかし、失敗した場合の代償も大きい。失敗したら、おそらく、ノリッシュファーマは永遠に立ち直ることはないだろう。"

いずれにしても改革が失敗した場合、提携先のブリングマンファーマ社に買収され、薬だけがブリングマンファーマ社に残り、競争力の低いノリッシュファーマ社員はブリングマンファーマ社内では生き残れず職を失うだろう、そして、ノリッシュファーマは、業界に痕跡を残して消えたメーカーの一つになってしまう状況が容易に想像できた。

　2017年6月5日、ノリッシュファーマは「開発中の循環器病治療薬について、リスク軽減効果が臨床試験で確認できた」と発表した。その日からノリッシュファーマの株価は連日のストップ高を記録した。

<u>ケース・クエスチョン 1 の分析と考察</u>

　ノリッシュファーマの研究開発と事業活動が成功した（イノベーションが生まれた）
理由について、資源ベースの視点から離れ、リーダーシップの観点、そして、神戸研究
所における組織の視点を取り入れ、分析と考察を行う。当時、神戸研究所において日夜
研究活動が行われている中で、スタコックを生み出したプロジェクトは、中島がリード
し、伊地知文博が所長として、研究所を率いていた。初めに、彼らのリーダーシップか
ら分析を行う。

　≪分析≫
　中島は、メンバーに強い言葉で発破をかけながらも、自らも他のチームと交渉し、チー
ムとしての成果を出せるよう、チーム内外に活動を続けていた。それは部下との信頼関
係が強く形成され、競合他社に負けない化合物を合成することに全身全霊を傾けるよう
な活動に導くことになる。このような状況をフィードラーモデル（補足説明参照）に当
てはめると、タスク志向型リーダーの中島は、「リーダーとメンバーとの関係が良好」、
「タスク構造が高い」、「地位勢力が強い」という状態であると分類され、ますます業績
も良い方向に導かれたといえる。なお、中島が状況に応じてスタイルを変えている状況
は見られていないことから、研究員とは、ビジネス上の関係ではなく、根っからの性格
で腹を割った信頼関係の構築がなされ、ノリッシュファーマの家族的な企業風土に極め
て適合していたと考えられる。
　一方、伊地知文博の存在、メンバーとの関係性はどうだったか、いかにフォロワーに
対して影響を与えていたかというと、伊地知文博は、変容型リーダーシップを発揮して
いたと考えられる。カリスマ的（変容型）リーダーシップがフォロワーに与える影響の
要因として、「魅力的なビジョン」、「高い業績目標」、「言葉と行動で手本となる」、「自己
犠牲を行い並外れた行動」とあるが、いずれの項目においても、実践し、研究所所長か
ら社長に就任した後も次々と目標をかかげ、かつ、達成していた。これらの状況を以下
にまとめた。

表1　伊地知文博の変容型リーダーシップがフォロワーに与える影響の四段階

四つの段階	神戸研究所時代	社長就任後
1．魅力的なビジョン	血統を受け継いでいるサラブレッドのため、すでにビジョンが刷り込まれている	必要であればどこへでも領域を広げ、患者へ薬を届ける理念
2．高い業績目標とリスク	就任すぐに研究所の組織改革 競合他社に負けない研究開発	ひたすら上を目指し、業績目標を掲げる。世界における製薬のトップを目指す
3．言葉と行動で手本となる	毎晩のコミュニケーションや差し入れで状況把握	グローバル拠点を次々と設立 自前主義の遂行
4．自己犠牲を行い、並外れた行動	リスクを恐れずプロジェクトを傍観する。そのための本社との交渉、資金獲得、組織運営体制の維持	利益の上がりにくい新興国にも進出する 自社製品に拘り、自前主義を貫く

≪考察≫

　中島と伊地知文博はそれぞれ異なるリーダーシップを発揮し、それぞれに異なる様式で、社員を率いていたことが分析から導かれた。神戸研究所においては、中島は、タスク志向で確実に化合物を生み出す活動に貢献し、一方の伊地知文博は、従業員が目指す方向性を提示し、内発的動機に働きかけていた。さらに、伊地知文博のビジョンを明確なタスクに落とし込める人間、中島がいたこと、すなわち、ノリッシュファーマの当時の上意下達で家族的な企業風土に適合し、業務処理型リーダーとカリスマ的（変容型）リーダーの機能的融合が見られたと考える。

　カリスマ的（変容型）リーダーは、これまでの知見から、そのカリスマ性から組織を弱体化させるというマイナス面が報告されている反面、フォロワーのタスクにイデオロギーの要素が含まれる場合や、ストレスや不確実性の度合いが高い状況では、カリスマ性は最も適していると言われている。当時のノリッシュファーマに限らず、成長期にあった製薬企業は、患者を救うためという強い理念に基づいた社会貢献活動であると同時に、それを実現する薬の研究開発は、きわめて成功確率が低いという不確実性の高い環境下での業務であった。このような要素が関わるノリッシュファーマの社員は、伊地

知文博を強力なリーダーとして慕うことになったと考えられる。ただし、慕るだけでなく、実際に何をしていいのかわからなくならないように実務の段階においては、タスク志向で叱咤激励でき、他のチームと交渉し、メンバーの活動を守っていた中島という存在が身近にいた。中島のこれら活動は、情動的 (Emotional Intelligence、EQ) に社会的に交流できる人間として、メンバーから認知された。この中島と伊地知文博の融合は、お互いの信頼を強固にしていたと考えられる。一般的な信頼の次元には、誠実性、能力、一貫性、忠誠心、開放性とあり、伊地知文博、中島共に、日々の活動を通じて、従業員と結びつきを強くし、生産的な組織、職場風土を育み、醸成していたと考える。

　また仮に、一人の人間が、ビジョンとタスクを実行していた場合を想定し、フォロワーの立場からその人物を眺めると、伊地知文博に対して持っていたカリスマ性に紐づいたビジョナリーな忠誠心と、中島に対して持っていたタスク志向の日々の活動に紐づく労働意欲とが、明確に分離できず、芽生えないか、希薄化し、高い動機が生まれずにイノベーションは生まれなかったと考える。すなわち、三者の機能的融合がフォロワー自身の内発的動機にも影響していたと考察する。

表2　神戸研究所におけるリーダーの信頼獲得

信頼の次元	中島	伊地知文博
誠実性	自らもメンバーとともに働く	自らを犠牲に従業員のための行動
能力	他の部署と競争する	他社に勝つ研究所
一貫性	合成する化合物数の目標	毎晩気にかける
忠誠心	他の部署に打ち勝つ	研究所全体の活動を対外的に示す
開放性	昼夜問わず、ともに議論を交わす	自社の状況の提供、日々のコミュニケーション

　伊地知文博は、社長就任から現在に至るまで、変容型リーダーシップを継続している。そのスタイルは、ブロックバスターが生み出され、成長期には極めて有効に機能し、自社を率い、競合他社を抜きに出ていた。理念の制定、グローバル展開、ガバナンス構築についても、自らの損得で動いているのではなく、社会的意義や説明責任を果たすこと、企業価値向上に貢献し、社員からの信頼獲得に結び付いていた。また、ステークホルダー

からの高い評価も、社内の活動に好循環をもたらしていた。

　しかしながら、ブロックバスターの特許切れ以降に実行した事業改革では、特許切れ前からの一貫したビジョンを掲げたにも関わらず、成果が得られずに、社員からロイヤリティを失っていく結果になっている。この危機的状況に置かれたヒエラルキー型組織に於けるリーダーシップや事業改革については、以降のQ2, Q3において、議論する。

　≪補足説明：フィードラーのリーダーシップ状況適応理論≫
　従来のリーダーシップ理論では、リーダーの生まれ持った才能や資質に視点を置く‘資性論’と、特定のリーダーシップをある行動パターンに求めて類型化する‘行動論’を主眼に論じられてきたが、フィードラーは、状況に応じてリーダーシップの様式を選択することが高い成果を上げるリーダーの要因であるとした。すなわち、リーダーシップの成功要因はその時の状況とパーソナリティによって異なるというリーダーシップにおける状況適応理論（コンティンジェンシー理論）を提唱した。

　フィードラーは、以下の3つの状況要因すなわち、条件適合の三則面に基づき、リーダーの基本タイプを仕事中心型と人間中心型に分け、それぞれの変数によって、状況を評価することを行った（下記、図解参照）。

　1. リーダーと部下との関係：部下がリーダーに対して抱く信用、信頼、尊敬の度合い
　2. タスク構造：部下の職務範囲が明確に定義されている度合い
　3. 職位パワー：雇用、解雇、懲戒、昇進、昇級といったパワー変数に対してリーダーが持つ影響力の度合い

　この状況を評価すると、例えば、状況が良い、もしくは、悪い状態の場合には、仕事中心型リーダーシップの方が高い成果をあげられる。一方で、状況が中間の状態の場合には、人間中心型リーダーシップの方が高い成果を上げられる、となる。

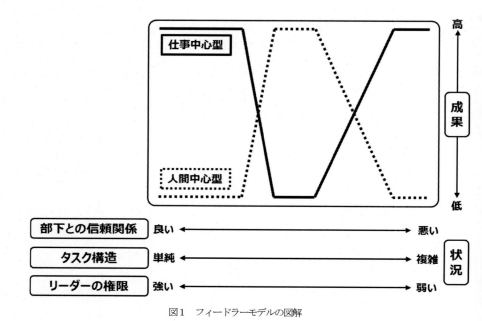

図1　フィードラーモデルの図解

ケース・クエスチョン2の分析と考察

「外部環境と事業活動の観点」と「事業活動と企業風土の観点」から分析し議論する。

≪外部環境に対するノリッシュファーマの事業戦略と評価≫

高度経済成長期以降に飽和しつつあった日本の医薬品市場には、その後、新たな恐怖が日系製薬企業を直撃することになる。それらは、1）研究開発技術の発達、2）薬のトレンドの移り変わり、3）海外マーケットを見図る力や進出力、4）逆に海外メーカーの日本参入、そして、5）外注業者や後発品メーカーの参入である。

ノリッシュファーマは、当時、確かに、外部環境の変化に伴い、自社の状況を鑑み、対抗策を打ち出し、実行していた。これら戦略自体は、パテントクリフ時に取りうる常とう手段であり、何一つ戦略としては間違っていなかった。

しかしながら、多くの戦略は、特許切れに伴い業績が悪化しつつある中で実行し、かつ、すでに他社が行っていることだった。すなわち、先行優位でもなく競争優位な活動

にはならなかった。あくまでニッチャーもしくはチャレンジャーとしての立場だったため、より強い差別化戦略や集中戦略を行うべきであったにも関わらず、事業活動は、高度経済成長期から続く、従前の国内成長戦略と海外事業展開であり、延命措置ともいえる活動だった。

　その事業活動（延命措置）の結果として、特許切れまでに、新薬創出に注力し、カバーできる製品を育てていたが、間に合わなかった、もしくは成長しなかった。さらに買収や事業売却による選択と集中を行ったが、ブロックバスターの売上をカバーできるだけの効果は無く、むしろ、買収した企業から新薬は出てこなく、買収額が重荷になる、という状況に陥ってしまった。これら状況をファイブフォース分析で下記にまとめた。

　また、これら対応できなかった背景と理由（対応が遅れた理由、イノベーションを生み出せなかった理由）を事業活動と企業風土の観点からも分析を行った。

　なお、外部環境の変化は、脅威となる一方で、新しいビジネスモデルを構築することで従来とは異なる成長エンジンに仕上げ、競合他社を凌駕し、市場を開拓する機会にすることも可能であり、次の設問 Q3 において、その取りうる事業戦略を議論する。

表3　ファイブフォース分析

競争要因		現状	ノリッシュファーマの対抗策と効果
業界内の競争の激しさ　強	創薬技術の発達	1980年代以降に環境が徐々に変わる。多くの同種同効薬が市場に乱立し、競争が激しくなる。 　外部環境の変化に伴い、他社は事業戦略の変更を行う。1990年代後半から競合他社が合併買収に活動をシフトしてきた。	≪対抗策≫ 買収を行った。例えばセルジェンの買収により、バイオ医薬品技術とシーズを獲得した。 ≪結果≫ 買収した企業から新薬は出ていない。 買収額が重荷になっている 次世代の技術と期待されるバイオ技術が社内に注入された形跡はなく、昔のまま。
新規参入の脅威　中	診断薬、医療機器、異業種の参入	科学技術の発達、情報社会に突入し、創薬の方法論の同質化が起こった。 　医薬品による治療以外にも、予防診断技術、手術技術の高度化、再生医療などにより、医薬品への依存度が減少するセグメントも出てきた。 　個別化医療における遺伝子検査、バイオマーカー検査の普及、データベースの利活用もみられる。 　製薬企業が担ってきた機能や領域を、異業種の新規参入者による侵食が進んでいる。	≪対抗策≫ 自社研究所で技術開発を行い、診断技術を自社で持った。 ≪結果≫ 事業売却を決め、組織改編を行った。

買い手の交渉力　中	新興国市場など海外市場の拡大	これまで国内製薬企業は日本と欧米が主要な市場であった。 2000年代に入り、新興国の経済成長に伴い医薬品市場が拡大する。	≪対抗策≫ 海外に製造拠点、開発拠点を構築、再編成した。 また、新興国には、無償や廉価で薬品を届けるなどの施策を行っている。 ≪結果≫ 国内のマーケットをカバーできるほどには、成長していない。 企業価値向上に貢献。
売り手の交渉力　中	外部委託業者の役割	製薬企業は、治験業務において、医薬品開発受託会社（CRO）を活用してきた。さまざまな外部委託業者に頼ったことにより、便益を得る一方で、外部委託業者にナレッジが蓄積し、外部委託業者がビジネスを新たなビジネスを立ち上げたり、交渉で有利に進めることが生じている。 また、外注による製薬企業社内の空洞化が起こっている。自社機能を基軸にビジネスを進めてきた製薬企業にとって、製薬会社以外の業態も新たな競合他社になり得ることを示唆している。	≪対抗策≫ 世界規模で研究所や製造物流体制の再編成をおこなった。 ≪結果≫ 再編成により、人員削減や規模縮小を余儀なくされた。しかし、再編成後に、エコシステムというすべての業態店・関係者を巻き込むビジネスモデルを構築する段階まで発展させている。

代替品の脅威　強	後発品の普及、後発品メーカーの参入	日本が高齢化社会に突入し、社会保障費が膨らみつつあることから、政府は、その費用を抑えるために、後発品薬の普及を進めている。また、先発医薬品の薬価引き下げも行っている。 　そのため、製薬企業は、長期収載品の売り上げに期待することができなくなり、革新的な新薬や新規ビジネスの創出に注力することになった。	《対抗策》 上市後もさまざまな特許を取得することを試み続けた。 《結果》 特許切れという確実に決まった寿命、薬価引き下げには太刀打ちできなかった。

≪事業活動と企業風土≫

　内部環境として、事業活動と企業風土の関係も要因の一つであり、"事業活動と企業風土の不一致"が見られ、まず初めに、以下に、主な要因と結果を以下にまとめ、そのあとに分析し、議論を行った。

表4　事業活動と企業風土の不一致による企業活動の悪化

不一致の状況や要因	≪自前主義に反する状況≫ 1. なかなか新しい製品が上市できない状況から、経営陣が次世代品や買収先を探していた。 2. 大型買収で研究員のモチベーションは低下、戦略の不確かさ、研究所軽視ととらえられた。 3. 買収した企業の製品開発に失敗、技術導入（自前化）にも至っていない。 ≪リーダー不在、リーダーシップの欠如≫ 1. 自社製品にこだわるも研究開発の趣味化、研究開発体制のマンネリ化（伊地知文博と中島の体制ではない）、スピード不足、明確な方向を失う。 ≪これまでに経験したことのない外部・内部環境の変化≫ 1. 事業売却や大規模な組織改革を行った。かつ、頻繁に継続して行った。 2. モチベーションの低下だけでなく、慣れない改編の中で従業員は翻弄させられ、安定した組織体制の中でじっくり研究開発を行えなかった。 3. 事業戦略に関して、社内の方向性が一致していなく、目標も曖昧。 4. 牧歌的な社内風土が旧態依然のまま、事業改革を行い、新規な事業戦略が進む中で従業員の意識改革がなされずに、時が過ぎていった。変革できていないか、したくない状態が常態化していた。 5. 競合他社の状況は様々で、新薬を上市できるところ、できないところの差が大きくなってきた。成長期に持っていた感知力がなくなっていた。
結果	『事業戦略変更に伴う牽引力低下』＋『外発的と内発的動機の低下』 ⇒『最終的な生産性の低下』

　ノリッシュファーマは、外部環境からの圧力に耐えるために、これまでの自前主義から外部リソースを活用するように事業を大きく舵を切った。そのため、社員は、新たな方針、従前とは異なる事業活動に戸惑うことが多くなった。特に新規事業に対しては、社長はじめ、従業員ともに初めての経験であり、これまでの実績が通じるかどうかわからない不安な状態になっていたと考えられる。すなわち、戦前から出発し、高度経済成長期を自前の事業で積み重ね、終身雇用が前提の企業、社員においては、大規模な事業改革や社外との折衝は初めての経験であり、昔の状態が崩壊されハードな側面としての

組織体制が形式上は出来上がったうえでも、自己変革できず、マインドセットやスキルセットが追いつかなかったと考えられる。その結果、それらセットが追いつかない大多数の社員は、もはや右往左往するだけの力もなく、何をしたらよいのかわからない状態からモチベーション低下に至り、社員の内発的動機のソフト面も生まれない状態になり、ひいては社内の就業環境の悪化に至ったと考えられる。

　すなわち、組織改革と事業展開を行いながらも、実態は、組織が学習しない状態になり、知識が蓄えられず、イノベーションも生み出せる状況ではなかった。本来に備わっていたケイパビリティを生かし、外部環境を察知し、その環境に応じて変革し、事業活動を推進できない状態になっていた。概して『変革しないことに慣れた組織⇒体制の崩壊⇒学習できない状態⇒ケイパビリティが生かせない状況⇒悪化』というプロセス・悪循環をたどっていた。

　このような状況を作り出してしまった原因は、社員への危機感の醸成とビジョンや向かう方向性の共有が不十分で共感が得られないまま、オープンイノベーションなどの組織改革、事業改革を急いだことにあり、この実行には、コッターの企業変革力で指摘されているように8つのステップ（解説参照）を踏むべきだったと考える。このステップを見ると、明らかに伊地知文博は、事業改革を実行するにあたり、社員に対する危機感の醸成などは全く行っていなかった。神戸研究所時代や理念制定当時に実行できていた社員への意識づけ行動がこの時期にはできていなかった。急激な外部環境変化に伊地知文博自身も対応しかねていたと考える。これら特許切れ以降の上記状況（スタコック特許切れ後）と順調に事業展開を行っていた時期（スタコック時代）を以下のフレームワークにまとめ、比較検討した。ここでは、ダイナミックケイパビリティの視点でまとめているが、"マッキンゼーの7S"や"学習する組織"なども利用できる。

表5　ノリッシュファーマのダイナミックケイパビリティ

三つの要素	スタコック時代	スタコック特許切れ後
《感知》 環境変化に伴う脅威を感じ取る能力	マーケットインの思考で社会が求めていることを掴んでいた	スタコックに依存した業務体制、マインドセットのまま惰性的な状態になり、環境の変化を感じ取れなくなっていた

≪捕捉≫　見出せる機会を捉えて、既存の資源、ルーティン、知識を様々な形で応用し、再利用する能力	自社のアセットを有効活用し、新領域を開拓していた	組織改編により、探索や応用、技術導入が進まず、従前の技術、人財が役に立たなくなっていた
≪変革≫　新しい競争優位を確立するために組織内外の既存の資源や組織を体系的に再編成し、変革する能力	研究開発力の工場、事業拡大、生産拠点の拡大を行い、飛躍していた	スタコックの成功体験を引き摺り、変革を求めない惰性的な組織、社員になっていた

　三つの要素いずれもが崩壊し、外部環境に応じて、自らのケイパビリティを変えて、発揮する力はなくなっている。

≪解説：ダイナミックケイパビリティ≫
　ダイナミック・ケイパビリティは「変化に対応するために、内外の資源・能力を再構築し続ける高次のメタ能力」と定義され、ダイナミック・ケイパビリティは、センシング（感知）・シージング（捕捉）・トランスフォーミング（変革）の枠組みで捉えられる。
　1.「感知」におけるポイントは、新しい機会の発見にある。ダイナミック・ケイパビリティ論では、外部環境（顧客やサプライヤー、公的機関などのステークホルダーも含む）を単純に企業の外に存在する「エンティティ」として区別するのではなく、関係しながら新たな価値を共に創造していく協力者と考える。つまり、感知とは、事業機会を探索し、課題を評価しつつ理解しながらイノベーションの源泉を関係者と共に見出していくプロセスである。
　2.「捕捉」は、その感知した機会や課題を実際の事業もしくはモデルへと落とし込んでいくプロセスとなる。そこでは、過去の成功体験にとらわれることなく、共通意義や外部との役割分担（企業の境界線）を適切に設計し、自分事としていくことが重要となる。
　3.「変革」とは、その新たなビジネスモデルを具現化する組織構造やガバナンス体制を整備し、学習する仕組みを構築かつ推進し、組織へと定着させていくプロセスとなる。

ケース・クエスチョン３の分析と考察

　ノリッシュファーマの事業をクロス SWOT 分析すると、いくつか取りうる施策が見えて
くる。展開する（もしくは、すでに展開した、している）事業を以下に示し、分析と考
察を行った。

表6　ノリッシュファーマの事業活動のクロス SWOT 分析

	≪機会≫ ①高齢化社会に向かいグローバルな市場の拡大 ②診断技術の向上に伴う潜在市場の拡大 ③高付加価値薬剤の創出による市場の拡大 ④経済発展に伴う新興国での市場拡大	≪脅威≫ ①競合品の市場参入、画期的な競合品の登場 ②各国政府による医療費削減策の推進に伴う薬価引き下げ圧力の高まり ③製薬業界以外からのプレイヤーの参入
≪強み≫ ①創薬活動や疾患啓発活動の豊富な経験知 ②開発の成功確率向上・加速化、開発・商業化費用の効率化を可能とするグローバルな提携 ③高い研究開発力 ④競合優位性と差別化を意識した製品価値の最大化 ⑤知識創造型経営	≪SO 戦略：積極攻勢≫ ビジネスユニット体制 　一気通貫型で資源効率化と責任の明確化を行った 提携活動の強化 　他の企業（例えば、サイナックスやブリングマンファーマ）と提携活動を行い、自社製品の価値最大化を図っている 理念の強化	≪ST 戦略：差別化≫ 疾患領域の特化 　高齢化社会に向かいつつある中で循環器領域と癌領域に資源を集中した 新興国への医薬品アクセス 　世界規模での製造物流を効率化し、低コスト提供を可能にした
≪弱み≫ ①主力品特許満了後の収益源となる製品のシェアの低さ	≪WO 戦略：段階計画≫ 研究開発力の強化 　アメリカに循環器病に特化し	≪WT 戦略：防衛撤退策≫ 事業売却 　収益の上がらない事業部の売

②買収した企業から製品が出てこない ③大型医薬製品がない ④海外事業の売上構成比の低さ ⑤研究開発費の負担増 ⑥新薬開発の難易度が非常に高い領域 ⑦新薬開発の遅れ ⑧急速な外部環境の変化に対応した事による患者貢献の遅れ	た研究所を設立した <u>新規ビジネスモデルの立ち上げ</u> 　領域ビジネスエコシステムを主要な事業活動として本格活動を開始した ➡利益が得られるかは未知	却、自前主義の原点回帰を行った <u>提携活動の強化</u> 　他の企業（例えば、サイナックスやブリングマンファーマ）と提携活動を行い、自社製品の市場防衛を図っている <u>製造物流網の改革</u> 　世界規模で資源配分の再構築と効率化を実施した

　製薬企業はいわゆる"ものづくり"としての事業体でありながら、製造という機能に比べ、研究開発や営業の活動に重点が置かれ、患者や医療従事者のニーズにマッチする適切かつ効果的で競争優位のある情報提供を届ける機能や活動に資源が投じられてきた。また、その観点で競争がなされている業界でもある。それはいみじくも、製造を軸としたプロダクトアウトの発想よりも、患者視点への活動に重きを置きやすくもあり、まさに、ノリッシュファーマ自身が中核となる企業精神として位置付けてきたことそのものである。

　しかしながら、いずれの製薬企業の内部構造を見ると、薬というモノに対して機能や役割を置く部門も多く、すなわち、社内においても、上流から下流にかけて、それぞれの立場や機能として様々視点に基づく活動がなされてしまっており、むしろ、一気通貫型、もしくは、統合されたパッケージのような組織体としての活動が求められてきており、翻せば、より顧客ニーズに対する解決策を図るような戦略を明確にしたビジネスモデルをもとに、競争優位なポジションを築いていくことが今後の競争戦略のあり方として考えられる。

　すなわち、疾患を治療する、治癒する、さらには、患者や家族の生活を豊かにするという目的に対して、医薬品が貢献できる位置付けを広げ、環境の中で医薬品を提供すること、つまり「ソリューション」を提供するというビジネスモデルである。

　クロスSWOT分析で行ったように、ノリッシュファーマは、まず初めに、事業売却によ

り選択と集中を行い、新薬開発（特に、循環器領域と癌領域）を中心とした事業に経営資源を集中した。防衛策でありながらも、他社と差別化する機会を得たことを意味する。それに沿うように組織体制もビジネスユニット制にし、領域ごとの活動能力を積極的に高めた。

　次に、得意とするいくつかの企業との提携を積極的に行うことにより、製品価値の最大化を図ること、新たなイノベーションの創出を試みている。これは自社製品の市場を広げるだけでなく、競合から攻め込まれることを防ぐ効果もある。

　また、提携自体を拡大させ、様々なステークホルダーを巻き込み、いくつかの疾患領域で新たに、エコシステムを構築することをはじめた。ビジネスエコシステムがもたらす変化には、自社の製品だけでなく、他の業界を含めたソリューションの展開と新たなイノベーションの機会が期待される。伊地知文博が「顧客ニーズに応えて価値を提供するためのより良い方法であるか」と常々に考えていることから至った事業戦略でもある。

　一般的に、ビジネスエコシステムは、次の３つの性格を合わせ持つものと理解されている。１）個々のプレイヤーのケイパビリティだけに頼らない、多様な参加者によるダイナミックで共創的なコミュニティを形成する。２）人間の根源的な欲求やニーズ、社会課題に対して、かつてない協調的な解決策を提供し、新たな価値を創出する。３）競争しつつも、共通の利害と価値観のもとに顧客の要求を満たす解決策を考え、相互に利益を享受する。また、これらを成り立たせるには、企業内の組織体制も大きく関係してくる。

　これまでに多くの企業は、破壊的成長エンジンを生み出せたとしても、既存のバリューチェーンやプレイヤーとの関係を変えることができずに、価値提供や収益獲得に際して障壁に直面することを経験している。その突破口として、エコシステムのプラットフォーム構築者になることで、その障壁を外すというより、むしろ、ゲームを変えることにより、つねにメインプレイヤーであり続けるとともに、受益者であり続けられる。

　ノリッシュファーマのビジネスエコシステムでは、自社の資源をベースとし、多くのステークホルダーが様々な業種から揃えられており、これからシステムが成長するに十分な資源が備わっている。今後の成功のためには、コミュニティ構築と連携、そして課題解決のためのソリューションの創造が必要であり、そのダイナミズムの中に自らを調和させることである。その点において、ノリッシュファーマは、まさに自社がプラットフォームの主役となり、エコシステムに対して持続的に大きな影響を及ぼすこと、企業

理念に基づく価値創造を実践できる場にすることが期待できる。

　さらにノリッシュファーマは、複数の領域におけるエコシステムを構築することから、今後、それぞれに成長拡大し、それぞれが収益につながってくるだけでなく、ビジネスエコシステム間の融合、新たな共創の機会や場が生み出されてくることも想定できる。

　これら事業戦略を以下にイノベーションのジレンマに基づいたセグメント上にマッピングを行うと、網羅的に事業が展開されており、かつ、それらの棲み分けがなされていた。これは、現在の社内外の環境を鑑みた上でのノリッシュファーマ社内のアセットを有効に最善に活用していること（クロス SWOT 分析の施策が妥当であること）を意味し、一部は、将来の成長エンジンになること、さらには、（段階的もしくは破壊的）イノベーションが生まれることが期待できる。

　イノベーションの条件と組織の能力の適合性：新ビジネスのための組織構造を考えるフレームワークの中にノリッシュファーマの事業展開をマッピングした。

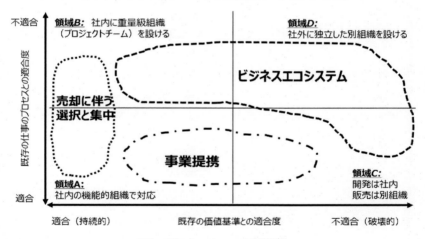

図2　ノリッシュファーマの事業展開

（クレイトン・クリステンセン著『イノベーションのジレンマ』240頁　図8.1を筆者改編）

≪新たな組織体制について≫

　上述のように展開する事業の妥当性（競争環境の中で勝ち抜く戦略、イノベーション創出の観点）は掴めたが、自社の組織や社員が変わらなければ、従前の状態から抜け出

せない。変革のためには、もともとの能力や技能のある人財を選抜するとともに、組織改革と、一人ひとりに裁量を与えた活動が実行できる組織体系の構築が必要になる。そのための組織体制の選択肢として、以下のことを挙げ考察する。

選択肢① 権限委譲型

権限委譲型の組織には、以下のような状況を想定する。

1. 自己変革型にするために、大幅な権限委譲を行う。
2. チーム活動（何を目指すかを明確にし、達成水準を示す）を重視する。
3. 巻き込む力：個人の活動量は、個人だけでなく、危機意識を根付かせ、周りにどれだけ影響を与えたかで評価される。周囲とは社内外どちらでも構わない。
4. 最終的にチームとして昇進、選抜されるシステムを導入する。
5. 上司だけでなく、チームメンバー同士で評価する項目を設ける。
6. 人事評価もグループ形成の実現性で判断する。
7. ミドルマネジメント層の働きが要になる。

どのような人財を集め、権限委譲するかにより、成功の可否がわかれる。

選択肢② 現状維持型（ただし、ルールや評価スキームの順守の強化）

現状維持型の組織には、以下のような状況を想定する。

1. 現在のノリッシュファーマの企業風土を強める。上意下達を推し進める。
2. ただし、結果の出ない社員は評価が低くなる。＊＊現状の評価は、結果に基づかなく、上司の裁量が大きい。
3. そのために、徹底的にハード（規律、資源管理）を強くさせる。評価も定量的な活動に向ける。
4. 抑圧された環境（服従、制約、コントロール、契約）の中で働き続けることになる。
5. 企業風土、文化を変えずに、明確な評価基準を設定し、フィットした社員だけで事業を展開する。

以前より、評価軸が明確になるので、状況に合う社員と合わない社員が分かれてくると考える。しかしながら、結果を重視するようになるため、家族的な風土の中に前向きな業務姿勢やマインドが築かれていき、お互いを励まし合う環境が醸成されることが期待される。

<u>選択肢③　ボトムアップ型</u>

ボトムアップ型の組織には、以下のような状況を想定する。

1. リスク志向と自律性を強め、組織階層を減らして、意思決定権を分散させる。

2. 委任されたメンバーによる、社風を柱にした組織改革プランの共創を行う。

3. トップダウンによらない社風と意識改革の改革が可能

4. 選択肢①との違いは、逆ピラミッド型で個人個人の活動が大きい。

5. 新しい道徳契約（個を活かす企業より）を行い、社員をエンパワーメントする。

　現状のトップダウン、階層重視、政治的な企業風土があり、そこからイノベーションが生み出されていないことから、真逆のイノベーションを生み出す強い個性を発揮できる環境、風土にする選択肢である。

　各組織の特徴をフレームワーク7Sでまとめると下記のようになる。

表7　マッキンゼーの7Sによる各組織体制の特徴

分類	7S	選択肢1： 権限委譲	選択肢2： 現状維持型	選択肢3： ボトムアップ型
ハードのS	組織構造 (Structure)	アメーバ型 ネットワーク	ピラミッド型 上意下達	逆ピラミッド型 個人活動
	システム (System)	チーム活動、個人 チーム評価	組織活動 終身雇用	個人、チーム活動 個人評価
	戦略 (Strategy)	組織としての戦略 外部環境を分析	自社の方針に依存 自前主義	積極的な個人の発想
ソフトのS	スキル (Skill)	共同体として最大化 巻き込む力	部門やチームで習熟 家族的共同体	個人能力の最大化
	人材 (Staff)	各々が特徴を持つ 皆でビジョンに向かう	受動的 強い研究開発力、営業力 高いロイヤルティ	自立型 下剋上あり

スタイル (Style)	チームワーク	家族的、温情的	主体的
共有価値 (Shared value)	理念を実感し成長	理念を実感し成長	理念を実感し成長

≪企業改革のシナリオ≫

　最後に、コッターによる企業変革の8つのステップを使用し、それぞれの組織体制についての成功へのシナリオを描く。まず各組織各ステップの実現可能性を以下に評価した。

表8　ノリッシュファーマ変革の8つのステップ

企業変革の8つのステップ	選択肢① 権限委譲型	選択肢② 現状維持型	選択肢③ ボトムアップ型
第1段階:企業内に十分な危機意識を生みだす	○	○	○
第2段階:変革を推進する連帯チームを形成する	○	△ 指示必要	△ 個人能力が必要 社内人財不足
第3段階:ビジョンと戦略を立てる	○	○ トップダウン	△ 要チーム形成
第4段階:変革のためのビジョンを周知徹底する	△ リーダーの能力	○ トップダウン	× 周囲に伝搬しにくい
第5段階:変革に必要とされる広範な行動を喚起するために人材をエンパワーする	○	× エンパワーされない	△ 個人の能力依存
第6段階:変革の勢いを維持するために短期的成果を挙げる	○	×	○
第7段階:短期的成果を生かして、さらに数々の変革プロジェクトを成功させる	○	×	△

第8段階：新しく形成された方法を企業文化に定着させ、より一層たしかなものにする	△ 組織の社内における立場に依存	×	△

○：実行可、△：条件付き実行可、×：実行困難

選択肢① 権限委譲型

権限委譲型は、現在のノリッシュファーマが抱える状況から変革を進めていくには、最も取りやすい組織体制と評価できる。まずチーム編成は、その状況を十分に認識できる（危機を感じ取れ、行動に起こせる）メンバーを招集することで構成される。第二段階の変革推進のための連帯チームを築く点では、権限委譲型による小規模な事業体の活動で変革が推進できると考える。

一般的に、このような集団は、強力な行動を起こせるため、CEO、経営陣、意見の異なるグループにとっては、脅威となり、受け入れられるかわからない。しかしながら、ノリッシュファーマの場合には、CEO 伊地知文博の息子の伊地知海斗が循環器病エコシステムを率いており、ここに大きな権限委譲を移譲することが想定できる。CEO から直接の敵対者になりにくく、かつ、同族以外の社員からも受け入れられやすい。さらに、成功が認められれば、反対分子の力は弱く、一気に革新への流れを出しやすく、社内への浸透も比較的容易に行える。

将来的に、「後継者には、リーダーの選抜ではなく、チームが選抜されるようになる。即時性と文化、共有化がすでになされている。」（ジョン・P. コッターの企業変革力）という状況が期待され、循環器病エコシステムの事業部がそのモデルケースになりうる。

最後のステップの会社全体への定着は、短期的に考えた場合は、現在の伊地知文博のリーダーシップで成功が収められる。長期に渡ってしまった場合には伊地知文博のリーダーシップだけではかなわず、伊地知海斗への承継過程と伊地知海斗のリーダーシップに依存する。

選択肢② 現状維持型

現状維持型の組織において、変革をもたらすには、トップから危機感やビジョンを示すことは、従前の上意下達通りに行える。一方で、チームや個人が自立して動くのは難しく、自立できないチームや社員に対しては、トップもしくはリーダーからフォロワー

への徹底的で頻回の指示や試行錯誤が必要になる。企業変革の8つのステップの第5段階以降の分析通り、変革が必要ない状況に馴染んだ組織に、新たな文化を定着させるには、多くの困難が伴い、破壊的イノベーションは生まれにくい。競合他社などの外部環境の変化に対応できにくい状況、すなわち、自社が危機を脱せない状況が続くと想定される。ただし、段階的なイノベーションを生み出す組織として、一部業務を回すことには十分足りることから、選択肢①を支える間接部門の組織型にかかわる組織として採用することは充分に可能である。

選択肢③　ボトムアップ型

　ボトムアップ型の組織では、個々のマインドやスキルに依存する部分が大きくなる。才能ある人財や精鋭部隊が必要になるが、揃った場合には、強力な組織として実行できる。翻せば、人財の偏りや偶発的に発生する関係構築の機会が多くなり、社としても緩みのない姿勢が求められ、それら活動を保障することを約束しなければならない。それは、終身などの雇用保障ではなく、各個人のエンプロイアビリティを約束する（新しい道徳契約をする）必要があり、お互いに規律の関係で結ばれるようになる。

　ノリッシュファーマにおいて、ボトムアップ型が認められることは、すなわち、一族ではない集団が認められる（将来的にCEOになる人物が現れる集団として認知される）ことが前提条件になる。そのため、選択肢③は、破壊的イノベーションを生みやすい反面、積極的に採用してもノリッシュファーマの家族的・牧歌的な企業風土になじまない可能性が高い。また、能力が高く個性あふれる人財は、自らの活動が認知されない（新しい道徳契約がなされない）と分かれば、他に活躍できる場所を探すことは容易に想像できる。すなわち、現在のノリッシュファーマにおいては、お互いの契約が成り立たず、このような組織体制は、根付かない可能性が極めて低いと考えられる。ただし、さらに危機的状況（例えば、選択肢①で成功しなかったとき、予期しない競合が突然現れたとき）に陥り、破壊的イノベーションを生み出さなければならない場合や一族経営から脱する場合において、この組織型が登場する可能性はありうる。また、ノリッシュファーマは、今後、ビジネスエコシステムのプラットフォーマーとして、破壊的イノベーションを創出しなければならず、一部でこのボトムアップ型の組織を採用し、伊地知海斗率いる集団と競争させたり、監視させる役割を持たせ、緊張の中で成長できる環境を整えることも想定できる。

≪解説：コッターの企業変革の８つのステップ≫

つまずきを乗り越え、変革を推進するために、以下の８段階のプロセスが有効である。

第１段階：企業内に十分な危機意識を生みだす

第２段階：変革を推進する連帯チームを形成する

第３段階：ビジョンと戦略を立てる

第４段階：変革のためのビジョンを周知徹底する

第５段階：変革に必要とされる広範な行動を喚起するために人材をエンパワーする

第６段階：変革の勢いを維持するために短期的成果を挙げる

第７段階：短期的成果を生かして、さらに数々の変革プロジェクトを成功させる

第８段階：新しく形成された方法を企業文化に定着させ、より一層確かなものにする

《参考文献》

［１］ PwC（2007）『Pharma 2020: The vision』

［２］ 『山を動かす』研究会 編（2017）『ガバナンス改革 先を行く経営 先を行く投資家』（日本経済新聞出版社）

［３］ スティーブン P. ロビンス（著），髙木 晴夫（翻訳）（2009）『【新版】組織行動のマネジメント──入門から実践へ』ダイヤモンド社

［４］ 髙木晴夫（2005）『組織マネジメント戦略（ビジネススクール・テキスト）』有斐閣

［５］ 笹林幹生（2007）『製薬産業の将来像〜2015 年に向けた産業の使命と課題〜』医薬産業政策研究所

［６］ 松尾大輔（2012）製薬産業を取り巻く環境変化と事業機会 NRI KNOWLEDGE INSIGHT VOL24

［７］ KPMG Global Strategy Group（2017）Pharma outlook 2030: From evolution to revolution

［８］ クレイトン・クリステンセン（著），玉田 俊平太（監修），伊豆原 弓（翻訳）（2001）『イノベーションのジレンマ──技術革新が巨大企業を滅ぼすとき』（Harvard business school press）翔泳社

［９］ ピーター M センゲ（著），Peter M. Senge（著），枝廣 淳子（翻訳），小田 理一郎 （翻訳），中小路 佳代子（翻訳）（2011）『学習する組織──システム思考で未来を創造する』（英治出版）

［１０］入山 章栄（2016）『世界標準の経営理論（第 19 回）ダイナミック・ケイパビリティ 企業の「変わる力」は組織に宿るのか、個人に宿るのか』Harvard business review 41(4)，126-137，ダイヤモンド社

［１１］クリストファー A. バートレット（著），スマントラ・ゴシャール （著），グロービス経営大学院（翻訳）（2007）『【新装版】個を活かす企業』ダイヤモンド社

［１２］ジョン・P. コッター （著），John P. Kotter（原著），梅津 祐良（翻訳）（2002）『企業変革力』日経 BP 社

［１３］日置 圭介（2015）デロイト トーマツ コンサルティング グローバル マネジメント インスティテュート 2015 年 09 月 14 日『ビジネスの "生態系" がもたらす 5 つの変化』http://www.dhbr.net/articles/-/3493

［１４］Deloitte University Press（2015）Business ecosystems come of age

8. 製造業における BtoB ビジネスの事業戦略

1．ケースのねらい

　経済の浮き沈みにより大きく業績が変化する工作機械業界[1]において、星和工作機械[2]は技術力による製品価値の向上と、それを武器にしたブランド力で幾多の困難を乗り越え現在の地位を築き上げてきた。今、第四次産業革命とも呼ばれる大きな産業構造変化の中で、新たな危機に直面しようとしている。本ケースでは、この構造変化の中で、星和工作機械が工作機械業界で今後も持続的に成長していくための課題、取るべき戦略を考察してもらう。戦略を考える上で、星和工作機械が業界の中で成長してきた背景および、星和工作機械が置かれている現状を分析・整理した上で、星和工作機機械の課題を検討してもらいたい。

2．ケース・クエスチョン

（1）　星和工作機械の事業が成功した成功要因は何かを考察せよ。

　　　狙い：工作機業界の発展の中で星和工作機械が歩んできた過程を理解する。

（2）　星和工作機械が置かれている現状を分析した上で課題を考察せよ。

　　　狙い：外部環境、内部環境の側面から現状を整理し分析する。

（3）星和工作機械の事業が持続的に成長していくためにはどの様な戦略をとるべきか考察せよ。単に製品戦略、地域戦略にとどまることなく、社会・経済環境等も踏まえ、星和工作機械が成長するための戦略を考察すること。

---

[1] 本ケースで記載している工作機械業界は実際の状況とは異なる部分があります。

[2] 架空の企業であり、特定企業を想定したケースではありません。

Ⅰ. 新たな時代の幕開け

　今の時代、まさに情報戦略がビジネスの優劣をつける時代といっても過言ではない。日本を代表する工作機械メーカーとして、技術力とブランド力により事業を展開してきた星和工作機械。創業当時から脈々と受け継がれる職人魂から生み出されるアイデアと高い性能・機能を持った製品力により幾多の経営危機を乗り越えてきた。その魂は脈々と受け継がれ業務のあらゆるところに浸透し揺るぎない事業スタイルとなっている。新しいビジネスの潮流が生まれる度に、過去の遺産を引きずり、継ぎ接ぎを重ねながら何とかその流れに対応してきた。今では様々なシステムが乱立する。部門間で閉ざされたシステムは十分生かされることなく、個人の知識・ノウハウとして蓄えられている。

　第四次産業革命とも称される大きな産業構造の変化の中、IoT・AI・DX 等様々なトレンドがもてはやされている。顧客のデータを活かす前に自社の情報すら管理できていない状況である。機能・性能のみで、どう活かすのかは顧客次第と言った、顧客丸投げの機械・装置を提供しても、それを上回る製品が他社で開発され、短い期間で製品化され市場に出回る。苦労して開拓した市場をいとも簡単に持っていかれるのである。まさに、オセロにも似た生き残りをかけた戦いである。先を見据えて時代の流れを読んで舵取りが出来た企業が生き残る。一方、過去の成功体験を捨てきれず事業の舵取りに失敗した企業は消えゆく運命をたどっていく時代である。

　製品開発の技術力と築き上げたブランド、それらを背景に作られた仕組みに支えられ売り上げを伸ばしてきた星和工作機械も、国内市場の低迷、国内の急速な少子高齢化、IT 技術の進歩、中国、アセアンを始めとした新興国による追い上げで、市場環境変化に合わせた大きな変革が求められている。

　菱井は入社後すぐに工作機械の制御ソフトウェア開発を担当した。設計時代から特殊品対応を行ったこともあり多くの顧客と接してきた。その中で、製品作り・販売において、顧客の声に傾け、顧客が望む真のニーズを探り、その期待に応えられる製品・サービスを

提供することが大切であると日々思っている。また、製品力とは、製品そのもの力「製品力」と、それを補完・補強する「サービス力」、そして顧客の期待を裏切らない「ブランド力」と考えている。そのためには、顧客の声をはじめとした様々な情報を収集し、必要な情報を抽出し、分析・共有・活用できる仕組を構築する必要がある。大量の情報をスピーディーに処理できる IT を活用した情報戦略が大切と実感している。

II. 星和工作機械の歴史
星和工作機械の変遷と時代背景

　1900 年、織機メーカーとして創設された星和工作機械、織機製造ノウハウを生かし、1918 年後半に工作機械メーカーへと転身を遂げた。明治から昭和の高度経済成長期まで、工作機械の製造は高度な職人技に支えられていた。"星和工作機械の職人"は世間から一目置かれるほど高度な技術を誇っていた。当時、新入社員は住み込みで働き、四六時中、先輩に付いて腕を磨いた。「仕事とは、教えられるものではなく自ら学び取るもの」との考えが当たり前の時代であった。

　日本の製造業は第二次世界大戦後、急速な発展を遂げ、自動車や家電製品は国内市場に留まらず、海外市場においても幅広く受け入れられるまでに至った。その製造業の競争力を支えてきたのが、部品加工を行う工作機械であった。
　当時、日本の工作機械は、欧米に比べ機能・性能面で大きく後れを取っている状況であったが、国の保護主義を背景に日本人の勤勉さ、職人気質の技術力に支えられ、星和工作機械は順風満帆な事業を展開をしていた。
　そうした中、競合他社は、当時技術力に優れていた欧米メーカーとの協業を積極的に進めていた。1950〜1970 年代の技術提携は工作機械関係で 115 件にのぼった。この技術提携は「時間を金で買った」とも言われたが、国内の技術蓄積に貢献し、その後の製造技術立国日本の発展に多大なる影響を及ぼした。
　多くの競合メーカーが欧米との技術提携によって技術の底上げを図ったのとは対照的に、星和工作機械は自力で基礎技術のレベルアップの道を選んだのである。

工作機械の自動化

　工作機械の自動化は、はじめ、カム[3]とリンク装置を組み合わせる方法で行われていた。カムの代わりに電気を使ったのが電気シーケンス制御(プログラマブルコントロール)[4]である。刃物台などは油圧シリンダーで駆動するが、その制御は電気指令で行うものである。こうした自動化の応用は、自動サイクル機構を備えた研削盤[5]やボール盤[6]、さらには同一部品に対して多数の加工を 1 台で行うトランスファマシン[7]という形で発達した。特にトランスファマシンは 1947 年にフォード社が生産ラインの主力に投入して経営危機を乗り切ったことから、大量生産に適したオートメーションの代表としてもてはやされた。その一方で、多品種少量生産に適した次世代型の自動化の研究が進められた。加工に必要なテーブルや工具の動きをコード化して、数値データに置き替えてコントロールする数値制御装置(NC:Numerical Control)[8]である。

　NC 技術の工作機械への適用は、1952 年に米国のマサチューセッツ工科大学(MIT)によって 3 軸制御の NC フライス盤[9]で実現された。国はこの NC 技術を取り入れるべく産学官の取り組みとして直ちに進めた。「電子技術を活用して機械の基本性能を飛躍的に向上できないか」と考えた先覚者が国産 NC 工作機の開発にへと舵を切らせたのである。

　1952 年当時、星和工作機械の開発部長が工作機械業界幹部とともに MIT に立ち寄り NC機を見学した際に、工作機械の電子技術の到来をいち早く予感し、翌 53 年から星和工作機械は大学卒の電気技術者の採用に踏み切ったのである。1959 年に星和工作機械も電気メーカーN 社と共同で NC 工作機械の試作の取り組みを開始、苦心の末、翌年 1960 年にNC 工作機械 1 号機の NC ボール盤を完成させたのである[10]。

　ただ、当時の NC 工作機械は大変高価だったため、民用には利用されず、軍事用の複雑

---

[3] カムは運動の方向を変える（例：回転運動→直線運動）機械要素
[4] プログラムで定められた順序や条件などに従って設備や機械の動きを制御する装置
[5] 高速で回転する砥石に削りたい素材を押し当て、少しずつ削り取っていく機械
[6] 木材や金属素材に穴を開けたり、穴を堀り広げるための機械
[7] 工作機械の機能（たとえば主軸や送り機構など）を単体として独立させたもの
[8] 工作機械などの作業動作を数値情報で指令し動作させるための装置
[9] フライス(円筒形で外周に刃をつけたもの)を定位置で回転させ、工作物を取り付けたテーブルを動かして切削する機械
[10] 1956 年に国内初の NC 装置を富士電機、1958 年に NC フライス盤を牧野フライス製作所が開発

な部品の輪郭切削加工のみにしか利用されなかった。こうした理由で、欧州ではNC機の開発が進まず従来型の工作機械の時代が続いた。一方、星和工作機械初め日本の工作機メーカー各社は、継続してNC技術の開発・製品化を進めたのである。

Ⅲ. 工作機械の特長と取り巻く環境
工作機械と工作機械業界

　金属やプラスティックなどの工業素材を、切削・研削・研磨などの加工を施し、所定の形状・寸法にする機械のことを「工作機械」と呼んでいる。機械を作る機械であることから「マザーマシン」とも呼ばれることもある。

　また、一口に工作機械と言ってもその種類は多く、旋盤、ボール盤、中ぐり盤、フライス盤、研削器、歯切り盤、マシニングセンタ、ターニングセンタ、放電加工機[11]と多岐に渡る。用途では、自動車向けをはじめ、電機・精密機械、半導体・電気通信・IT製品、産業機械など様々な産業に利用される。

　工作機械業界は、製造業の設備投資の動向に敏感に反応する傾向があるため、自動車、航空機、電子部品といった製造業の動向が工作機械メーカーに大きな影響を与える。また、経済に占める製造業の割合が高いため、世界経済の動向に左右されやすい業界とも言える。実際に、2009年前後の金融危機時には、各社受注がほぼ無くなるなど多大な損害を受けた。景気が良い時は良いが、不況になると大きく悪化する特徴がある。。

---

[11]用途によって様々な加工が必要になりそれに合わせた工作機械が開発されている。詳細は、
出展：「一般社団法人日本工作機械工業会」ホームページ、"工作機械の種類と加工方法"参照
〈http://www.jmtba.or.jp/machine/introduction〉

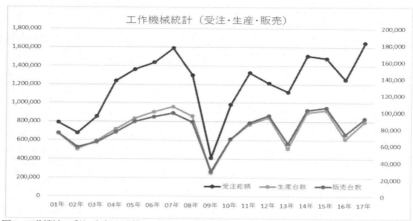

図1　工作機械の受注・生産・販売推移（出展：一般社団法人日本工作機械工業会　統計データより作成）

人員削減が容易でない工作機械業界

　工作機械は1台1台の仕様が異なり、その製造や検査には熟練した高い技能が必要となる機械である。この様な熟練技術を持った人材は育成に時間がかかるため、不況になったからといって簡単には人員削減できない。その結果、工作機械業界の多くの企業は内部留保が厚く、自己資本比率が高いのが特徴である。これは不況時に内部留保を取り崩し熟練社員の雇用を確保するといった目的があるからである。この様な特徴を持った工作機械業界は、一旦不況になると工場の稼働率を確保するため、数少ない引き合い商談を多くのメーカーで奪い合う形となり、価格競争が激化し大幅な値引き合戦が発生したりする。その様な形で一度下がった価格は、景気が良くなっても容易に元に戻すことができない構図となっている。

IV.　工作機械業界の発展と動向
好景気に沸く日本(1950 年代)

　1955 年は本格的なモータリゼーションの到来の幕開けとなった。自動車業界の熾烈な競争は、近代的な自動車工場発展の起爆剤となった。そこに導入される工作機械や生産設備は、産業界に欠くことのできないキーアイテムとして工作機械の市場を拡大させて

いった。好調な輸出と物価の安定、さらに金融緩和政策を背景に好調な売り上げを伸ばしていった。企業収益が上昇し、設備投資が急増、「もはや戦後ではない」と言われた『神武景気』が到来した。モータリゼーションに続いて、家庭電器製品の分野においても「三種の神器」と呼ばれた、"テレビ"、"洗濯機"、"冷蔵庫"を中心とした電化時代が普及期を迎えようとしていた。

　日本には、細かな「作り込み」、「擦り合わせ」[12]を厭わない「ものづくり」文化の土壌がある。こうした文化を背景に日本の工作機械産業は、海外の進んだ技術を取り入れながら、職人気質の技能を以って品質を高め、先進国を中心に高機能品市場を切り拓きながら発展していったのである。

世界市場へ

　1959年、当時の工作機械の生産額は、アメリカの2,800億円を筆頭に、ソ連、西ドイツ、イギリス、フランスと続いて、日本は574億円と第6位。輸出比率にいたっては、スイス70%、西ドイツ46%をはじめ主要国が20～30%に対して、日本はわずか3～4%（1960年）の状況であった。「安かろう悪かろう」、それでも、星和工作機械の旋盤は北欧諸国において独自技術が評価されて欧州市場の足掛かりを掴むことが出来た。

　工作機械の自由化が始まった1961年秋、星和工作機械の生産ラインに変革が起きようとしていた。旋盤機械の大増産体制の確立である。1作業1人制、現合作業[13]と再組み立ての廃止を進めるとともに、作業段取りや部品の互換性を高めることにより、1962年コンベアラインを導入し生産能力を従来の2倍まで高めた。

時代のいたずら

　日本の戦後の高度成長は、先進国の進んだ技術と豊富で安価な資源の輸入に支えられ、大量生産・大量消費で拡大を続けていた。そうした中、1973年10月に勃発した第四次中

---

[12]「擦り合わせ」とは、製品に要求される機能と部品（あるいは工程）との関係が錯綜する複雑な組み合わせを考えて最適なものに調整する設計思想（アーキテクチャ）のことである。
　また「作り込み」とは、そうした設計情報を正確・効率的に素材に転写する現場活動のこと。
[13]"現物合わせ"での作業。現場で微調整する作業がまさに現合作業。

東戦争によって、石油価格が大幅に引き上られ第1次オイルショックを誘発した。石油価格の高騰を背景に、相次ぐ便乗値上げが行われたことによりインフレーションが加速され需要が冷え込んだ。一方で、公共工事や民間企業の投資抑制が行われたために景気が一気に悪化したのである。こうして高度経済成長が終焉したのである。

この煽りで星和工作機械の受注も激減し経営が苦境に立たされた。当時の社長、常川は、星和工作機械は「人が財産」とのことで、社員の雇用を優先する方針を打ち出し、危機の打開を模索した。しかし、景気が一向に好転する気配がないまま、1975年の年の瀬を迎えようとしていた。このままでは、倒産の危機が危ぶまれる状況下、1976年に入ると稼働する幾つかの工場の閉鎖と売却を決めるとともに、隣接する工場への従業員の配置転換と希望退職の募集に踏み切った。しかし、希望退職者は想定した人員に達せず、やむなく会社都合による解雇を実施せざる得ない状況となったのである。何度も組合との協議を重ねて、納得の上で解雇に応じてもらい何とか危機を乗り切ったのである。そうした人を思いやる会社側の誠意も伝わり労使との関係は大きく悪化しなかったものの、従業員の士気は一気に低下していった。

再建への道筋

常川は「従業員がやる気を取り戻さない限り再建は不可能」との信念のもと、改革を断行した。「一歩、一歩の地道な努力が必要だ、まずは小さなことでも形の見える方法で実施していかなくてはならない。こんな時だからこそ見える結果が必要だ」ということで、社用車を全て廃止してタクシーに切り替えた。また、広い社長室を撤廃し従業員と同じフロアーに席を移し、風通しを良くするとともに、迅速な意思決定と決済のスピードを早めた。多くの人を経由して決済を仰ぐ稟議書の方法を改め、各部門長から直接決済を仰ぐ方法に切り替えたのである。

一方、市場に即応できる開発体制の確立を進めた。「新技術を取り入れた製品開発はメーカーの生命線だが、技術指向が強すぎるあまりにシーズ先行となり市場ニーズと乖離し、メーカーの勝手な思い込みの製品が市場に出されることになれば、その製品に関与した者の苦労も報われない。」と考えた常川は、販売部門から顧客の声が届く仕組みとして、販売ルートの再編を図るとともに、顧客のニーズを掘り起こせる様に、全ての社

員、販売員に対して教育の場を与えた。また、顧客の意見をより一層取り入れるため、ニーズ発掘シートを作成し、顧客訪問の際に全ての社員に持たせ、顧客の些細な要求・不満も漏らさぬように、聞き取った内容を記入させた。その中で有益な情報に対しては奨励金を与えることにより、顧客のニーズを拾い上げる仕組みを作り上げた。技術や製造重視のプロダクトアウトの発想から、顧客や市場を優先させるマーケットインへの発想の転換を図ったのである。その甲斐あって星和工作機械の業績も徐々に回復へと向かっていった。

70年代後半になると日本製のNC装置付き工作機械の性能が世界市場で高く評価される様になり、コンピューター数値制御(CNC)装置付き工作機械へと発展していった。

V. ビジネス戦略と成長
顧客の声を聞き反映する

ほとんどの工作機械メーカーは、制御装置であるNC装置を他のメーカーから購入するが、星和工作機械は「機械系」の部分と「制御系」の部分、いずれも自社で開発し組み合わせて工作機械を作り上げるといった『機電一体』の形態をとってきた。

星和工作機械もNC工作機械を市場に出した当時は、NC装置の部分を共同開発の形でN社に任せ、N社とともにNC工作機械の開発に力を注いだ。当時はNC装置に使われていた電子部品の不良が多く工作機械の品質が安定せず苦労を強いられていた。また、顧客要望に沿ったNC装置の製品開発も思う様に進まない状況が続いていた。

そんな中、星和工作機械の技術陣の中で自社開発の気運が芽生えていった。その理由として、新製品開発のスピード面である。機械の制御を他社に頼っていると顧客ニーズを的確に反映させた工作機械をスピーディーに市場に送り出すことが難しい。もう一つは、アフターサービスの面での懸念である。納入した工作機械が故障した際、その原因がNC装置か機械的な問題なのかがはっきりしない部分の不具合の場合、原因追及、修理に手間取って顧客に迷惑を掛けてしまう。

これらのことから、N社と共同開発を進める一方、星和工作機械では秘密裏に自社でNC装置の開発プロジェクトを進行させた。そうした中、N社との間で決定的な制御仕様の食い違いが起こった。このことを契機に星和工作機械は本格的に自社製NC装置開発に

踏み切ったのである。長年、顧客の立場を考えた技術者としてのプライド（職人魂）が N 社との決別を決定づけたのである。その翌年、試行錯誤の末、星和工作機械独自開発の NC 装置を搭載した NC 工作機械を開発・製品化した。開発した NC 工作機械は、従来の自社の NC 工作機械よりも画期的な性能を発揮するとともに、信頼性も格段に上がった。

VI. 技術革新と市場の激化
乱立する工作機械メーカー

　星和工作機械は、旋盤・マシニングセンター・研削盤・NC 装置・FA システム等を取り扱う総合大手の工作機械メーカーである。工作機械の種類には、プレス機械、板金機械、放電加工機、歯切り盤、ボール盤、中ぐり盤、フライス盤、マシニングセンター、旋盤、研削盤、ターニングセンタ等があり、それぞれの機械ごとに得意とする企業がある。多様な加工用途に汎用的に使用されるマシニングセンターや旋盤を「汎用機」、その他、研削盤や歯車機械、放電加工機等、特定の用途に特化して使用される機種を「ニッチ機種」として棲み分けている。

　日本の工作機械業界団体である日本工作機械工業会には、96 社（2015 年 12 月時点）の会員が加盟しており、非会員を加えると 100 社を超えるメーカーが存在している。その中で、各メーカーは、加工種類や製品性能の違い、顧客種別等により細分化された市場を棲み分けしている。また、オーナー企業が多いのもこの業界の特徴である。総合大手工作機械メーカーは汎用機メーカーであり幅広い業種に対し工作機械を納入している。一方、多数を占める中堅・中小メーカーは、加工精度・効率といった機械性能の程度、用途・顧客の絞り込み等によって棲み分けを図っている。

工作機械業界の市場変化（中国・新興国の台頭）

　工作機械市場は、過去、日本をはじめとする先進国が需要の中心であったが、2000 年以降は、中国を含むアジアが需要の牽引役となった。特に 2008 年のリーマンショックを機に、需要の過半数が中国をはじめとする新興国が占める構図となった。これによって、世界の工作機械の需要は、新興国における低位機種が中心機種へと変化してきている。

その新興国における需要も年々、低位機種から中位機種へとシフトしてきており、ボリュームゾーンである中位機種の需要の取り込みが今後重要となっている。

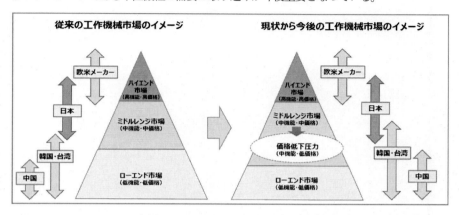

図2 グローバル市場における需給構造の変化（出所：工作機械工業会「工作機械産業ビジョン2020」を基に筆者作成）

　世界の工作機械生産高は、1980 年代から約20 年間、200 億US ドル台で推移してきた。2000 年代に入ると中国をはじめとする新興国の急成長に加え、2004 年以降の欧州経済の回復を背景に、日本の工作機械の生産高は2008 年まで27 年連続で世界一を維持した。しかし、2005 年頃から世界生産高全体に対するシェアは徐々に下がり始め、2009 年には中国が日本の生産高を上回り世界首位の座に躍り出た。

　かつては、先進国が生産高シェアの大半を占め、生産高の「量」は技術の「質」と連動していたが、中国が低位機種を大量に生産しローコスト市場でのシェアを獲得し世界1 位の地位まで台頭したことにより、従来の「量」＝「質」から、「量」≠「質」という構図へと変化したのである。

モノづくりの変化

　工作機械の各コンポーネントを構成している個々の機械部品、電子部品の品質・性能も向上し、熟練した技術を持たない企業であっても容易に高性能の部品を使って、顧客の望む仕様の製品を作れる様になると、安価でそこそこの性能の製品が労働賃金の安い海

外で作られるようになった。近年、台湾・韓国の汎用機メーカーが、ユニットを外部調達して組み立てるモジュール型の設計・生産手法を生かし、価格競争力のある工作機械を開発し市場に送り出している。結果、星和工作機械の熟練工による組み立て技術の優位性が競争優位に働かなくなってきた。こうした変化から、付加価値の源泉が「組み立て」（擦り合わせ）から「ユニット（モジュール）」へと移行してきているとも言える。

　また、工作機械や搬送装置などを組み合わせて加工ラインを丸ごと供給するターンキー[14]提案や24時間365日体制のアフターサービス等バリューチェーンの川下の重要性が高まっている。この様な需給構造の変化は、従来の様に機械の「質」だけを追求していればよい時代の終焉を告げるものである。

　汎用機市場における新興メーカーの台頭の影響は、ニッチ市場にも波及しており、汎用機の複合化、低価格化の進行を通じ、汎用機メーカーによるニッチ市場の浸食が加速している。工作機械業界で長らく続いてきた棲み分けの構造にも変化が生じてきている。

　また、グローバル競争にさらされている顧客からは、短期間で効果的な結果が出せるソリューション提案を求められる様になってきており、これらに対して、製品個々の性能や機能向上だけでは顧客の要望に応えていくことが難しい状況となってきている。

Ⅶ. 工作機械業界を取り巻く環境
工作機械業界を取り巻く新しい潮流（IoT の流れ）

　今までになかった競合他社の出現や第四次産業革命と言われるほどの環境変化、インターネットを媒体とする IT 技術の急速な進歩による情報化社会の中、菱井は先行きに不安を抱える。2017 年度、売り上げこそ過去最高を達成したが利益率は下落となった。東京オリンピックを迎える 2020 年、星和工作機械は創立 120 周年を迎える。その大きなイベントに向け、星和工作機械は連結売上高を現在の 1.2 倍、利益率 20%の経営目標を掲げている。

　ものづくりの世界において、コンピューターやセンサー技術の発達にともない、様々

---

[14] 直ぐに稼働できる状態で顧客に渡せるような提案。キー（鍵）を回しさえすれば稼働できる状態でオーナーに引き渡すことから、この名前が生まれた。

な装置にセンサーやコンピューターを取り付けネットワークで接続してその装置の運用効率や価値を高める動きが活発化してきている。欧米では生産現場において生産のあらゆる情報をセンサーで読み取って蓄積、分析することにより、自立的に動作するインテリジェントな生産システムを目指す動きが活発化している。こうした状況でも、日本の製造業は従来からの"ものづくり"の考え方に固執した製造のあり方にこだわっている。

　ドイツや米国が先導するこの様な「ものづくりのビジネスモデル」そのものの変革に出遅れると「日本の製造業は競争力を喪失しかねない」と危機感あらわに、大手工作機械メーカー幹部は警鐘を鳴らしている。同様に、星和工作機械、開発本部長の近藤も、*「製品単体の競争力は高いレベルにある。しかし、総合力になった途端に、競争力が落ちていると感じる。従来の様に、個別の機械や製品を売るだけというスタイルの事業では、競争力を維持できない状況になっている。これからは、世界に対して製品単体だけでなく、関連するサービスを作り、それを保守し、その製品が創り出す先の世界まで想定した事業としなければ、高い競争力を発揮できない。」*と社内で発信している。

　ドイツは2011年以降、Industry4.0というキーワードを掲げ、国を挙げて工場の生産機器と顧客をネットワーク化するなどして生産システムを高度化する「スマート工場」の取り組みを推進している。米General Electric社も航空機エンジンや産業機器をネットワーク化して、ソフトウェア解析の技術を活用し機器の運用効率の向上や製品自体の改良につなげている。自動車業界もエンジン駆動からモータ駆動の自動車へと向かう中、各自動車メーカーから次世代技術のロードマップが明確に出されている。新しい設備開発が進むというメッセージである。この流れの中で、機械加工部品が多く占めていた自動車部品も、機械加工を多く必要としない、モータ駆動の電気自動車へと移り変わる中で生産設備の考え方も大きく変化していく。

　工場設備を構築する顧客は設備の構築において、導入する各工作機械、周辺装置において、メーカーごと、あるいは、製品ごとに接続仕様が異なっているため、その接続に苦労している。既存設備を使って工程間の自動化を図り、工場全体の歩留まり、品質改善、生産性改善を図るためのデータ収集も難しい状況である。各社がそれぞれ独自のネットワーク仕様を持っているためである。システムを構築する際、価格が安い機械・機器を複数のメーカーから調達してもネットワーク化するのに苦労し、トータルコスト的に

はそのメリットを享受できないことも多い。この様な状況の中、顧客からインタフェース部分の標準化を求める声が大きい。従来、各機械は独立して一つの工程を行っていたが、生産性の効率化、品質向上、設備の安定性、設置スペース等を背景に1台の機械で複数の工程を完結できる複合機械のニーズも高まっている。

競合他社との連携の動き

　日本メーカーと海外メーカーとの資本・業務提携の動きも始まった。2009年3月、『M社』は、欧州最大の工作機械メーカーG社との資本・業務提携を発表した。G社はブラジル、中国などでブランド力が高い。M社はG社との提携によって、従来機より100万円程度安い機械の提供を受け、ラインアップの充実を図るとともに販路を広げた。

　『F社』は業界最大手の工作機械メーカーである。コア技術であるNCをベースに工場自動化の機器を開発・生産・販売の事業展開をしている。工作機械用NCにおいては世界シェアの約50%を有すると言われ、国内シェアは実に70%に達する。競合他社に対して圧倒的競争優位を示している。そうした、F社ではあるが、2016年4月、衝撃的なニュースが流れた。「IoTの新たな潮流に乗るため、F社は、世界最大のコンピュータネットワーク機器メーカー、米国の大手FA機器メーカー及びITベンチャー企業の3社とアライアンスを結び、製造現場に特化したソリューション開発を行う」と発表した。

　『S社』はドイツに本社を置く多国籍企業である。情報通信、電力関連、交通、医療、防衛、生産設備、家電製品等のあらゆる分野で製造、およびシステム・ソリューション事業を幅広く手掛ける複合企業である。製品の受け入れから搬出まで、またMES（生産実行システム）レベルからERP（基幹業務パッケージ）レベル、そして、制御レベル、フィールドレベルの接続まで、上流から下流までの各々レイヤのオートメーションのため、統合された製品とシステムを提供する唯一のサプライヤーである。

　IoTにも力を注いでおり、ドイツの政策でもある「インダストリー4.0」にも参加している。IoT分野向けにS社はデータ分析基盤を開発しつつ、IoT分野における主導権獲得と自社規格の国際標準化を狙い、ドイツや米国のなどの大手IT企業との提携を相次いで発表し影響力を拡大させている。

副社長のＢ氏は、製造業を取り巻く環境の変化について『「モノづくりの変革」、「製品イノベーション」、「グローバル化」、「時間とコストの圧縮」の４つのポイントがある』と指摘する。「モノづくりのデジタル化が進み製品の製造方法を変革し、マスカスタマイゼーションを実現できる様になりつつある。また製品イノベーションを求める動きやグローバル化の動きはなお一層高まっている。これらの状況があるにもかかわらず製品のライフサイクルは短命化の傾向にあり、従来の方法では製造業はニーズに応えられなくなってきている」と述べ、次世代のモノづくり環境を「製品と製造のライフサイクルの統合」だと語った。

生産構造の変化

　従来、製品の競争優位性はその生産設備の能力によって大きく左右されてきた。性能、品質の高い製品を生み出すには、より機能・性能の高い生産設備を導入することが必要であった。処理速度の速い設備を導入することでより短時間で多くの製品を生産することができ、製品コストの上からも優位性を発揮できたのである。市場からもより高い性能の製品、高い品質の製品が求められていたのである。
　この様な環境下においては、１位、２位を争うトップ企業がその製造設備の先駆者となり設備機械導入において業界のリーダー的存在として引っ張っていったのである。
　しかし、工作機械の性能、品質が顧客ニーズを超えるレベルまで達すると、一部の高度化した部品の加工以外、工作機械にそれ以上の性能、品質を追い求める必要がなくなった。生産設備の性能だけで優位性を獲得することができなくなったのである。相まって経済成長が望めない環境下においては、コスト優先となり、より安価に生産することに視点が移り、より安価な設備が望まれる構図となった。

システム志向の欠如

　システム志向は、個々の製品力よりもむしろ各機器をバランスよく利用し、如何に顧客の望んでいることに応えるかが重要とされる。しかし、星和機械工業を含む日本のメーカーは、個々の製品の機能・性能・品質を重視したため、システム構築において重要な、全体を俯瞰して、機種間の繋がり、バランス等を考えるといった発想・ノウハウが育ち難

かった。結果、顧客要望に対応した柔軟性、スピード、コスト面においてヨーロッパを中心とするメーカーと比べ優位に立つことが難しくなっている。

　元々、日本の自動車メーカーなど大手製造業は、生産システムの構築ノウハウを持っているところが多い。これらの企業は、独自の考え方と技術力で工場全体の合理化と効率化を進めてきた。そのため、機械を提供するメーカーは顧客の要求に対応できる製品の開発力において強みを発揮する一方、機器の仕様や機能において独自仕様の生産設備（システム）を構築し、これを製品の差別化要因として成長してきたのである。

肥大化したルートビジネス

　星和工作機械の工作機械事業を伸ばしていく中、事業を拡大し円滑に運営するために作った巨大な販売網、そして、その販売網をうまく機能させるための仕組みは、商流を守るための仕組みにもなっている。それが今、組織が肥大化する中で機能不全を起こしているのである。元々、人のつながりで構築されてきたシステムである。うまく循環している時は良いが、血の流れが悪くなると機能不全を起こし始める。しかし、機能不全を起こしても初期段階では容易に発見しにくい。何か問題等が発生しない限り把握することが難しいのである。

　日本の製造力も弱まり、相まって、技術の進歩によりその生産設備に利用する工業機械も一定の機能・性能をモジュールの組み合わせで製品化できる様になると、製品単独の競争力も弱まってくる。製品（モノ）中心の販売方式は通用しない。また、高い利益構造で成り立っていた複雑な販売網も利幅が薄くなると、その体制維持も難しくなる。

　インターネットの普及により、顧客はいつでも必要な情報を入手できる様になると、単にメーカーと顧客の仲介役をするだけ（情報伝達するだけ）の商社の存在は、コスト高、モノ・情報伝達ロスの悪しき構造と思われ、顧客から、ルートを通じた取引を敬遠される。しかし、工作機械は一般消費財と同じ様に簡単な商品説明だけで売れる製品ではない。機械の選定、購入においては、売る側も、買う側も、その用途と機能を見極める必要がある。機器を購入し設備を立ち上げる、運用する段階になって希望通りの加工ができないとか、性能が出ないことが発覚し生産ラインが計画通り稼働できなかった場合、大きな損失が発生する。また、運用後のアフターサポートも大切な要素である。

このまま放っておくと取り返しのつかない事態も予想される。従来から続いている仕組みを変えることは大きな改革が必要だ。しかし、その改革を容易に進めることができない。商談プロセスや顧客の要望把握等も人を介したアナログで運営してきた長い歴史を、定量的なデジタルの指標で管理、運営していくことに対して簡単に受け入れてくれない。関係者から反発が出てくることは容易に想像できる。仮に強固に改革を推し進めたとしても、その新しい仕組みに黙って従わせることも難しい。相当のリスクをともなうことが予想される。日本的な文化を象徴する企業風土が変革を邪魔するである。

グローバル化への対応

　人事部長の大重は、当社を希望する学生向けのメッセージとして次の様なことを語った。「*星和工作機械が最優先する戦略はグローバル展開の強化です。これまで国内を中心に培ってきた力をグローバルな舞台で発揮する、今、まさにそういう転換期に来ているのです。これからは、従来の製品、売り方では通用しない、最適なソリューションの提供によってグローバル市場の中でナンバーワンになる。それが、星和工作機械の10年後、20年後の姿だと考えています。*」
　その海外事業強化の一環として、インドの機械システム事業強化のため、現地のシステムインテグレータを買収した。

VIII.　事業の変革に向けて
「顧客ニーズの把握と顧客課題」への対応

　モノの時代はプロセス自体も比較的単純でモノを中心とした動きの中で、顧客の要望・不満が比較的容易に把握することができた。問題等が発生しても外から対処しやすく、その進捗もフォローしやすかった。コトの時代になると、そこに関わるモノ・人も規模が大きくなり、複雑化してきたためプロセスが分かり難くなってくる。また、将来生み出されるだろう価値も見えにくくなり、事業を行う上で極めてコントロールしにくい状況となってきた。
　今は、個別の課題ではなく顧客生涯価値を訴求する総合的な提案が求められている。

顧客の真の要求を満足するためには、メーカー都合では商売ができない時代となっているのである。極論を言うならば、自社の製品で顧客の課題が解決できないならば競合他社の製品を持ってきてでも顧客の課題を解決すべき時代なのである。それができなければ他社がそれを遣って退ける。

それだけではない、提案・解決までのレスポンス（スピード）も重視される。時代とともに早くなっている。如何に迅速に必要な情報を集め、分析し、それに基づいた意思決定が行えるかが、これからビジネスで生き残っていくカギである。もはや、足で稼ぐ時代は終焉を迎え、IT技術を駆使し情報で稼ぐ時代となっているのである。

標準化の波

競合他社の工作機械大手のY社は「機械に付帯する自動化システムの規格の標準化に乗り出す」との新聞記事が紙面を飾った。従来は、他社差別化の手段として顧客に対応した一品対応のカスタマイズを図り顧客を取り込んできた。また、付帯する設備との接続仕様を独自のものとすることで、他社の機械とは容易に接続できないため、一旦、自社の工作機械の採用が決まれば、次からは容易に他社に切り替えられることもなく顧客を抱え込めた。しかし、その独自仕様を捨てて標準化に乗り出すというのだ。顧客からすれば、既存設備に囚われず、より最適な設備を選べるというメリットを享受できる。

M社はすでに、複数の工作機械を使わず、工具とプログラムの組み替えだけで、複数の機能を持った装置も市場に投入している。自社の工作機械をプログラミングや操作などの専門知識を必要としない画期的なシステムを販売したというのである。周辺機器をモジュール化することで、導入時の据付やシステム構築を短期間で実装できるだけでなく、導入後のレイアウト変更も短期間で完了できるシステムとなる。ワークストッカー、コンベアー、トレイチェンジャ、計測装置等の要望の多い装備をパッケージ化し、機能単位で高品質かつ短納期でシステムを顧客に提供することを可能とした。特定の機能をパッケージ化して顧客の利便性を上げたのである。また、製品購入から立ち上げ、運用・保守に至るまで自社内に専用研修施設を設け顧客支援を実施。トラブル時もサービスセンターで24時間365日受付、早期復旧を実現するというものである。

遅れた情報戦略

　ビジネスの価値は製品中心の『モノ』から情報・サービスの『コト』中心へと大きくシフトをしている。製品作りにおける情報・サービス（『コト』）とは何かとの問いに、「*現場から生まれる様々なノウハウ*」だと語るのは、Y社、営業本部長の城山だ、これをどうお客さまに提供していくかが今後の課題だと語った。

　マスカスタマイゼーション[15]の典型とも言える工作機械製造の現場に IoT を導入し、大きな成果を手にしようとしている Y 社。その取り組みから見えてくるのは、次世代の工場が持つポテンシャル。工場の内外に存在する膨大なビッグデータを集約・分析し、調達・製造・販売・保守・物流などの業務に活かすことができれば、顧客ニーズに即応したきめ細かい需要予測を実現できる。また、グローバルでの最適生産を行うことが可能になるのだ。

　菱井は、これからの工作機械業界での生き残っていくには、工場設備に関するあらゆる情報を収集・分析し、顧客サービスのために活かす取り組みが必要不可欠と考えている。現在、星和工作機械の工作機械事業を支えている情報インフラ（システム）は数多く存在する。機種別、支社ごとに管理されているもの、顧客管理、受発注管理等々を数えると切りがないほどである。しかし、そのシステムの情報の結合度は実に薄い。これほど IT 技術が進んでいるにも関わらず、社内においての IT 化はまだまだ十分なものとは言えない。過去の仕組みは形骸化し、未だに紙文化が根強く残り、決済を取る稟議においても、いくつもの部門を紙が行き来するのが実態である。稟議を通そうとする部門長が不在だったりすると、何日も眠ったままになってしまうこともあるほどである。そのスピード感においても、他社から引き離された感じだ。

　『これまで、「将来は、このように変化することが予想されるから、○○の準備をしないといけない」という認識だった。ところがこれからは、全ての分野でIT化が進み、とてつもない量の情報が得られる様になる。得られる情報に対応していかないと、強い事業とすることができない。IoT の時代に適応できないと、次の時代まで乗り切ることが*

---

[15]大量生産に近い生産性を保ちつつ、個々の顧客のニーズに合う商品やサービスを生み出すこと

261

できない。これまでの方法は通用せず、新しい事業モデルを考えて取り組んでいかない限り、我が社の将来はない。変える勇気を持ち、変わる努力をしない限り、星和工作機械の2020年、2030年、そしてその先の2050年は存在しない』と語った、開発本部長近藤の言葉が菱井の頭を駆け巡るのであった。

◆ 解説 ◆

ケース・クエスチョン1の分析と考察

工星和工作機械は1918年に織機製造ノウハウを利用して工作機械業界に参入した。この当時から現在まで、工作機械業界に関わるマクロ環境変化を幾つかの節目に分けて3Cを使って整理し、作機械業界と星和工作機械はどの様な特徴があるのか、どの様な環境に置かれているかを理解する。

① 戦後の復興の中で発展を遂げた工作機械(1950年～1970年)

〈社会環境〉

・戦後の復興で、自動車・家庭電器の需要を背景に高度経済成長期にあった。

・先進国の進んだ技術が輸入された。

・国策として技術力強化が図られた。

Customer	・モータリゼーションの到来により、自動車業界で利用普及した ・家庭電器品の普及により家庭電器品製造設備の利用で大きく飛躍した
Competitor	・欧米の工作機械は進んだ技術を持っていた ・海外メーカーはNCの採用が遅れた ・国内競合メーカーは欧米の進んだ技術を積極的に取り入れ製品を開発
Company	・織機製造から工作機械へ転身(織機製造の技術を生かせた) ・高い技術力と職人気質のモチベーションを持っていた ・「安かろう・悪かろう」から「高性能・高品質」の工作機械を作った ・自前で機械と制御を開発、製品化した ・先見性を持ってNC搭載の工作機械の開発を行った

② 高度経済成長の終焉からバブル経済へ(1970年～1990年頃)

〈社会環境〉

・オイルショックが起こり景気が悪化した(第1次:1973年/第2次:1979年)。

・バブル景気(1986年～1991年)。

・省力化ニーズの高まりにより需要の回復が図られた。

Customer	・生産設備への投資を抑制 ・省力化ニーズの高まり
Competitor	・景気後退による受注の落ち込み
Company	・経営状況悪化により社員を解雇して難局を乗り切った ・社員解雇により、社員のモチベーションが下がった ・社内の改革を断行した

③ 日本のモノづくりの弱体化、中国・韓国の台頭(1990年〜2010年)

〈社会環境〉

・バブル崩壊(1991年)、リーマンショック(2009年)により急速に国内市場が冷え込む。

・製品の価格競争(効率化、低コスト化)、短納期化。

　➡生産拠点が海外へと転移(安価な人件費)。

・中国をはじめとする新興国の急成長。

・東日本大震災等の災害頻発。

　➡部品入手が困難、大規模の計画停電：生産に大きく影響(納期トラブル)。

　➡地球温暖化、東日本大震災を起点とする省エネ推進。

・差別化のため激しい製品開発競争が繰り広げられる。

Customer	・国内では人件費の高騰による海外移転、設備費の圧縮等を実施 ・中国、新興国での市場が拡大。低位機種が中心の市場に変化
Competitor	・製品力をつけてきた韓国、中国メーカーの低位機種での参入 ・工作機械市場は中国、新興国が牽引
Company	・製品機能、性能での差別化が難しくなった(質だけの時代は終わった) ・製品の二極化、低位機種は価格勝負、高位機種は性能・機能重視 ・1台の工作機械で複合化的な作業を行う製品の開発

④ モノからコトへの時代(インダストリー4.0、IoT)　2010年頃〜

〈社会環境〉

・コンピューター、ネットワーク技術の急速な発展。

　➡様々な情報をいつでも、どこでも見られる様にする発想が生まれた。

　➡工場全体の生産設備をネットワークで接続し、生産状況、機械の稼働状況を把握
　し、生産の効率化・品質向上に活用したいとの要求の芽生え。

・ネットワークの標準化、接続仕様の標準化の流れ。

・どの機器でもつながる「インダストリー4.0」、「インダストリアルネット」の流れ。

Customer	・顧客ごとの最適な製品ニーズの高まり ・ハードウェアからソフトウェア、サービスに価値を求める傾向 ・様々な生産設備(上位系のコンピュータ等含む)との接続 ・工場丸ごと提案の要求
Competitor	・工作機械の標準化を目指す競合が現れた ・IoTを活用した製品、サービスでの差別化
Company	・工作機械のソフトウェア、サービスと言った付加価値提案を実施 ・顧客志向のマーケティング・製品開発の推進 ・時代にマッチした開発・営業体制の変革・整備の必要性を議論

工作機械業界の特徴は

1)景気の影響を敏感に受け、浮き沈みの激しい業界である。

2)工作機械は顧客ごとに仕様が異なり、高い技術をもった者によって作られる製品。

3)多くの企業が乱立しているが、それぞれの領域で棲み分けをしてビジネスを展開。

4)産業の要ともいうべき機械であり、産業構造とともに拡大・衰退となる業界。

これら分析を踏まえて星和工作機械が成功した要因を考察すると

①技術力が高く顧客の要望に迅速に対応することができた。

②国内に優れた顧客が多数存在し、その要求に応えることで製品力を向上させた。

③顧客志向の製品開発を展開した。

④先見性を持って NC 工作機械の開発に取り組み、機電一体で装置の開発ができた。

⑤終身雇用制により技能継承がスムーズに行われた。

⑥故障や部品消耗といった問題が出てきた場合のサポート体制も図れていた。

⑦景気の浮き沈みの中でも、対応することができた。

等が考えられる。これらをまとめると、

・顧客のニーズを真摯に聞き出し、それに応える製品作りを進めた結果、製品力の強化と顧客との信頼関係を構築できた。

・また、それらを実現できた背景としては、星和工作機械で働く従業員のモチベーションと技術力、それを支えた会社側の姿勢であったと考察できる。

ケース・クエスチョン 2 の分析と考察

・星和工作機械が置かれている現在の状況を、PEST 分析する

政治面 Politics	・ドイツ政府主導によるインダストリー4.0 の推進 ［標準化取組み］ ・GE を中心とした企業連合インダストリアル・インターネットの推進 ・様々な法の管理により制限増大
経済面 Economics	・国内の需要の低迷 ・中国経済の急速な発展 ・アセアン地域の経済の活性化 ・デフレ環境下における製品の低価格化
社会面 Society	・少子高齢化による労働者の減少(国内) ・国内での大きな自然災害による生産設備への大きな被害(不定期) ・コンピュータ、インターネット環境の普及

技術面 Technology	・「第4次産業革命」の「工場をつなぐ」という考え方(ドイツ) ・インダストリアル インターネット(ハードとソフトの融合(米国：GE) ・コンピュータ、インターネット、センサーデバイスの技術革新 ・工場のネットワーク化の加速 ・人工知能、ビッグデータ、IoT 等による情報を活用した技術革新 ・技術の継承が難しい

・グローバル環境での工作機械市場を俯瞰する

＜工作機械の需要＞

　過去、工作機械は先進国が需要の中心であったが、2000 年以降は、中国を含むアジアが需要の牽引役となっている。特に、2008 年のリーマンショックを機に、需要の過半数を中国をはじめとする新興国が占める結果となり、世界の工作機械の需要は、新興国における中位機種、あるいは低位機種が中心となった。そして、現在は、新興国の技術力の向上と需要の高まりから、工作機械の需要も低位機種から中位機種へとシフトしてきている。ボリュームゾーンである中位機種の需要の取り込みが重要となる。

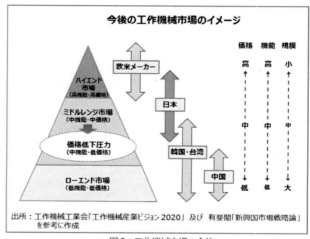

図3：工作機械市場の今後

　今後の工作機械市場を分析すると、

　ハイエンド市場は、市場規模は小さいが、機能・性能面での優位性を保て、高価な価格帯での製品展開が図れる。欧米メーカに加え日本メーカーも参入を進めている状況。特に付加価値の高い、航空機等の高精度品、微細部品加工等の高級機追求型市場となっている。

　ミドルレンジの市場は、自動車、一般機械、造船等、ニーズに応じた製品提供型市場で、欧州、アジア市場向けにおいて、日本、欧州メーカーに加え、中国、台湾、韓国メーカーが参入。

ローエンド市場は、モジュールパーツを組み合わせ比較的安価な製品を投入し、中国メーカー等が台頭。用途は分野を問わない粗加工等の新興市場向け裾野拡大型アジア市場向けが拡大。といった棲み分けが出来つつある。しかし、その棲み分けも、技術革新、新興国の技術力向上等で今後大きくその分布図も変わっていくであろう。

・市場ニーズと工作機械メーカーが考えるべき、製品の在り方を考える、
　従来の工作機械は、機械単体の性能、機能、サービスとそれに見合った価格で、市場競争が成り立っていたが、今後は、生産システムの統合業務パッケージ(ERP)などを連携させる高度な要求に応える必要がある。そのためには、ITと工作機械の連携が必要となり、今後、この連携が益々進むと考えられる。

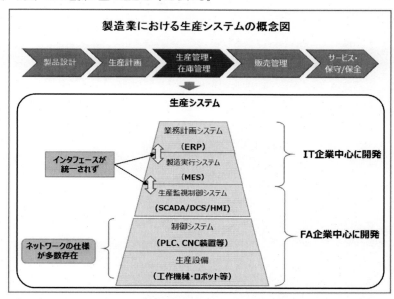

図4　製造業における生産システムの概念図

(出所)『Mizuho Industry Focus Vol. 180(工作機械業界の現状と今後の展望)』みずほ銀行産業調査部　資料を参考に筆者作成

ERP（Enterprise Resource Planning）	企業の持つ様々な資源(人材、資金、設備、資材、情報など)を統合的に管理するソフトウェア
MES（Manufacturing Execution System）	生産現場で製造工程の状態の把握や管理、作業者への指示や支援などを行う情報システム
SCADA（Supervisory Control And Data Acquisition）	製造や産業の現場でプロセス制御と集中監視を行うのが監視制御システム
DCS（Distributed Control System）	大規模なプロセス制御対象に対し、複数のコントローラで協調・統合した制御をする装置
HMI（Human Machine Interface）	人間と機械が情報をやり取りするための手段や、そのための装置やソフトウェアなど
PLC（Programable Logic Controller）	作成されたプログラムに従い、ロボットやコンベア等の工場の自動機械の制御を行う機器

以上のことを踏まえ星和工作機械の置かれている状況を5Force で分析する。

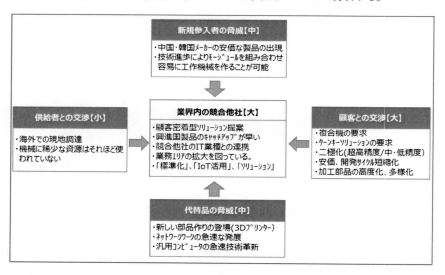

図5　星和工作機械が置かれている環境　出所：筆者作成

また、星和工作機械が置かれている現状を外部環境、内部環境の側面から SWOT を使って分析する。

表1　星和工作機械が置かれている分析(SWOT 分析)　出所：筆者作成

	自社にとってのプラス要因	自社にとってのマイナス要因
内部要因	**強み（Strength）** (1).商流を古くから築き，多くの商流を持っている (2).工作機械で幅広い製品の品揃えがある (3).自社で開発・生産・販売・保守を一貫して行っている (4).様々な製品を持っている（製品の品揃え） (5).製品開発の技術力がある (5).ブランド力がある	**弱み（Weakness）** (1).顧客のニーズを拾い上げられていない（過去はできていた） (2).早い環境変化に対応するのが難しい 　➡環境変化に合わせた早い決断が難しい (3).情報システムの統合化が遅れている 　➡社内に集められた情報の連携が難しい (4).意思決定に時間が掛かる（企業が肥大化） (5).商流（ルート）のオーバーヘッド
外部要因	**機会（Opportunity）** (1).大きな産業変革が起こっている（Industry4.0） (2).新しい製品のニーズがある（IoT、システム化） (3).新興国市場の活性化による市場拡大 (4).技術の進歩が速い（新し発想の製品で、他社の市場を奪うことが従来より容易となった）	**脅威（Threat）** (1).競合他社が異業種との企業連携を図っている (2).新興国の企業の工作機械業界への参入 (3).技術の進歩が速い（新製品が直ぐに陳腐化）。 (4).モジュール化で、技術力が弱い企業でも、そこそこの工作機械が作れる。 (5).新興国メーカから低価格の製品での攻勢。 (8).製品の複雑化による開発期間の長期化、品質低下等の発生リスク増大。 (9).オープン化・標準化の流れ。囲い込みが難しい

・星和工作機械の課題

　単体製品でのビジネスが主で、総合力を活かす戦略が弱かった。この背景には、星和工作機械の開発体制と販売体制によるところがあると考えられる。

(1)職人気質的な技術者に対して、製品の思い入れと顧客サイドに立った製品開発は、時として過剰な機能・性能を生み出す。

(2)工作機械として1つの完結した機能を持った製品を扱っていると、一つの工程における機能価値を重視するあまり、全体最適な考え、発想を受け入れ難くしている。

　特に、他社製品も入り乱れて利用される工場の設備の場合、その統合化・最適化は難しい状況となってくる。

(3)全体的なバランスを考え、全体最適となる様なスペックで機械を設計、納入する必要がある。たとえ、星和工作機械の性能がダントツに良くても、そこに接続される周辺機器や次工程の工作機械の性能が十分発揮できない様な場合、顧客で作る製品（部品）全体の作業効率、品質が顧客に要求を満足することができないことがある。

(4)なんでも自社で取り込み解決しようとする考え方も、現在の様に、大規模で、複雑化した製品（システム）では足かせとなってくる。開発負荷、スピード等考慮すると、関連するメーカーと協業する体制を取って、顧客のニーズを満足させることが必要となってくる。

(5)営業サイドも、圧倒的な製品力で販売できる時代は終焉を迎えた。

・生産財である工作機械が、その工程で、如何に精度よく高品質で加工できるかという観点からの判断ではなく、顧客が生産する製品(部品)に対して、自社の工作機械を使うことで生み出される付加価値について如何に訴求できるかが重要視される。

・そのためには、顧客が製品を作り出すプロセスにおいて、一部の工程のみに捕らわれるのではなく製品(部品)製造の全工程をトータルで考え、最適なソリューションを提供していく必要がある。単に、顧客の要求している一つの工程だけではなく、その製造におけるトータルコストと、その製品が市場に出た後のことも考えた生産プロセス、生産システムを提供していく必要がある。

ケース・クエスチョン3の分析と考察

<戦略の提案>

星和工作機械がグローバル市場で戦っていくため、今後の取るべく戦略を以下の4つの視点で考察する。1．製品戦略、2．サービス戦略、3．人財育成戦略、4．情報戦略

1．製品戦略

従来の工作機械は、標準部品を単に組み立てて完成する、組み合わせ型(モジュラー型[16])製品と異なり、高度な職人技術によって、一品一品、異なる仕様に合わせ、部品のバラツキを調整しながら製品を作り上げる、擦り合わせ型(インテグラル型)製品である。その製品作りにおいては、長年、積み重ねた技術が必要とされてきた。

より複雑で大きなシステムを短い期間に、あるいは、顧客毎で仕様を変えて実現するためには、各機能をモジュール化し、それらを容易に結合できる仕組み(組み合わせ技術)が必要となる。必要に応じて、他社の製品あるいは、部品を組み込む必要も出てくる。

益々、高度化していく製品開発において、より高精度、より高品質の製品を生み出す場合においては、積み重ね技術が必要となる。既存技術の延長上では解決できない技術・課題に対して、試行錯誤を繰り返しながら柔軟に問題解決が図れる発想・能力を持った経

---

[16] 製品をモジュール群に分割し、それぞれのモジュールがはたすべき機能を標準機能として独立した部品・製品として開発。「モジュール型」、「開発標準型」と呼ばれる場合もある。

験・勘(積み重ね技術)が必要となってくるのである。ここから生み出された製品・サービスは模倣しにくいといった性質も兼ね備えている。

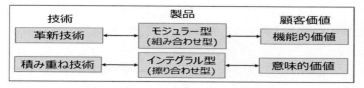

図6　技術―商品―顧客価値の連携
出所：延岡健太郎　『価値づくり経営の理論』　日本経済新聞社出版社　より筆者作成

＜具体的な戦略＞

（1）工作機械単体ではなく、モノ作りの一貫設備として、装置と装置、装置と部品とを結びつけられる様、インタフェースのオープン化、標準化を図るとともに、コアの部分ではしっかりとブラックボックス化し、その技術力を武器に、自社の優位性を発揮できる領域を強化する。そして、その領域でのソリューションを提供する。そのために、①モジュール化されたソフトウェアの開発、②ネットワーク、③情報を収集・活用できる ICT/IoT を基盤としたソリューションへの取り組みを加速させる。

（2）グローバル戦略として、ハイエンド市場においては、先進国向けに高機能・高品質製品の開発と浸透を図るとともに、ミドルレンジ市場においては、現地市場に合わせた適正機能・適正品質の製品の開発投入を進める。

（3）アジア市場では、特定機種や星和工作機械が優位性を発揮できる領域に特化し、低位機種・中位機種との差別化を図り、付加価値を提供できる製品で市場攻略する。

2．サービス戦略

（1）その地域・顧客自身のの特質性および製品を良く知り、顧客の生産設備だけでなく、様々な事情を加味した、製品・サービスの提案を実施。そのためには、自社製品のみならず、他社製品との連携、様々な情報を使っての分析・ソリューション提案が必要。

（2）製品導入時の支援、稼働後の設備点検、障害時のサービス対応はもちろんのこと、稼働時のシステム全体の稼働状況を監視し、障害の未然防止を図れるシステムと、その運用体制の提案およびサービス提供を実現する。このためには、ネットワーク

を使った遠隔対応技術やVR, AR等の新しい技術の導入も必要。

３．人材育成戦略

　従来であれば、部品それぞれを組み合わせ・調整する過程(擦り合わせ)において、職人の技量でその優劣が決まる。それが、製品の付加価値・競争力となっていた。これからの時代は、製品そのものの性能は、人間業の限界を超え、デジタル制御された世界において作られていく。こうした世界においても過去の経験値(情報)は、顧客の要望を満足させるための重要な要素として重要となってくる。これからの時代は、顧客の望む形がはっきりとしていない状況においても、その顧客のニーズをしっかりと読み取り、その個々の顧客に合わせた製品・サービスが提供できるか否かに関わってくる。こうした擦り合わせ技術が必要となってくるのである。２極化していく市場に対して、バランスよく戦略を立てることが今後、星和工作機械が取り組むべき課題となる。

　今後は、このような擦り合わせ技術を持った人財の育成が重要になってくる。昔の様に、「教えられるものではなく自ら学び取るもの」との考えは現在には通じない。人財育成のカリキュラムを作り、その環境を準備した上で、本人に学ぶ心構えを持ってもらうことが必要となる。そのためには、長年培われた情報(ノウハウ)を効率よく次世代の人材に受け継ぐ、または、利用できる形にしておくことが必要となる。また、日夜進歩している技術にもキャッチアップしていかなければならない。そのような状況下において、過去の情報を活かせる形で蓄え、すぐ使えるようにしていく必要がある。

４．情報戦略

(1)社内の情報インフラを整備し、顧客からの情報を一か所に集約し、それらを分析・利用可能な情報とし、星和工作機械の関係者が閲覧・活用できる仕組みとし、製品開発・販売戦略に活かせるようにする。

(2)職人の経験や勘に頼っていた「暗黙知」を、ITやAI技術を使い、様々なデータを収集・分析して職人の属人的なノウハウを「形式知化」し、製品作りや人財育成に活かす。

　今後、星和工作機械が成長を続けるには、「自動化、無人化、知能化、工程集約による生産性向上」、「工場制御周期の高速化」、「全体最適に向けた生産の見える化」の３つが

キーであると考える。こうした状況の中、IoT、ビッグデータ、AI（人工知能）といった最新テクノロジーと熟練の技を高度に融合させることで、星和工作機械ならではの強みをいかしたモノづくりを展開していく必要があると考える。

《参考文献》

［１］延岡健太郎(2006)『MOT[技術経営]入門』日本経済新聞出版社

［２］延岡健太郎(2014)『価値づくりの経営の理論』 日本経済新聞出版社

［３］ 天野倫文・新宅淳二郎・中川功一・大木清弘(2015)『新興国市場戦略論』株式会社有斐閣

［４］ 長尾克子(2004)『日本工作機械史論』

［５］ 柴田友厚(2019)『ファナックとインテルの戦略』株式会社光文社

［６］100周年記念誌纂事務局『オークマ創業100年史:オークマ株式会社』株式会社文方社

［７］日刊工業新聞社(2014)『図解DMG森精機』B&Tブックス

［８］ 沢井実(2013)『マザーマシンの夢』名古屋大学出版会

［９］久芳靖典(1989)『匠(たくみ)育ちのハイテク集団』ヤマザキマザック

［１０］鈴木裕介(2016)『Mizuho Industry Focus Vol. 180(工作機械業界の現状と今後の展望)』みず
　　　ほ銀行産業調査部

［１１］製造産業局製造産業技術戦略室『経済産業省 平成28年度 製造基盤技術実態等調査(産業競争
　　　力上重要な技術のサプライチェーン把握に関する調査研究)最終報告書』経済産業省

［１２］奥野正寛・瀧澤弘和・渡邊泰典(2006)『21COE, University of Tokyo MMRC Discussion Paper
　　　No.81』東京大学21世紀COE ものづくり経営研究センター

［１３］高梨千賀子(2015)『Industrial4.0 時代の競争優位についての1考察』立命館大学イノベーショ
　　　ンマネージメントセンター

補足理論編

　ここまでは本編として、それぞれの章で事例（ケース）企業の経営課題についてのクエスチョンを検討し、その後クエスチョンに対する解説を読んで頂きました。ここからは、それぞれのクエスチョンの解説で使用されたフレームワーク（理論）そのものにフォーカスして、より具体的にその内容について補足します。

　フレームワークとはビジネスに必要とされる論理的思考・発想法などを体系的にまとめたもので、経営戦略や業務改善、問題解決に役立つ考え方の枠組みです。

　フレームワークを活用するメリットは、「成果の出やすいポイントを押さえて、思考や行動を行う事が出来る」という点にあります。また、大きな視点を失わず、抜け漏れを防止しながら分析や解決策を導き出す事も可能にします。よって、その意味を理解し、正しく使いこなす事が出来れば、ビジネスにおいて大きな武器にする事が出来るでしょう。ただ一方で、分析そのものが目的化してしまうと、肝心の問題解決にアプローチが出来なかったり、フレームワークにまとめる事で思考が停止して、掘り下げ自体が浅くなるといったデメリットもあります。

　フレームワークはあくまでツールです。解決の為の現実的な打つ手に結びついてこそ、はじめてその意味を持ちます。よって、この補足理論編では、その「ツール」がより実践的な活用に繋がるよう、解説で使用された5つのフレームワークを抜粋して、

　・フレームワークの概要説明
　・利用シーンと留意点
　・本編での適用事例の補足説明

という構成でそれぞれ詳細にまとめました。

　著者らは、現実のビジネスで直面した課題や、数々のケーススタディでのディスカッションを通して、解決手段としてのフレームワークをより効果的に活用するには何を学習（理解）しなければならないか、についても議論を重ねてきました。

　皆様にも「より実践的な活用方法を身につける」との視点で、読み進めて頂ければと思います。

PEST 分析

1．フレームワークの概要説明

（1）環境分析におけるマクロ環境分析の位置付け

　ビジネスを行う上で、企業が置かれた現状を正確に把握する必要がある。そのために環境分析を行うが、環境には外部環境と内部環境がある。外部環境は、企業を取り巻く外的な状況であり、内部環境は、企業内部の状況である。企業は外部環境の影響を常に受け、それが内部環境に作用する。環境分析を行うための分析手法の俯瞰図を図1に示す。

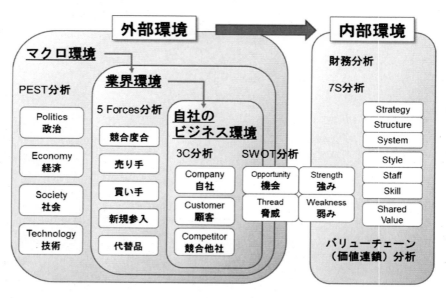

図1　環境分析の俯瞰図

外部環境を網羅的に把握するためには、最も大局的で長期的な視点から分析をスタートする。そして、その分析範囲を狭めながら、最後に企業が置かれた周辺環境の分析へと落とし込む。そのための手法を以下に示す。

①**マクロ環境**：　外部環境の分析で、最も大局的で長期的な視点がマクロ環境である。マクロ環境を分析するための有力なツールとして、PEST 分析（ペスト分析）がある。

②**業界環境**：　企業が置かれた業界や市場の環境分析である。業界環境を分析する有力なツールとして、5 Forces 分析（ファイブ・フォース分析）がある。

③**自社のビジネス環境**：　自社が置かれたビジネス環境や顧客・競合他社との関係性の分析を行う。そのためのツールが、3C 分析（サンシー分析）である。

　尚、SWOT 分析（スウォット分析）は、外部環境（機会・脅威）と内部環境（企業の強み・弱み）の双方の分析を含む。7S 分析（ナナエス分析）は、内部環境分析のための1つの強力なツールであり、企業組織の分析を行う。また、財務分析やバリューチェーン（価値連鎖）分析も、内部環境の分析手法の1つである。5 Forces 分析、3C 分析、SWOT 分析、7S 分析については、別章にて理論解説する。

　（2）マクロ環境分析の重要性
　フィリップ・コトラーは、その著書「コトラーのマーケティング・マネジメント」の中で、以下のように、自らの企業を取り巻くマクロ環境を把握し、対応することの重要性を説いている。

➤　　成功する企業は、ビジネスを内側だけでなく外側からも見ている。

➤　　マクロ環境は、常に新しい機会と脅威を生み出している。企業は、継続的にマクロ環境を観察し、その変化に順応していかなければならない。

➤　　企業は、マクロ環境の要因をコントロールできない。観察して、対応しなければならない。

　本章では、マクロ環境を分析するためのツールとして、PEST 分析を解説する。

（3）PEST 分析とは

　コトラーは、マクロ環境として、人口動態（年齢構成、学歴、家族形態、人口の地理的移動）、経済（所得分布、貯蓄・負債・信用度）、自然、技術、政治・法律、社会・文化を取り上げた。

　PEST 分析は、この中の代表的な項目である政治（Politics）、経済（Economy）、社会（Society）、技術（Technology）に焦点をあてており、それぞれの頭文字をとって「PEST」分析と呼ばれている。これら4つの項目が重要なのは、政治は市場のルール自体を変化させ、経済・社会・技術は、それぞれ市場の価値連鎖（バリューチェーン）、需要構造、競争の基盤に大きな影響を与えるためである。

　PEST 分析で検討しなければならない事項を政治・経済・社会・技術の4つの項目に分けて、表1に示す。実際の PEST 分析では、これらの事項が自らの業界や市場、自社のビジネス環境に大きな影響を与える場合、その事実を具体的に抽出し、政治・経済・社会・技術に分けて箇条書きにしていく。

表1　PEST 分析における分析対象項目

Politics （政治）	Economy （経済）
市場のルール自体を変化させる	**市場の価値連鎖に影響を与える**
－ 法律、政策	－ 景気動向
－ 規制、規制緩和	－ 経済成長率
－ 税制（増税・減税）	－ 物価・価格変動
－ 政権交代、政府の動き	－ 為替
－ 消費者保護	－ 金利
－ 公正競争	－ 所得分布・貯蓄率
－ 補助金による支援	－ 消費動向
Society （社会）	**Technology （技術）**
需要構造に影響を与える	**競争の基盤に影響を与える**
－ 人口動態	－ 新技術・技術革新
－ 文化・宗教	－ 特許・特許切れ
－ 環境的要因	－ インフラ
－ 教育レベル	－ イノベーション
－ 倫理観・社会規範	－ 生産技術
－ 価値観・嗜好・流行	－ マーケティング技術
－ 社会的事件による影響	－ 代替技術

2．利用シーンと留意点

<利用シーン>

　　PEST 分析は、企業戦略策定、マーケティング、ブランディングなど、意思決定を要する多様な局面で用いられる。意思決定を行うためには、その前提として、企業が置かれた環境を正確に把握する必要がある。また、ステークホルダー（利害関係者）によっては、環境の認識に対してギャップや齟齬がある場合もあり、コンセンサスが求められる場合も多い。その中で、PEST 分析は、多角的な視点から外部環境が検討され、尚且つ事実ベースで議論が行われるため、意思決定を行うための前提に対して共通認識を醸成する効果もある。

　　一般的に、企業戦略は図２のプロセスにて策定される。バーニーは、その「企業戦略論」の中で、戦略が企業の競争優位性の源泉となるためには、その企業の機会・脅威・強み・弱みを考慮したものではければならないと述べている。

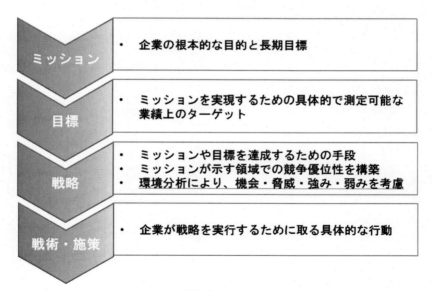

図2　企業戦略の策定プロセス

PEST 分析は、企業の置かれた外部環境の中で、マクロ環境を分析するための有効な
ツールであるが、政治・経済・社会・技術の４つの要素が、企業にとって「機会」とな
る場合もあれば、「脅威」になる場合もある。例えば表２に示すようなツール（フレーム
ワーク）を用いることで、これらの４つの要素を「機会」と「脅威」に振り分け、企業
戦略等の策定に活かすことができる。

一方、企業の「強み」と「弱み」については、内部環境の分析により把握することが
できる。

表２　PEST 分析結果の「機会」「脅威」への振り分け

	Opportunity（機会）	Thread（脅威）
Politics（政治）		
Economy（経済）		
Society（社会）		
Technology（技術）		

＜留意点＞

PEST 分析における留意点を以下に示す。

①**長期的な視点**：　マクロ環境分析は、現時点の短期的視点で切り取るのではな
く、３年～５年以上の長期的視点から見た場合の大きな流れ（トレンド）や変
化を把握するよう努めなければならない。

②**対象項目の絞り込み**：　分析の対象項目をすべて網羅的に記載しようとすると、
多くの時間を要し、資料も膨大になる。業界環境や自社のビジネス環境に大
きな影響を与える項目や、分析項目の中で変化が起こった部分に絞り込むこ
とが大切である。

③**事実ベースでの記述**：　主観的な分析や思い込みを回避することが重要である。
分析を行う場合、その結果を裏付ける事実（ファクト）は何か、データやエビ

デンスとして何を提示することができるか、常に押さえておかなければならない。PEST分析を行う際は、分析結果の根拠・裏付けとして、事実（ファクト）の詳細を別途リスト化しておくことも有効である。

　以上の留意点を考慮の上、重要ポイントが網羅的で無駄なく提示されている分析が、良いPEST分析と言える。

3．本編での適用事例の補足説明

（1）　　第5章　連続的なイノベーション創出
　本章では、最もオーソドックスな表1のフレームワークで、PEST分析を行っている。分析結果が広範囲に発散するのではなく、業界環境や自社のビジネス環境に関係が深い事項へと絞り込まれている。
　本章ではPEST分析を2回行っているが、2つ目のPEST分析は戦略選択を行うプロセスの中で活用されている。その2つ目の分析結果を表2のフレームワークを用いて「機会」と「脅威」に分解し、一部加筆した結果を表3に示す。
　ここで、「少子高齢化社会」は、医療財政の維持を困難にし、薬価低減を余儀なくされるという観点から「脅威」に分類し、「医療の高度化により、先進国では長寿化となる」は、医薬品の潜在市場が拡大するという観点から「機会」に分類した。
　一般的に、ケースを分析する際は、ケースに記載されている内容だけを事実として抽出し、PEST分析の表に記載する。一方、実務でPEST分析を行う際は、表1のような項目リストを参照の上、検討に抜け漏れがないよう留意する。また、自社のビジネス環境が直接影響を受けるマクロ環境要因だけを記載するよう、マクロ環境と自社のビジネス環境との間の因果関係を1つ1つ論理的に検証し、丁寧に情報を取捨選択していかなければならない。
　本ケースで描かれている製薬業界は、自社でコントロールできないマクロ環境からの影響が非常に大きい。「政治」においては、表1に記載した「法律、政策」の影響が大きく、医療費制度や政府の政策転換を常に考慮することが必要である。本ケースを例にとると、「政府は医療費抑制策に着手する」ことで、「薬価を下げる方向」となり、製薬会

社の売上・利益を低下させていく。したがって、医療費抑制策というマクロ環境と製薬業界・製薬会社との間の因果関係は明白である。また、「薬価を下げる方向」との分析の根拠としては、「薬価の抜本的な改革が決定（2018年）」という事実（ファクト）がある。

このように、長期的な視点で、業界環境や自社のビジネス環境に影響が大きい項目を事実（ファクト）ベースで論理的に絞り込んでいくことが、PEST分析の要諦である。

表3　第5章のPEST分析の変化形

	Opportunity（機会）	Thread（脅威）
Politics（政治）	・革新的な医薬品の早期承認	・社会保障費が限界となる程に増加し、政府は医療費抑制策に着手する。 ・薬価制度の抜本的改革が決定(2018年)、薬価を下げる方向となる。
Economy（経済）	・景気の拡大（高度成長期のいざなぎ景気を超え、戦後2番目の長さとなる。）	・先進国を中心に医療財政を保つことに危機感を持っている。
Society（社会）	・医療の高度化により、先進国では長寿化となる。（人生100歳時代へ突入） ・がん、難病など、いまだに治療効果が満たされていない病気がある。	・少子高齢化社会（日本含む先進国）
Technology（技術）	・新たなモダリティの出現（中分子創薬、遺伝子治療薬など） ・AIの業界での活用（AI創薬、リアルワールドデータの解析など） ・治療から遺伝子診断による予防の世界へ医療・医薬が広がりを見せる	・スマートフォンの普及と多様なアプリの開発（アプリによる認知症治療のコンセプトなど）

（2）　　第1章　どうやってイノベーション技術開発をすすめるべきか

本章で用いられている PEST 分析を表4に示す。

ここでは、表1の PEST 分析の変化形が用いられており、政治・経済・社会・技術のそれぞれのマクロ環境が、自らの業界環境に与える影響を提示する形態をとっている。このように、PEST 分析の基本形（表1）を元に、分析の目的に応じてフレームワークを変形させることも時には有効である。

尚、表4のようなフレームワークを用いる際は、マクロ環境と日系自動車メーカーへの影響の間の因果関係を論理的に確認するとよい。例えば、「政治」の項目では、「自国第一主義の台頭」が起こると、市場が大きな国での国内生産が求められ、「現地主体のオペレーション強化」が図られていく一方で、「地政学リスクの増加」により製造拠点が市場から離れ、地政学リスクが低い国へ移管されることもある。したがって、日系自動車メーカーへの影響としては、「世界規模での生産体制の再構築」と一言で言うこともできる。このように、1つのフレームワークの中で、2つの内容を提示する場合は、記載した各項目について、因果関係を論理的に検証していくことが求められる。

表4　第1章の PEST 分析

	マクロ環境	日系自動車メーカーへの影響
Politics（政治）	・ 自国第一主義の台頭 ・ 地政学リスクの増加	・ 海外事業の維持 ・ 現地主体のオペレーション強化
Economy（経済）	・ 多国間貿易協定の動停滞 ・ アメリカ経済の見通し不透明感 ・ 中国の存在感の増加 ・ 新興アジアの成長	・ 北米市場の基盤維持 ・ グローバル生産供給体制の変化 ・ 中国・アジア市場の重視
Society（社会）	・ ネットワーク社会の進化 ・ 脱石油社会 ・ 先進国の高齢化 ・ 国内労働力人口の縮小 ・ 都市化の加速	・ 自動運転の進化 ・ 省燃費、電動製品の拡大 ・ 技術者の減少 ・ カーシェアリングの増加
Technology（技術）	・ AI元年 ・ IoTの普及 ・ 脱化石燃料技術	・ 自動運転技術の向上 ・ 製造のIT化、省人化 ・ バッテリー・モータ技術の進化

≪参考文献≫

[1]フィリップ・コトラー (2001)「コトラーのマーケティング・マネジメント」(ミレニアム版) ピアソン・エデュケーション

[2]フィリップ・コトラー、ゲイリー・アームストロング (2003)「マーケティング原理」(第9版) ダイヤモンド社

[3]ジェイ B. バーニー「企業戦略論【上】基本編」ダイヤモンド社

ファイブフォース分析

１．フレームワークの概要説明

　ファイブフォース（5F）とは、ハーバード大学教授であるマイケル・ポーターが 1980 年に発表した「競争の戦略」で、戦略策定において土台となる業界構造の分析をする為のフレームワークである。競争とは、どの業界でもその企業が生き残るため、あるいは卓越した業績を上げ続ける為に業界のプレイヤー間で発生する。戦略とは「高業績を持続的にもたらす優れた競争戦略」の事である。

　競争戦略を策定する際の決め手は、企業とその業界との関係を見る事である。業界は、非常に幅が広く経済的要因から社会的要因を考慮する必要があるが、中心となるのは競争が発生する業界である。業界の構造によって、今後企業が取りうる戦略に影響をもたらし競争のルールを大きく左右する。

　5F は、基本的に５つの競争要因で表される（図１）。特定業界の５つの競争要因の強さと収益性を明らかにし、「業界の魅力度」や「業界の特徴、力学、競争状況」の分析をして競争戦略を作り出すための非常に重要なフレームワークである。

　5F の考え方は、次の２点が根底にある。
　　a. 競争が激しい業界の企業は収益性が低くなる
　　b. 競争が少ない業界の企業は収益性が高くなる

　更に 5F 分析が優れている点は、次の２点を分析できる事である。
　　c. どの様な条件で競争が激しくなりやすく、収益が下がりやすい
　　d. どの様な条件で競争が起きにくく、収益が上がりやすいか

　5F は、各競争要因で何処をどの様に攻略すれば収益が上がり、脅威から防衛が出来るか等、「戦略の仮説を立てる」ところに行きつく事である。次に各競争要因の解説をする。

285

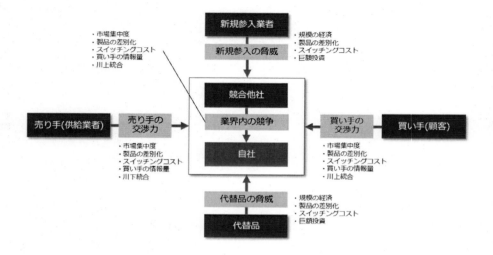

図1　5つの競争要因　出典：M. ポーター著「競争の戦略」

(1) 競争要因1：買い手の交渉力

　　買い手は、業界に対して値下げの要求、更に高品質な製品・サービスの要求や売り手同士を競わせる等の手段を講じて交渉力を行使する。買い手の交渉力が強ければ強いほど業界の収益を圧迫する。次のような場合、買い手の交渉力は強くなる。

　　　a. 買い手が集約しており、売り手の総取引量がかなり多い

　　　b. 買い手が購入する製品が、高コスト又は全体の比率が高い

　　　c. スイッチングコストが安い

　　　d. 買い手が川上統合に乗り出す

　　　e. 売り手の製品が、買い手の品質やサービスに殆ど関係がない

　　　f. 買い手が十分な情報を持つ

(2) 競争要因2：売り手の交渉力

　　供給業者である売り手は、価格を上げる、有利な条件を要求する、品質を下げるといった手段を用いて交渉力を行使する。いずれも、売り手の取り分が増えるので業界の収益を圧迫する。つまり、売り手の交渉力が強くなる。

(3) 競争要因3：既存競争事業者間の敵対関係の強さ

　　既存競争業者とは同じ業界でビジネスを展開して双方敵対関係にあり、競争業者間でその強さについて分析をする。既存企業の競争が激しい場合、その業界の収益は低下する。この敵対関係を激しくするは次の要素である。

　　　a. 同業者が多いか、似た規模の会社がひしめいている
　　　b. 固定コスト又は在庫コストが高い
　　　c. 製品差別化がない買い手を変えるのにコストがかからない
　　　d. 撤退障壁が高い

(4) 競争要因4：新規参入の脅威

　　新規参入業者は、その業界、市場に魅力を感じて一定の市場シェアを狙って参入をしてくる脅威の事を言う。新規参入の脅威がどれくらい強いかは、参入障壁がどれくらいあるか及び既存事業者が新規参入者に対してどれ位反撃をするかで決まる。参入障壁は、主に次の要素で高くなる。

　　　a. 規模の経済が働いている
　　　b. 製品・サービスが差別化されている
　　　c. 巨額の投資が必要になる
　　　d. 代替製品に切り替える時、仕入先変更のコストが発生する
　　　e. 流通チャネルの確保を新たに確保する必要がある
　　　f. 独占的な製品テクノロジー、有利な原材料仕入れがある
　　　g. 政府の政策で許認可制度等、参入の制限がされている

(5) 競争要因5：代替製品・サービスの脅威

　　代替製品・サービスとは、ある業界が提供する製品・サービスのニーズを異なる方向で提供をする事である。この代替製品の価値が価格に対してどれだけ大きいかに注目する。それが大きいほど業界にとって大きな脅威となり、スイッチングコストが低い時に乗り換えが起こる。次の様な状況の時は代替が起こりにくい。

　　　a. 売り手の業界が買い手の業界より寡占状態になっている
　　　b. 買い手の業界が売り手グループにとって重要な顧客でない
　　　c. 売り手の製品が買い手にとって重要な仕入れ製品である

d. 売り手の製品が差別化され、買い手の製品変更コストが増す

　　　e. 売り手が今後確実に川下統合に乗り出す

(6) 業界全体の分析

　　　業界全体の利益構造での買い手の交渉力と売り手の交渉力は次の 2 つの観点で
　分析をする。

　　　a. 買い手の交渉力では、業界の売上の上げやすさ

　　　b. 売り手の交渉力では、業界のコストの下げやすさ

どの様な業界でも、売上（買い手との力関係）からコスト（売り手との力関係）を引
くと業界全体の利益となる。つまり、図2の横の関係（点線内：競争要因1〜3）で、次
の式の通り業界全体の利益の上げやすさを分析する事が出来る。

・業界全体の売上　−　業界全体のコスト　＝　業界全体の利益

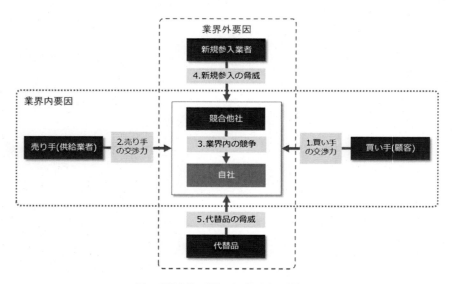

図2　業界全体の利益の上げやすさと利益の分配

業界内は、多くの競争企業が存在し「業界全体の利益」は競争を通して、各企業に取り分として配分される。業界の利益の上げやすさの他、自社の利益の取り分はどうなりそうかという「利益の配分」の分析も必要になる。つまり、「業界全体の利益」は業界内だけで留まるわけではなく、「自社、業界内の競合他社」の他、「新規参入業者」、「代替品」が奪おうとする。従って、5Fの縦の関係(破線：競争要因3～5)は、自社の取り分は増やしやすいか、減りやすいか、を分析する事である。

2．5F分析の利用シーンと留意点
5Fを有効に活用する上でいくつか留意、理解しておいた方が望ましい点を述べる。

＜利用シーン＞
戦略策定プロセスは、一般的に①現状分析、②戦略策定、③実行計画の順序で推進される。業界構造分析は、①現状分析における市場分析の一環でマクロ分析の後に実施される。
更に、企業が既存の事業を継続すべきか撤退すべきか、あるいは別の業界に新規参入をすべきかの判断材料を導き出す時に利用される。また、業界の現収益性の要因、業界の変化に伴う今後の収益性の変化、自社の収益向上の為の克服すべき制約要因を導き出す時にも利用される。

＜留意点＞
① 業界の定義
業界とは、双方代替可能な製品を作っている企業集団である。業界を定義する為の要素は、製品、国際競争、未来の競争業者等、数限りなくあり議論が尽きない事も多い。この原因は、いつか来る脅威を見落としているという恐れから来ている。構造分析は、競争相手を超え広く競争を考えるもので、広い意味での競争原因が見つかり相対的な影響力が測定出来れば戦略策定にあまり影響がない。従って、余り細かく業界を定義しない様に留意する必要がある。時間がかかり後の戦略策定が複雑になる可能性がある。
次に、業界の定義は、自社がどこで競争したいかの定義(事業の定義)と同じではない事に留意する必要がある。業界の定義と自社が欲する事業の定義を分けることが、業界の線引きをする上で混乱を避ける事になる。

② 基本戦略の理解

　競争戦略は、業界内で防衛可能なポジションを作り、５つの競争要因に対処し収益を最大化するための攻撃的、防衛的な行動を取る事である。各競争要因の対処で他社に勝つためには、表１の通りコストリーダーシップ戦略、差別化戦略、集中戦略の３つの基本戦略があり、5F を活用した戦略策定の導入部分を知る事が出来きる。つまり、分析する上でどの基本戦略を取る事が出来るかを理解しておく事は非常に有用である。

表1　競争の基本戦略　出典：M. ポーター著「競争の戦略」

		競争優位性	
		低コスト	差別化
ターゲットの広さ	広い	**コストリーダーシップ戦略** 規模の経済の追求、 原材料・生産コスト優位の追求	**差別化戦略** 製品/サービス機能・品質など 差別化の追求
	狭い	**集中戦略**	
		コスト集中戦略 特定の地域・顧客・製品に 対してコスト優位の追求	**差別化集中戦略** 特定の地域・顧客・製品に 対して差別化優位の追求

③ 業界構造分析の手順

　次に、業界構造を分析する一般的な手順を次に示す。

　　a. 製品の範囲と地理的な範囲の面から業界を定義する

　　b. 各競争要因を構成する事業者を特定する

　　c. 各競争要因を促進する要素の影響度とその理由を分析する

　　d. 俯瞰的に全体の業界構造を収益の観点から見極める

　　e. 各競争要因のトレンドと今後の変化と業界への影響を分析する

　　f. 各競争要因に対して影響度を分析し自社をポジショニングする

3．本編での適用事例の補足説明

ケース「製造業におけるBtoB ビジネスの事業戦略」の業界構造分析について図3を参考に補足解説をする。

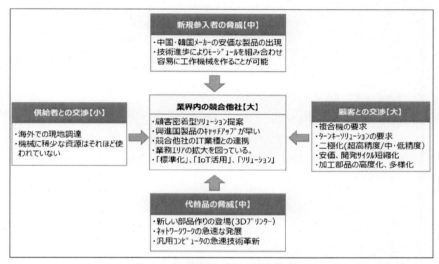

図3　星和工作機械の業界環境図（5F 図）

(1) 新規参入業者の脅威

新規参入業者として中国や台湾、韓国など汎用機メーカーが現れ、モジュール型の設計・生産手法を生かして、そこそこの性能で価格競争力のある工作機械を市場に出しており大きな脅威になりつつある。

(2) 代替製品・サービスの脅威

工作機械の生産手法や過程において3D プリンター、ネットワーク技術を活用した新たな代替製品・サービス、低価格な汎用工作機械の出現等があり、生産技術の代替、汎用機械の代替の出現により脅威が増している。

(3) 供給業者の交渉力

　工作機械の部品は、希少なものが少なく、ネットワークを利用して海外生産が行える EMS の出現等、供給業者の業者数も増えているため供給業者の交渉力は弱い。

(4) 買い手の交渉力

　買い手は、自動車メーカー等、大手グローバル企業も多く、グローバルで競争にさらされている。業界内では売上比率が高い場合も少なくなく、顧客の価格も含めた様々な要求の交渉力は極めて強いと考えられる。

(5) 既存競争事業者間の敵対関係の強さ

　業界の製品は、総合工作機械及び付帯サービス全般である。業界内は、シェア 50%以上の最大手 F 社が存在し、その他多数のメーカーで利益を奪い合う競争が激しい業界である。更にシステム志向、標準化等、変化が多様で敵対関係は非常に強い。

(6) 自社の対応

　業界の収益は、新規参入業者の増加、顧客のトータル的なニーズの変化が大きな収益の圧迫となっている。従って、星和工作機械は製品の単品提供だけではなく、顧客の生産ラインに対し最適なトータルソリューションが必要と分析をしている。つまり、差別化戦略が必要と判断をしている。

≪参考文献≫

[1]マイケル・ポーター著（1980）「競争の戦略」

[2]ジョアン・マグレッタ著(2012)
　　「エッセンシャル版　マイケル・ポーターの競争戦略」

[3]牧田　幸裕（2018）「フレームワークを使いこなすための50問」

3C 分析

1. フレームワークの概要説明

　3C は、対象とする事業の環境を分析するためのフレームワークであり、主には、マーケティング分野で用いられている。3C とは、Customer（顧客や市場）、Competitor（競合）、Company（自社）のそれぞれ頭文字を取って、3 つの C を意味している。

　3C 分析とは、上述のフレームワークを用いて、事業に関わる環境を 3 つのプレーヤー（3C）の視点から情報を整理し、それぞれの相互関係を分析することである。3C 分析からは、事業を成功に導くための要因（成功要因、Key Success Factor/KSF と呼ばれる）を考察することができ、3C 分析とは、経営戦略を立案するための一つのツールである。

　ただし、今となっては古典的なフレームワークであり、使用には注意が必要である。その点については、2 項にて後述する。注意して使用すれば、シンプルであるため、使いやすく、他者との情報共有にも便利である。

続いて、3C フレームワークの概要を図 1 に示す。

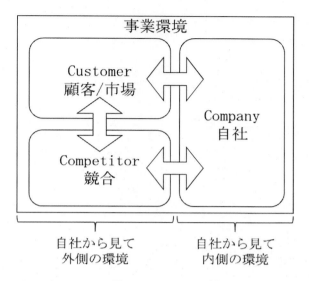

図1　3Cフレームワーク概要

　上図で示すように、3Cフレームワークとは、事業環境を3つの視点から分類し、漏れなく抜けなく、重複なく情報を整理するためのフレームワークである。

　3Cフレームワークの特徴としては、プレーヤー視点で分類するため、様々な要素を内包する形をとる。たとえば、一般的なビジネス用語で、自社から見て内外のことを内部環境、外部環境と呼ぶ。ここで、Company（自社）に分類される情報はもちろん内部環境である。逆に、Customer（顧客/市場）とCompetitor（競合）は外部環境に分類される。また、Customerの分類の中には、自社がコントロール可能かどうかという視点が存在する。コントロール不可（マクロ環境と呼ばれる）の領域を詳細に分析するにはPEST[1]と呼ばれるフレームワークが存在する。つまり、数あるビジネスフレームワークを内包するという点が特徴であり、その他のフレームワークを理解していないと、混乱の元になるので注意が必要である。

　最後に、各分類において、どのような項目を記述するかの一例を表1に示す。

1　前述の「PEST分析」章を参照のこと
　　ここで、マクロ視点の外部環境の例としては、法律や規制、景気動向やユーザーの流行などを指し示す。

表1　記述項目の例

分類	記述項目例
Customer（顧客/市場）	市場に関わる法律、規制 市場の規模、成長率（定量データ） 顧客のニーズやトレンド 顧客の購買行動の分析結果　　　　など
Competitor（競合）	各競合の財務分析結果（利益率など） 各競合の強み/弱み、特徴、戦略 競合間の分析データ（シェアなど） 新しい競合候補や代替可能な製品　　など
Company（自社）	自社の強み/弱み、特徴 財務分析結果 市場でのポジション、評判 自社のリソース（ヒト/モノ/カネ）　　など

　ここで列挙した項目は、あくまで一例である。3C分析において、必須となる項目は存在せず、分析したい内容によって記述する項目は分析者の判断となる。また、情報はいくらでも記述することができるため、多く記述し過ぎると、逆に分析が難しくなり、論点がぶれることがある。例えば、自社が成熟した商品を取り扱っている場合、その商品市場の成長率や既存顧客のニーズを集めてもあまり効果は得られない。競合の情報収集や分析に力を入れるべきだろうし、もしかしたら、既存以外の顧客ニーズを集めた方が、気付きを得られるかもしれない。表1は、あくまで参考として頂きたい。

2. フレームワークの利用シーンと留意点

＜利用シーン＞

　3C 分析は、事業の成功のための要因を分析し、経営戦略を立案する際に利用される。例えば、以下のようなシーンが挙げられる。

➤　既存事業が不振で、改善策を検討する場合
- どこが問題なのか？
　→市場縮小と競合増加の両面が影響していた
- どう改善したら良いのか？
　→投資を控えて、新規事業へ注力する（リソース再配置）

➤　既存事業の売上拡大のために市場シェア拡大を検討する場合
- 競合からシェアを奪えるか？
　→競合は他事業に投資しているため、投資すれば勝ち目がある
- 市場は魅力的か？
　→市場は縮小傾向にあるため、投資回収が難しい

➤　事業参入のため、参入先の市場を分析する場合
- 可能性はあるか？
　→自社の既存製品で顧客ニーズに応える可能性が高い（代替品）
- 将来性はあるか？
　→同様にして既存製品の競合が参入してくると打つ手がない

　上述の様に、1 つの視点からだけでなく、複数の視点から分析が可能な 3C 分析は、事業の全体を俯瞰し、意思決定する場合に利用できる。

　ただし、3C 分析は、シンプルで万能である反面、気を付けて使わないと効果は出ない。次に、使用上の留意点を挙げる。

＜留意点＞

➢ 順番に気を付ける

　　3C 分析を行う場合には、①Customer（顧客/市場）→②Competitor（競合）→③Company（自社）の順番で分析していく必要がある。

　　3C 分析では、始点は必ず顧客や市場でなくてはいけない。顧客や市場が決まってこそ競合が定義でき、分析が可能となる。そして、競合が決まって、最後に自社の顧客や市場、そして競合に対する分析が可能になる。この順番を守らないと、ただ、情報を列挙しただけの、何も得ることができない分析になってしまうので、注意が必要である。

　　例えば、自社に大変優れた金属加工技術があるとする。既存顧客は自動車部品メーカーであるが、資金に余裕もあるから、違う業界に参入することを 3C 分析のスタートとする。顧客や市場は、航空機部品メーカー、電気部品メーカー、産業機械メーカーなど多岐にわたる。そして、競合は更に多岐にわたる。仮に、全情報を収集したとして、膨大な情報量と複雑なトレードオフの関係が発生し、分析は発散して終わってしまうだろう。

➢ 情報の種類やソースに気を付ける

　　1 項で前述したように、分析したい事象によって、記述する項目は判断が必要である。それと同時に、内容については、事実に基づく情報を記述する必要がある。

　　3C フレームワークは、あくまで、情報をまとめるフレームワークに過ぎず、完成したフレームワークから考察を行う。分析前の情報に、思いや期待を盛り込むと、考察結果は正確性を失ってしまう。

　　例えば、市場が成長するという期待と自社の技術が優れているという思いを混ぜてしまうと、期待と思いだけで飛び込むのと何ら差はなく、実際の結果は大きく外れてしまうだろう。

➢　時代の変化に気を付ける

　　3C 分析は、上述の留意点を守れば、それほど難しい手法ではない。ただし、最後に気を付けて頂きたいのが、時間という概念である。

　　3C というフレームワークは、1980 年代にコンセプトが立案されたとされている。2019 年から考えると、30 年〜40 年前のものである。その当時とは、ビジネス環境も大きく変化してきているため、全ての現代のビジネス環境が 3C で表しきれないことは留意する必要がある。

　　また、3C フレームワーク自体も時間の流れと共に、いくつかの発展型が考案されている。参考までに以下に例示する。

・4C、5C、複数の C
　3C に Channel（流通）、Collaborators（協力者）、Context（背景）、
　顧客の顧客や顧客の競合を加えたもの
・その他のフレームワーク
　顧客、競合、自社以外に、供給業者、補完的生産者や提携先を考慮
　したフレームワークも発案されている（図2）

　　例えば、Apple や Amazon などでは、3C では不十分になるだろう。新たなビジネスモデルが出てくる以上は、全てが 3C では表しきれない点に注意が必要である。

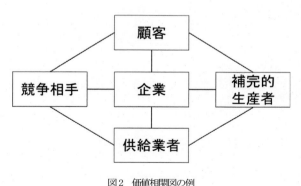

図2　価値相関図の例

3. 本編での適用事例の補足説明

（1）第8章　製造業における BtoB ビジネスの事業戦略

本章では、3C 分析を用いて、過去の成功要因を導出している。

検討の流れとしては、事実としての情報を 3C のフレームワークに沿って分類し、その後、3C の 3 つの視点の関連性を分析し、成功要因を考察している。自社や他社について、3C 分析を用いて分析する、一般的な手順である。

ケースの中では、Customer（市場や顧客）を基準として、Customer の情報が変化するタイミングで 4 つの期間に分けて、それぞれ 3C 分析を行っている。このように、3C 分析の起点は Customer であり、Customer の情報に合わせて、適切に情報を分類、整理する必要がある。（順番や切り口に気を付ける）

表2　3C フレームワークの抜粋

① 戦後の復興の中で発展を遂げた工作機械(1950 年～1970 年)

Customer	・モータリゼーションの到来により、自動車業界で利用普及した ・家庭電器製品の普及により家庭電器製品製造設備の利用で大きく飛躍した。
Competitor	・欧米の工作機械は進んだ技術を持っていた。 ・国内の競合メーカーは先進国の進んだ技術を積極的に取り入れ製品を開発した。 ・海外メーカーはNC の採用が遅れた
Company	・食品機械の技術を生かせた ・初期は安かろう、悪かろうから、高性能・高品質の工作機械を作った。 ・高い技術力を持っていた。 ・自前で機械と制御を開発・製品化した。 ・先見性を持ってNC 搭載の工作機械を自前で開発した。

③ 日本のモノづくりの弱体化、中国・韓国の台頭（2000 年～2010 年頃）

Customer	・市場は中国・新興国が牽引 ・低位機種、中位機種が中心
Competitor	・製品力をつけてきた韓国、中国メーカーの低位機種での参入
Company	・製品機能、性能での差別化が難しくなってきた。 ・製品の高機能化による開発工数の増大(高コスト、開発の長期化、品質低下) ・設備の高効率規制の省エネ、製品の安定的な品質確保 ・ネットワークのオープン化 ・質だけを追求している時代は終わった

（2）第2章　中小企業の成長記録

　本章では、3C分析を用いて、将来の戦略検討を行っている。

　検討の流れとしては、まず、対象の企業ARCROを内部環境、外部環境を様々なフレームワークを用いて分析する。その後、3C分析を用いて、ARCROの今後の戦略を検討するという手順を踏んでいる。尚、3C分析の結果に、ダイナミック・ケイパビリティ（Sensing、Seizing、Transforming）の三つの観点から評価しているというのが特徴である。

　ケースの中では、主人公が、4つの戦略を選択肢として、3C分析を用いて検討している。ここで、取るべき戦略が変わると、Customerの内容が違っていることに注目したい。もちろん、Customerの内容が違えば、Competitor、Companyの内容も違ってくる。このように、3Cの情報は、必要に応じて選択する必要がある。（検討の順番、情報の種類に気を付ける）

表3　分析例

選択肢2　ニッチな領域を攻める

Customer	希少疾患はアウトソースしていない 受託経験の多いCROへ委託する傾向 医療メーカー以外の潜在顧客
Competitor	現時点では競合は少ない （今後、大手CROが進出する可能性はある）
Company	不足している事業部門を増やすために、投資が必要 試験の受託経験がない 既存の資源や知識が活用できる

選択肢4　コンサルティング業に取り組む

Customer	コンサルティング経験が豊富なCROを選択する
Competitor	一部大手CROは、既にコンサルティング業を行っている （主に外資系CRO）
Company	コンサルティングの経験がない

7S 分析

1．フレームワークの概要説明

　7S はマッキンゼー[1]が 1980 年代前半に提唱し、現在も使われ続けている、組織の変革・課題解決を考える際のフレームワークである。このフレームワークは、ヒト・モノ・カネ・情報の経営資源の中で、人の集合体である組織にフォーカスしたもので、組織を七つの要素に分解して分析するツールである。七つの要素が全て S から始まるため、7S と呼ばれている。

　七つの要素は全て相互に繋がっており、一つの要素を変更すれば、他の要素に影響を与えることになる。（図1　参照）

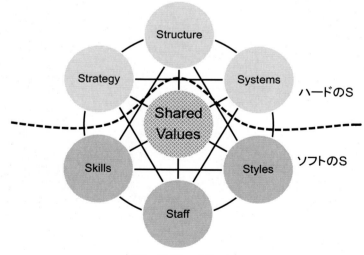

図1　7S フレームワーク

---

[1] McKinsey & Company, Inc. グローバルな戦略系コンサルティングファーム

七つの要素は二つのグループに分けられる。一つは、ハードのS、もう一つがソフトのSである。ハードのSは経営層（管理者）によって比較的簡単に変更する事が可能であるが、ソフトのSは組織文化の影響を受けており、直ぐに変えるのは難しい。七つの要素の概要を表1に纏める。

表1　7Sの要素

7S要素	要素の概要
Strategy（戦略）	組織の中心となる戦略は何か？ 勝つための策、競争優位の源泉は何か？
Structure（組織構造）	組織の分け方（機能別、事業部別など） リソース（人、モノ、カネ）の構造、組織図上の特徴
Systems（仕組み）	組織を運営するための仕組み 組織内の手続きと活動（人事、経理、意思決定フロー等）
Styles（行動様式）	組織で受け入れられ易い考え方や行動 組織の非公式のルールや文化
Staff（陣容）	従業員の特性（能力面やメンタリティなど） 採用や育成（能力開発）状況
Skills（能力）	従業員と組織の持つ能力 組織の強みは何か（技術力、販売力、マーケティング力等）
Shared Values（共有価値観）	組織内に定着した信念や価値観 組織のビジョンや理念やミッション

7Sフレームワークを使用した組織変革の一般的なプロセスを図2に示す。初めに現状を把握し、次に将来のあるべき姿を定義して、現状とのギャップ分析を行う。その後、ギャップを埋める施策を立案し実行する。施策の効果を定期的に確認しながら、必要な是正措置を講じていく。

図2　7Sフレームワークを用いた組織変革の5つのプロセス

7Sフレームワークを用いたギャップ分析は、図3に示す様に、Shared Values の分析から始め、次にハードのSを評価し、その後、ソフトのSを評価して、最後に、各要素を戦略に合致する様に調整し、要素間の相互影響度合いを分析していく作業を繰り返す。各要素間の整合性をチェックするには、7x7 のマトリックスを用いると漏れなく調べる事が出来る。

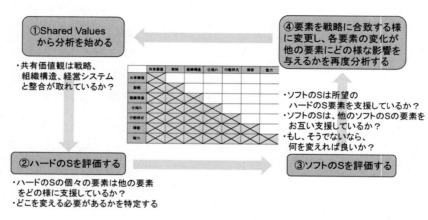

図3　7S フレームワークを用いたギャップ分析の手順

7x7 のマトリックスでは、七つの要素の中から二つの要素を取り出す組み合わせの数、即ち、21 組のチェックを詳細に行う事になる。

7S ギャップ分析の具体例として、ネットフリック社の 2015 年頃のオフラインモード対応(同質化戦略の追加)と独自コンテンツの TV ネットワーク配信を考えてみる。当時、ネットフリックス社は、コンテンツをダウンロードしてネットに接続していない時でも見る事が出来る「オフラインモード」サービスを提供していなかった。オンライン前提で多くの社内システムが構築されていたので、販売方法の仕組みを変える必要がある。また、独自コンテンツについてはインターネットによる配信のみであり、既存テレビ放送網からの配信は行っていなかった。これらの戦略を追加する場合、どの様な7S 要素

---

² Netflix, Inc.　1997 年に米国で設立されたオンライン DVD レンタル及び動画ストリーミング配信会社。190 ヶ国以上で事業を展開し契約者数は 1 億 2500 万人超。Netflix の社風は「Freedom and Responsibility Culture」と呼ばれている。

の変更が必要になるかを表2に纏めてみた。この7x7マトリックスは本来、もっと多くの記述を各セルに書き込むことになるが、ここではあくまでもイメージとして捉えて頂きたい。

表2　7Sギャップ分析の例（2015年頃のNetflix社の戦略変更）

7S要素	Netflixの7S	共有価値	戦略	組織構造	仕組み	行動様式	陣容	能力
共有価値	文化・ビジョン・ミッション（顧客・供給者・投資家・社員）	✕	サービス提供が不十分	○	○	○	○	○
戦略	低価格・独自コンテンツ→オフラインモード対応等	✕	✕	○	販売方法の変更	○	TV局との交渉要員	宣伝、TV局との交渉
組織構造	フラットな機能組織 高度に調整された疎結合	✕	✕	✕	販売機能拡張		要員追加	宣伝、TV局との交渉
仕組み	買収、パッケージング、展示、流通、販売のシステム	✕	✕	✕	✕	○	要員追加	宣伝、TV局との交渉
行動様式	自由と責任の文化 積極性、リスクテイク、革新性	✕	✕	✕	✕	✕	文化に馴染む人材	宣伝、TV局との交渉
陣容	財務、コンピューターエンジニアリング、好奇心、情熱的	✕	✕	✕	✕	✕	✕	宣伝、TV局との交渉
能力	個々の高い能力と迅速な意思決定、供給者との関係構築力	✕	✕	✕	✕	✕	✕	✕

2. 7Sフレームワークの利用シーンと留意点

＜利用シーン＞

7Sフレームワークは以下の様なシーンで利用される。

➢ 組織変革/戦略の策定
- 企業業績を改善するために何をすべきかを検討したい
  - ➢ 7Sを使って組織の中で上手く機能していないところ（問題点）を特定する
- 変革に向けてボトルネックとなっている個所を特定したい
  - ➢ 目指すべき組織像を実現する上で、7S要素で最も変化が必要な部分はどこか、どの様に変革を実現していくか？
- 新たな戦略を実現するための最善な打ち手を決めたい
  - ➢ 組織の現状把握と戦略遂行に必要な施策検討

➤ 組織特性の把握

　－ 組織の強み・弱みを知りたい

　　➤ 組織の強みの源泉であるソフトのSを明らかにする。

　－ M&Aの準備をしたい

　　➤ Post Merger Integration（経営統合、業務統合、意識統合）をスムーズに行うための組織・統合手順とは？

<留意点>

➤ 戦略の見直しや組織変革を行う際には、ハードのSを変える事で、如何にソフトのSを変えて行くかを考える。ソフトのSが変わらない限り、組織は変わらない。図4に戦略の見直し手順と7Sとの関係を示す。

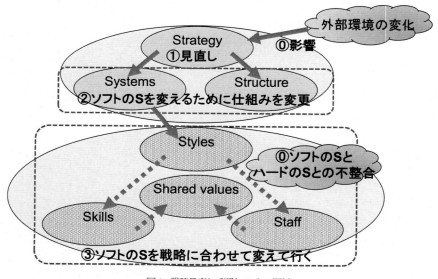

図4　戦略見直し手順と7Sとの関係

➤ システム（Systems）が変わる事によって、例えば、人事評価システムが変わる事によって、人の行動様式（Styles）が変わる。その結果、スキル（Skills）やスタッフ（Staff）も変化し始め、これらを通じて、新しい共有価値観（Shared Values）が醸成されて行く。

> ハードのＳはあくまでも組織変革の手段であり、目指すべきところは、組織の強みの源泉であるソフトのＳの変革である。

> 7S フレームワークは組織内部にフォーカスしたものであり、外部環境分析は別途行う必要がある。

> 組織変革や戦略見直しを行うには、経営層のリーダーシップが欠かせない。

3.本編での適用事例の補足説明

①第6章　「両利きの経営」導入の考察

　利用シーンのA)組織変革/戦略の策定での事例と言える。本編の表2-3　「7S フレームワークによる整理」では、両利き経営体制実現のための組織づくりの観点から 7S を使い、目指すべき組織の構成要素を整理している。ここでは、組織の現状と目指すべき姿を明らかにし、両利きの経営を実現するための組織変革の施策案を表3に纏めた。本編では対象外とされたSkills と Styles についても記述した。

　現状のソフトのＳは、既存事業を念頭に置いた価値観をベースにしており、両利きの経営を実現するには、新規事業への挑戦がし易いシステム作りが重要になってくる。本編の解説でも述べられている様に、人の行動は評価システムで変えて行く事が出来るので、探索部門と活用部門のスタッフの評価システムを分ける。更には、これらの部署を統括する「両利き経営のリーダー」の評価指標には双方の成果を売上という数字だけではなく、不確実な事への挑戦を評価する仕組みを作って行く事が重要である。

　そして、挑戦する社風が定着すれば、二兎を追う「両利きの経営」に近づくだろう。探索と深化、別の言い方をすれば、新規事業と既存事業のバランスを上手く取れるように、組織が環境に応じて変化し、学習していく事が求められている。

表3　両利きの経営体制を構築するための組織要素の整理の例

7S要素	現状	施策	目指すべき姿
Strategy	明確な戦略はないが、新規事業つくりたい	実行可能な段階的な組織変革計画の立案	両利きの経営
Structure	職能別組織	探索部門の専任組織化	探索部門と活用部門の双方を抱える部署
Systems	15%ルール形骸化 事業案の報告会は頓挫	探索部門と活用部門の評価システムを分ける	探索部門と活用部門のシナジー効果を出す
Styles	ボトムアップ	ミドルからの提言	トップのコミットメント
Staff	現行業務との兼任	専任者確保	両利きのリーダー
Skills	技術視点の事業案 事業案の判断能力なし	外部の活用（共同研究）事業計画策定の研修	技術視点のみではなく、事業化までの能力
Shared Values	曖昧で未共有化（既存事業を念頭）	部門を問わず共有できるビジョンの策定	組織に刷り込まれたDNAの様な価値観

②第7章　オープンイノベーションを目指した組織変革とリーダーシップ

　利用シーンのA) 組織変革/戦略の策定での事例と言える。稼ぎ頭の薬（スタコック）の特許切れ後の業績を改善するため、7S フレームワークを使い、業績が順調だった時との比較によって、問題点を明らかにしようとしている。

　本編の表7「マッキンゼーの7S による各組織体制の特徴」は、3つの組織体制案が7S 要素へ及ぼす影響の比較として見ることも出来る。この表の選択肢1（権限委譲型）を目指すべき姿だとして、スタコック全盛時代と、現在のスタコック特許切れ後の7S 要素を比較すると、表4の様になる。7S フレームワークを使って、過去・現在・未来の組織変遷を確認する事ができる。

表4　ノリッシュファーマ　7S 要素の変遷

7S要素	スコタック時代（過去）	その特許切れ後（現在）	目指すべき姿（未来）
Strategy	自前主義	買収・事業売却	社外連携強化と循環器病のプラットフォーム戦略
Structure	上意下達	頻繁な組織変更	アメーバ型ネットワーク
Systems	終身雇用前提	早期希望退職	権限委譲型チーム活動・チーム評価
Styles	家族的、温情的	牧歌的共同体の崩壊	チームワーク皆でビジョンに向かう
Staff	研究開発力、営業力高いロイヤルティ	能力の劣化ロイヤルティの低下	個々が特徴を持つ
Skills	部門やチームで学習	未成熟状態の常態化	共同体として最大化巻き込む力
Shared Values	VSC、理念を実感	VSC、理念の形骸化	VSC、理念を実感し成長

③第1章　どうやってイノベーション技術開発を進めるべきか

　利用シーンのB）組織特性の把握での事例と言える。ダイヤ商事の課題分析の一環として、内部環境の変化（7S 要素の不整合点）を把握するツールとして利用されている。本編の表4に「目指すべき姿」を追加した 7S 分析を表5に示す。

表5　ダイヤ商事の 7S 分析（目指すべき姿）

7S要素	これまでの状況	顕在化してきた変化	目指すべき姿
Strategy	ニッチ分野への特化息の長い商材材料・製品中心のビジネス	既存商材のコモディティ化代替技術、製品の台頭	既存商材の深化新規商材の探索（創発的戦略）→両利きの経営
Structure	事業部別組織	事業部間の交流不足	創発型組織の併設
Systems	全社統一の人事制度	事業部間で将来への危機感にバラつき	創発的戦略への投資を可能とするシステム
Styles	各専門知識を有する社員からのボトムアップ型自由闊達な風土	安定志向の蔓延コンピテンシー・トラップ	学びを得るためにまず行動する
Staff	終身雇用、年功序列	人材の硬直化	事業化を牽引できる人材
Skills	ニッチ商材での専門知識顧客との長期信頼関係	新規商材立ち上げの経験不足	技術に対する目利き力事業化へのプロセスを習得
Shared Values	高い情報力と技術力で新たな価値を創造し、社会に貢献する企業を目指す	上場して、株主還元も重視	高い情報力と技術力で新たな価値を創造し、社会に貢献する企業を目指す

ここで取り上げた三つの適用事例では、7Sフレームワークを、目指すべき組織の構成要素の整理（名商オンラインバンク）、現状の問題点の把握（ノリッシュファーマ）、及び、内部環境の変化把握（ダイヤ商事）を行うツールとして用いられている。

　内部分析手法には、7S分析の他にVRIO分析[3]やValue Chain分析[4]などと言ったフレームワークもあり、広く多面的に強み・弱み・問題点を見る事が重要である。

---

[3] VRIO分析：ジェイ・B・バーニーが提唱した、組織が持つ内部資源の有効活用性をチェックするフレームワーク。自社の強みを知るため、経済価値（Value）、希少性（Rarity）、模倣困難性（Imitability）、組織（Organization）の4つの視点で分析する。
[4] Value Chain分析：マイケル・ポーターが提唱した、事業活動を機能ごとに分類し、どの機能で付加価値が生み出されているかを分析するフレームワーク。

≪参考文献≫

［1］Thomas J. Peters and Robert H. Waterman(1982)，In Search of Excellence
邦題「エクセレント・カンパニー」(2003)

［2］McKinsey 7S Framework
https://expertprogrammanagement.com/2018/11/mckinsey-7s-framework/

［3］名和高司（2018）「コンサルを超える問題解決と価値創造の全技法」ディスカヴァー・トゥエン
ティワン

ＳＷＯＴ分析

1. フレームワークの概要説明

（1）SWOT分析

　SWOT 分析とは経営戦略や計画の現状分析を行う際に使用されるフレームワークである。競合や市場のトレンドといった自社を取り巻く外部環境を、「機会」(Opportunities)と「脅威」(Threat) で分析。また自社を取り巻く内部環境を「強み」(Strength) と「弱み」(Weakness)で分析するものであり、この 4 つの頭文字をとって「SWOT 分析」と呼ばれている。

SWOT 分析において重要な事は、それぞれの要素を分析する際、何に着目するか、またどのような見方をするかである。

　まず「機会」と「脅威」の外部環境であるが、これらは主にその変化に着目する。

・市場や消費動向、需要の動きに変化はあるか。

・その変化に対して競合他社はどのように追従しているか。

これらを整理する事で

・どういった分野が市場として成長可能か。

・どういったマーケットなら自社の努力で何とかなるか。また自社の努力では如何ともしがたい外部環境のマイナスは何か。

を導き出す事ができる。

　次に「強み」と「弱み」の内部環境であるが、これらは相対評価として客観的に分析する。「強み」は同じ市場を狙う競合他社と比較して、具体的に活かせるものを洗い出す事が必要で、感覚的・抽象的な強みは排除して考えなければならない。また「弱み」は自社の悪い点の列挙（いわゆる駄目出し）ではない。競合他社と市場で戦う上でネックになる、もしくは不足しているポイントを整理するのである。

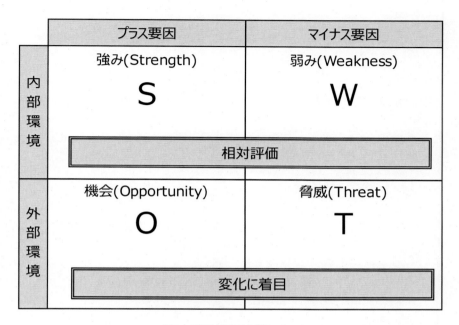

	プラス要因	マイナス要因
内部環境	強み(Strength) S	弱み(Weakness) W
	相対評価	
外部環境	機会(Opportunity) O	脅威(Threat) T
	変化に着目	

図1 一般的な SWOT 分析のフレーム

（2）クロス SWOT 分析

このように、まずは 4 つの要素をこのように整理するが、それだけでは経営戦略の計画策定や具体的な分析には至らない。次に必要な事は各要素をクロスさせて、そこから具体的な戦略を導き出す「クロス SWOT 分析」である。後述の「3、本編での適用事例の補足説明」でも具体的に登場するが、本書のケースの多くで、SWOT 分析→クロス SWOT 分析のアプローチにより、戦略や打ち手が導き出されている。

クロス SWOT 分析では、ここまで収集してきた情報を元に、それぞれを掛け合わせて、4 つの戦略オプションを検討する。

・強み×機会
積極化戦略：今後の機会（可能性・チャンス）に自社の強みを投入する。

・強み×脅威

　差別化戦略：脅威にして自社の強みを活かして徹底した差別化やナンバー1戦略をとる。

・弱み×機会

　段階的施策：機会（可能性・チャンス）に対して、自社の弱みを改善・克服して機会を活かす。

・弱み×脅威

　防衛撤退戦略：脅威やリスクに対して自社の弱みが致命傷となり、危険な状態に陥らないように回避策を検討する。

	内部の強み（S）	内部の弱み(W)
	同じ市場を狙う競合他社と比較して具体的に活かせるものを洗い出す事が必要。感覚的・抽象的な強みは排除。	自社の悪い点の列挙ではなく、競合他社と市場で戦う上でネックになる、もしくは不足しているポイントを整理。
外部の機会(O)	強み×機会	弱み×機会
市場や消費動向、需要の動きの変化の中で、自社の努力で掴み取れるビジネスチャンスや可能性を整理。	積極化戦略：今後の機会（可能性・チャンス）に自社の強みを投入する。	段階的施策：機会（可能性・チャンス）に対して、自社の弱みを改善・克服して機会を活かす。
外部の脅威（T）	強み×脅威	弱み×脅威
市場や消費動向、需要・他社の動きの変化の中で、自社でコントロール不能なリスク、状況を整理。	差別化戦略：脅威に対して自社の強みを活かし、徹底した差別化やナンバー1戦略をとる。	防衛撤退戦略：脅威やリスクに対して自社の弱みが致命傷となり、危険な状態に陥らないように回避策を検討する。

ポイント1：戦略がストーリーとして成り立っているか？を確認
ポイント2：実現性高く最も可能性が高い戦略に絞り込む

詳細行動計画書へ

図2　SWOT分析の体系図

2. SWOT 分析の利用シーンと留意点

＜利用シーン＞

SWOT 分析は 1960 年～1970 年代にアメリカのスタンフォード大学のアルバート・ハンフリー教授によって構築されており、その歴史は比較的古い。昨今様々な経営分析の手法・フレームワークがある中で、現在も各方面でかわらず利用されているのは、そのメリットが大きいからに他ならないからだろう。SWOT 分析の効果やメリットを踏まえて、一般的な利用シーンを大きく 2 つに大別する。

➢　経営全般を分析する

事業が単体もしくは、同一商品群で複数の店舗を展開している企業などが利用する、経営の SWOT 分析である。もっとも一般的な利用シーンと言えるだろう。

クロス SWOT 分析で最初に検討するべきは、「強み」×「機会」となる「積極化戦略」である。市場が求め、今後の需要がある自社の具体的な強みを活かして、戦略や具体策を導き出す事に集中する事である。次に「弱み」×「脅威」の「防衛撤退戦略」である。経営 SWOT 分析を採用する企業は本業への依存度が極端に高い事が想定される為、致命的なリスクを避けなければ企業の存続が危ぶまれる。この戦略から採りうる手段は、事業規模縮小やコスト削減など消極的な内容となるが、喫緊の対策が求められる事になるだろう。そこからは自社の経営資源をにらみながら、「強み」×「脅威」の「差別化戦略」や「弱み」×「機会」の「段階的施策」を採用する事が一般的になる。

➢　商材・顧客毎に分析する

重点商材、主要顧客という強化したい商材・ターゲットに絞った SWOT 分析である。この分析で重要な事は、外部要因である「脅威」をしっかりと認識する事。特に競合については、商材であれ顧客であれ、現在顕在化しているものに加えて潜在的な対象は無いか、しっかりと分析・把握する必要がある。ここを見落とすと「機会」の可能性の分析を誤る事になる。

また、クロス SWOT 分析では、まずは「強み」×「機会」となる「積極化戦略」の具体策を優先的に検討する。他と比較した自社の「強み」と「機会」の可能性を掛け合わせて勝ちパターンを作り、それを推し進めるのである。次に「段階的施策」を検討する。

「機会」があるという事は市場の可能性が広がっているということである。「強み」でストレートに対応できれば最も良いが、多くの場合はそうではない。自社の経営資源を踏まえて、克服可能な「弱み」かどうかを見極め、「機会」と掛け合わす具体策を検討すべきである。

「防衛撤退戦略」では、「この商材・顧客では戦えない」と判断したら、撤退策を考えなければならない。商材であれば顧客であれ、勝機の無いダラダラとした延命は、自社の疲弊にしかならない事が多いからである。「差別化戦略」では自社の「強み」をぶつけて、どのように「脅威」を防御するかの具体策を検討する。守備中心となるが、自社のダメージを最小限にする為にも必要な戦略になるだろう。

＜留意点＞
（1）　SWOT 分析

SWOT 分析は経営全体を網羅して分析を行うが、全て 1 つの SWOT 分析で戦略立案が賄えるかというと、そうではない。例えば多角的な事業を展開している企業があるとすれば、それぞれの事業が直面している外部環境は当然異なる。扱う製品群が違えば、市場・消費動向・法令・競合などを一括りで考えるには無理があるし、これは「強み」「弱み」といった内部環境も同様である。「どの範囲で分析を行うか」の選定については注意が必要である。

また「内部環境」と「外部環境」、その中身の「強み」と「弱み」、「機会」と「脅威」の切り分けについても注意が必要である。プラス面とマイナス面　という見方でのみ切り分けを行ってしまうと、「強み」と「機会」や、その逆の「弱み」と「脅威」が混在してしまう　といった事が起きる。例えば、「強み」は「外部環境である機会を有効活用できる社内の能力とする」など、切り分ける為の定義を設定する、他の分析手法を使用して環境の要素を整理する　などの工夫が必要である。

（2）　クロス SWOT 分析

クロス SWOT 分析のポイントは 2 つある。一つ目は、戦略がストーリーとして成り立っているか？である。例えば「強み×機会」の積極化戦略であれば、「自社は○○という強みと合わせて●●という強みも保有しており、それを△△や▲▲向け市場という機会に

適用させる事で、□□という打ち手を採った」といったように明快な筋立てになっている必要がある。これが成り立っていないと、それぞれの打ち手が具体的にならず、実現可能性を感じる事ができない。

　二つ目は、戦略を絞り込む事である。SWOT分析で洗い出された要素が多ければ多いほど、検討すべき戦略の選択肢は増えていく。ただ、企業規模によっては、保有する経営資源は限られてくるであろうし、そもそも全ての戦略を実現させる事は困難である。自社の環境を今一度振り返り、もっとも可能性の高い戦略を採用し、行動計画に落としていく事が重要である。

3.本編での適用事例の補足説明

（1）第7章：オープンイノベーションを目指した組織変革とリーダーシップ

　本編のノリッシュファーマは「独自のポジションを築いていくこと」を今後の競争戦略のあり方としており、それを実現する為にいくつかの戦略をSWOT分析からクロスSWOT分析を経るという一般的な使用手順で導き出している。また、クロスSWOT分析で導き出した戦略を段階的に実施している所が特徴である。

　まずは、「防衛撤退戦略」で事業売却を実施し、経営資源の集中をはかっている。選択と集中を行う事で他社との差別化の機会（独自のポジション）を養う為の準備を行っているのである。次に「積極化戦略」を採用して、他社との提携活動を積極的に行っている。ここで重要な事は「得意分野」で実施しているという事である。選択と集中で蓄えた経営資源を無作為に浪費しては元の木阿弥である。規制が多い製薬業界で、厳しい外部環境に晒されている同社であれば、なお更であろう。自社の「強み」に補完する事で、製品価値の最大化を図り、競合への対抗策にもしたのである。同社はこのストーリーでエコシステムの構築を目論見、独自のポジションの獲得に向けて進んでいく。

（2）第1章：どうやってイノベーション技術開発を進めるべきか

　本編のダイヤ商事株式会社は、自社を取り巻く内外の環境を、PEST、3C、7Sと多様なフレームワークを使用して分析している。「2、SWOT分析の利用シーンと留意点」で、要

素の切り分けを留意点として触れたが、この方法であれば、「内部環境」「外部環境」やそれぞれの要素について混在を防ぐ事が出来る。

　次に、それぞれの要素に対して詳細にその候補を挙げているが、全ての要素を使用（賭けあわせ）して、クロス SWOT 分析で戦略を導こうとすると、かなりの選択肢となる。無尽蔵ではない経営資源の中で、いかにして効果の大きい打ち手を導くかが分析の意義であり、効果と言える。よって、本編では、基本戦略のコンセプトを「①既存商材の深化」と「②新規商材の探索」の２つに定めて、それぞれについて戦略を集約させている。

　また、各要素を掛け合わせたそれぞれの戦略はストーリーとして成り立っている。例えば「強み」×「機会」の「積極化戦略」である

①既存商材の深化

A）ニッチ市場で技術系専門商社の強みを活かした事業の深化

②新規商材の探索

B）市場変化、技術進化に呼応した新しい商材の探索、事業化

であれば、

「ニッチ市場という強み（S）があり、それをアジアや自動車向け市場などの機会（O）に適用させた、しかも技術やネットワークという強み（O）を活用させた」というように、解釈する事が出来る。

　それぞれの戦略でこのようにストーリーが成り立っているからこそ、続く打ち手の説明が具体的になり、実現可能性を感じる事が出来るのである。

著者略歴

矢本成恒

名古屋商科大学ビジネススクール教授・博士（工学）・MBA・中小企業診断士。東京大学卒業、工学系博士課程修了。NTT 戦略持株会社・経営企画部門部長、コンサルティング会社役員を経て現職。ハーバード・ビジネススクールのケース教授法プログラム修了。専門はイノベーション・マネジメント。新規事業や経営戦略のコンサルティングも実施している。

山本直樹

食品卸売業に所属。2016 年名古屋商科大学ビジネススクール修了、経営学修士（MBA）・中小企業診断士・通関士。同社で営業部門・人事部門・経営企画部を経て、現在はシステム部兼 BPR 推進室に所属。グループ各事業のシステム導入やリプレースを進めながら、RPA 導入による業務プロセス改革・生産管理プロジェクトに参画。

林慶一郎

1978 年京都府生まれ。カリフォルニア大学ロサンゼルス校地球宇宙学部卒業。外資系エンジニアリング会社を経て、株式会社デンソーで大手自動車メーカー向け営業となり、愛知、欧州で 12 年間勤務。その後、2017 年に名古屋商科大学ビジネススクールで MBA を取得。現在は技術系商社にて、先端技術を有する海外メーカーと新規事業プロジェクトを手掛けている。

福山雄介

名古屋商科大学ビジネススクール修了、経営学修士（EMBA）、理学修士（M. Sc.）。製薬業界において約 10 年 R&D 部門に所属し、開発全般に従事している。その傍ら、創薬系スタートアップの事業創出に、Pro bono として携わっている。2019 年、支援先のスタートアップにて支援金を獲得。

深井隆司

現在3社の代表取締役に就任。2019年名古屋商科大学ビジネススクール修了、経営学修士（MBA）。情報処理技術者など、15以上の国家資格を取得。経営に携わる企業は全て黒字経営を継続。経営の最も重要な課題は常にチャレンジすることといった考えに基づき、多くの経営者と共に企業の持続的成長経営を可能とする資産配分プロセスを中心に情報交流を開催。

加藤篤史

2019年名古屋商科大学ビジネススクール修了、経営学修士（MBA）。国内メーカーに勤務。2006年から海外の携帯電話、スマートフォンメーカー向けに自社の電子部品を拡販する営業・マーケティング活動に携わる。2015年から1年間、シリコンバレーに駐在。現地で新規顧客開拓と新規用途探索に従事。現在は自社材料の新規用途探索を行うマーケティング活動に携わっている。

堀山正雄

製薬企業にて、製品戦略・市場調査・データ分析・事業性評価に従事。2017年より堀山設備株式会社の常務取締役（兼）に就任、新規事業としてHPC consultingを創設、人工知能など革新的なテクノロジーをベースとしたビジネス創出支援を実施している。1984年、東京都生まれ。名古屋商科大学ビジネススクール修了、経営学修士（MBA）、理工学修士。専門はマーケティング、ファイナンス、起業支援。

松村幸一

名古屋商科大学ビジネススクール修了、MBA、PhD。矢本教授の下で、「弱い紐帯の強さ」（Strength of Weak Ties）理論を用いて、ヘルスケア産業の事例分析を実施。

石井忠夫

日系大手電機メーカーに所属。2017年名古屋商科大学ビジネススクール修了、経営学修士（MBA）。産業用機器の開発・設計部門にて、ソフトウェアの開発・設計、製品化に従事。その後、カスタマーサービス部門の立ち上げ、システム構築のプロジェクトに携わり、プロジェクトリーダーとしてプロジェクトを推進。現在、セールスエンジ

ニアリング部門で、戦略立案・企画、組織マネジメント及び業務改革に取り組んでいる。

大石隆文

日系大手製薬会社に所属。2017年名古屋商科大学ビジネススクール修了、経営学修士（MBA）。外資系化学メーカー、外資系医療機器メーカーを経て、同社に至る。オペレーション各部門（製造、物流、輸出入、調達、カスタマーサービス、サプライチェーンマネジメント）の部門長や業務改革のプロジェクト・マネージャーを歴任し、現在は戦略企画部門に所属。新工場建設や事業譲渡プロジェクト、ガバナンス体制の整備を担当。

上田敬三

IT企業の営業部に所属。2017年名古屋商科大学ビジネススクール修了、経営学修士（MBA）。約15年間ソフトウェア開発を中心にシステムエンジニアとして従事。2002年から営業に転身し、その後ソリューション事業の責任者に着任。新規事業、ソリューション事業の構築にも携わる。現在は関西拠点の営業部の責任者として営業活動中。2019年4月にBMIA認定コンサルタントを取得し、BMCを中心としたビジネスモデルイノベーションの講師も務める。

余田和明

2017年、名古屋商科大学ビジネススクール卒業。輸送機器メーカーにて、エンジン開発に従事し、設計を中心としたエンジニアリングチェーン全般業務に携わる。その後、ソフトウェアベンダー、コンサルティングファームにて、製造業向けの技術/経営/業務改革のコンサルティングに従事。現在は、外資系ソフトウェアベンダーにて、大手自動車メーカーのテクニカル・アカウント・マネージャーとして業務改革の支援をしている。

河合正人

電子機器メーカーに所属。2017年名古屋商科大学ビジネススクール修了、経営学修士（MBA）・第一種情報処理技術者。既存事業の組込ソフトウェア開発に従事後、米国

での新規事業プロジェクトにソフトウェア技術者として参画し、帰任後は成長過程にあった新事業のソフトウェア開発リーダーを経験。その後、研究室長として研究開発のマネジメントに携わり、現在は新規事業開発に取り組む。

名古屋商科大学ビジネススクール
（名古屋商科大学大学院マネジメント研究科）

AACSB（The Association to Advance Collegiate Schools of Business）とAMBA
（The Association of MBAs）の2つの国際認証を持つビジネススクール。ケース
・メソッドと言われる国際的なビジネススクール特有の討議型授業による実践能
力を重視した教育実施している。また、世界各国の経営事例教材を揃えた、日本
最大の「日本ケースセンター」を運営している。

なお、名古屋商科大学は、文部科学省より平成29年度「私立大学研究ブランディ
ング事業」支援対象校に選定され、現在も「地域経済の持続発展を担うアントレ
プレナーに関する研究拠点整備事業」を実施している。本書の事例の調査や出版
等はこの事業に連携した活動となっている。

ケースで学ぶイノベーション経営Ⅱ

2020年3月31日　　初版発行

編著者　　矢本成恒、山本直樹

著　者　　林慶一郎、福山雄介、深井隆司、加藤篤史、
　　　　　堀山正雄、松村幸一、石井忠夫、大石隆文、
　　　　　上田敬三、余田和明、河合正人

定価（本体価格2,500円＋税）

発行所　　株式会社　三恵社
〒462-0056 愛知県名古屋市北区中丸町2-24-1
TEL 052 (915) 5211
FAX 052 (915) 5019
URL http://www.sankeisha.com

乱丁・落丁の場合はお取替えいたします。
ISBN978-4-86693-198-2 C1034 ¥2500E